根据教育部颁布的2020年版
《中等职业学校语文课程标准》编写

U1019468

中职语文
基础知识手册

中职语文教学研究中心 编

教·学
资 源

新华出版社

图书在版编目（CIP）数据

中职语文基础知识手册 / 中职语文教学研究中心编. --
北京 : 新华出版社, 2023.12
ISBN 978-7-5166-7273-0

Ⅰ. ①中… Ⅱ. ①中… Ⅲ. ①语文课－中等专业学校－
教学参考资料 Ⅳ. ①G634.303

中国国家版本馆CIP数据核字（2023）第253723号

中职语文基础知识手册

编　　者： 中职语文教学研究中心

责任编辑： 林郁郁　李　珊　　　　**封面设计：** 北京金企鹅

出版发行： 新华出版社
地　　址： 北京石景山区京原路8号　　　　**邮　　编：** 100040
网　　址： http://www.xinhuapub.com
经　　销： 新华书店、新华出版社天猫旗舰店、京东旗舰店及各大网店
购书热线： 010-62111051　　　　**中国新闻书店购书热线：** 010-63072012

照　　排： 北京金企鹅
印　　刷： 三河市悦鑫印务有限公司

成品尺寸： 210 mm × 285 mm
印　　张： 16.5　　　　**字　　数：** 319千字
版　　次： 2023年12月第一版　　　　**印　　次：** 2023年12月第一次印刷

书　　号： ISBN 978-7-5166-7273-0
定　　价： 45.00元

图书如有印装问题请与出版社联系调换：010-63073969

PREFACE 前言

为帮助中等职业学校学生高效掌握语文基础知识，提高语文应用能力和文化素养，编者依据教育部颁布的2020年版《中等职业学校语文课程标准》精心设计和编写了这本集学、查、记功能于一身的语文学习辅导用书。本书对中等职业学校语文课程的基础知识进行了全面、准确的讲解，对学习的技巧和方法进行了专业、明晰的介绍，并对应识记的核心知识进行了细致、系统的总结。

具体来说，本书具有以下特色。

结构合理　内容丰富

本书分为两个部分。第一部分是基础知识，包括字音、字形、词语、标点符号、病句、修辞手法、语言表达、语言运用、文学常识与诗文名句、古代文化常识十个专题，对中等职业学校学生需要掌握的语文基础知识和学习方法进行了全面、系统的梳理，致力于高效固本强基。第二部分是阅读与鉴赏，包括文言文阅读、古诗词阅读和现代文阅读三个专题，对阅读相关知识和方法进行了透彻、系统的提炼，旨在帮助学生提高阅读理解能力和鉴赏能力。全书结构清晰明了，内容安排合理。

模块多元　版式清晰

本书以专题为轴，设置了知识清单、方法点拨、核心积累三个基本模块进行知识讲解、方法传授和要点总结，并利用页脚位置帮助学生巩固、拓展知识和积累素材。此外，本书还设置了特别提示、名师点睛、小贴士等多个小模块，为学生提供多方面的学习指导。全书采用双色印刷，使用大字号、高行距排版，对重点内容进行特殊标记，观感舒适、重点突出。

配套齐全　助力学习

本书融入了“互联网+”思维，读者可以借助手机或其他移动设备扫描二维码查看微课内容，也可以登录文旌综合教育平台——文旌课堂查看和下载本书配套资源。读者在学习过程中有任何疑问，都可以登录该平台寻求帮助。

在编写本书的过程中，我们参考了大量的文献资料。在此，我们对这些资料的作者和编者表示衷心的感谢。此外，由于部分资料来自网络，我们未能确认出处，也暂时无法联系到原作者。对此，我们深表歉意，并欢迎原作者随时与我们联系，我们将按规定支付酬劳。由于编者水平有限，书中难免存在疏漏或不当之处，敬请广大读者批评指正。

本书配套资源下载网址和联系方式

网址：https://www.wenjingketang.com

电话：4001179835

邮箱：book@wenjingketang.com

亮点介绍

知识清单

系统梳理知识
夯实语文基础

知识清单

一、多音字

多音字可分为多义多音字和同义多音字。

相关核心积累 4页

多音字串珠集锦

（一）多义多音字

多义多音字占多音字的绝大部分。它们因为意义不同或词性不同而读音不同。

例 "难"取"做起来费事"义时，读

二、形声字

形声字由表示意义范畴的形旁和表示声音类别的声旁组合而成，如"露珠"的"露"（lù）、"嘈杂"的"嘈"（cáo）。形声字的读音可分为以下几种情况。

相关核心积累 11页

（一）本字读音与声旁读音完全相同

例 树枝（zhī）——支（zhī）

方法点拨

讲解方法技巧
助力能力提升

方法点拨

一、多音字的辨析方法

（一）多义多音字的辨析方法

1. 据义定音法

鉴于多音现象往往是和多义现象紧密联系的，因此可以利用汉字的音义联系，来确定多音字在具体词或情境中的读音。

（二）同义多音字的辨析方法

同义多音字的不同读音大多是由口头语和书面语的差别造成的，所以可以根据其语体色彩辨析读音。

例 "翘"在书面语中读qiáo，如"翘首""翘楚"；在口头语中读qiào，如"翘尾巴""翘辫子"。

核心积累

图表助力记忆
条目清晰易查

核心积累

一、常见的多音字

A			
阿	①ā 阿姨 阿拉伯 阿昌族	②ē 阿谀 阿胶 阿附	
艾	①ài 方兴未艾 艾蒿 少艾	②yì 自怨自艾	
拗	①ào 拗口 违拗	②ǎo 拗断	③niù 拗不过 执拗
B			
扒	①bā 扒着栏杆 扒皮 扒车	②pá 扒手 扒鸡	
把	①bǎ 把握 把关 车把	②bà 刀把儿 花把儿	

页脚拓展

丰富知识素材
辅助阅读写作

biàn 辨：分清、识别，如"分辨""辨别""辨认""明辨是非"。
辩：争论，说明是非、真伪，如"辩论""辩护""答辩""能言善辩""不容置辩"。
辫：把头发分股交叉编在一起，如"辫子""小辫儿"。

3 夯实字基

特别提示 / 名师点睛 / 小贴士

✧ 特别提示　辨析易错易混点　驱散知识迷雾
✧ 名师点睛　总结学习要点　教授学习方法
✧ 小贴士　拓展知识外延　给出贴心建议

特别提示

用不用问号，关键看句子是否真正发问，有无疑问语气。有的句子虽有疑问词（如"为什么""谁""什么"），但疑问词只充当句子的一部分，这种句子的后面就不能使用问号，如"我不知道他什么时候来"。

名师点睛

通假字的判定技巧

当按该字的本义或引申义翻译其所在的句子不合理时，可考虑该字有通假现象。

例 在翻译"寡助之至，亲戚畔之"一句时，用"畔"的本义或引申义

小贴士

"表示任指的疑问代词"是指指代所说范围内的任何人或事物的疑问代词。例如，"你爱看什么就看什么"这句话中的"什么"指代任何人或任何事物。"这么大的人物，谁不认识啊！"这个"谁"也是指代任何人。

CONTENTS 目录

第一部分　基础知识

专题七　语言表达

• 知识清单

专题八　语言运用

• 知识清单

专题九　文学常识与诗文名句

• 知识清单

• 核心积累

专题十　古代文化常识

• 知识清单

• 核心积累

第二部分　阅读与鉴赏

专题一　文言文阅读

专题二　古诗词阅读

专题三　现代文阅读

1

第一部分

基础知识

专题一　字　音

字音是语文学习的开端和基础，因此学生要能正确判断字音，且能区别常见的多音字、形声字、形近字的读音。此专题的学习范围为现代汉语普通话常用字（约 3 500 个）的字音；学习内容以常见的多音字，易读错的形声字、形近字为主。

知识清单

一、多音字

多音字可分为多义多音字和同义多音字。

相关核心积累 ☞ 4 页

多音字串珠集锦

（一）多义多音字

多义多音字占多音字的绝大部分。它们因为意义不同或词性不同而读音不同。

例 “难”取“做起来费事”义时，读 nán；取“不幸的遭遇”义时，读 nàn。“扇”作名词时，读 shàn，如“扇子”；作动词时，读 shān，如“扇动”。

（二）同义多音字

同义多音字虽然不多，但其所造成的误读现象却很多。语体有书面语和口头语之分，许多同义多音字的不同读音就是由书面语和口头语的差别造成的。

例 “核”在书面语中读 hé，如“核心”“核武器”；在口头语中读 hú，如“煤核儿”“杏核儿”。

二、形声字

形声字由表示意义范畴的形旁和表示声音类别的声旁组合而成，如“露珠”的“露”（lù）、“嘈杂”的“嘈”（cáo）。形声字的读音可分为以下几种情况。

相关核心积累 ☞ 11 页

（一）本字读音与声旁读音完全相同

例 树枝（zhī）——支（zhī）

（二）本字读音与声旁读音相近

1. 声母相同，韵母不同

例 马厩（jiù）——既（jì）

2. 声母不同，韵母相同

例 发酵（jiào）——孝（xiào）

3. 声母相同，韵母相同，仅声调不同

例 相形见绌（chù）——出（chū）

（三）本字读音与声旁读音完全不同

例 陶冶（yě）——台（tái）

bì　弊：指欺诈蒙骗、图占便宜的行为或毛病、害处，如“作弊”“弊端”“营私舞弊”“兴利除弊”。
毙：指死，含贬义，如“枪毙”“毙命”“坐以待毙”“作法自毙”。
毖：指谨慎小心，如“惩前毖后”。

三、形近字

形近字是指字形相近的字。形近字的读音可能相同，如“暗（àn）、黯（àn）”；也可能不同，如“瞅（chǒu）、啾（jiū）、愀（qiǎo）”。由于形近字的形体差别细微，因此在辨识时很容易产生错误，把甲字读作乙字。

易读错的形近字

方法点拨

一、多音字的辨析方法

（一）多义多音字的辨析方法

1. 据义定音法

鉴于多音现象往往是和多义现象紧密联系的，因此可以利用汉字的音义联系，来确定多音字在具体词或情境中的读音。

例 “靓”取“漂亮、好看”义时，读 liàng，如“靓丽”；取“妆饰、打扮”义时，读 jìng，如“靓妆”。

“泊”“鲜”“槛”“参”等多音字均可以用这种方法来识记。

2. 据性定音法

这里提到的“性”是指词性。有的字兼有多个词性，词性不同，读音也不同，即“音随词转”。因此，可以根据多音字在具体情境中的词性或其所在词的词性来确定其读音。

例 “盛”作形容词时，读 shèng，如“丰盛”“茂盛”；作动词时，读 chéng，如“盛饭”。

“长”“处”“屏”“好”等多音字均可以用这种方法来识记。

（二）同义多音字的辨析方法

同义多音字的不同读音大多是由口头语和书面语的差别造成的，所以可以根据其语体色彩辨析读音。

例 “翘”在书面语中读 qiáo，如“翘首”“翘楚”；在口头语中读 qiào，如“翘尾巴”“翘辫子”。

特别提示

有些多音字比较特殊。它们在绝大多数情况下只有一种读音，但在用于姓氏、地名、古人名、古族名、古国名时，有特殊读音。对于这种情况，需要特别记忆。

例如，“单”一般读 dān，如“单元”“单杠”等；用于姓氏、地名时，读 shàn，如“姓单”“单县（在山东省）”；用于称古代匈奴族的首领时，读 chán，如“单于”。

二、形声字的辨析方法

由于古今音韵的变化，大部分形声字的声旁已不能准确表音了。因此，在认读

biàn 辨：分清、识别，如“分辨”“辨别”“辨认”“明辨是非”。
辩：争论，说明是非、真伪，如“辩论”“辩护”“答辩”“能言善辩”“不容置辩”。
辫：把头发分股交叉编在一起，如“辫子”“小辫儿”。

形声字时，要特别注意，不要犯“读字读半边”的错误。

例 “良莠不齐”的“莠”读yǒu而不读xiù。

在记忆易混的形声字时可采用衍生、结网的方法。

例 识记声旁为“卑”的“俾”字时，列出易与其混淆的形近字“俾”“髀”“稗”“捭”“婢”“脾”，并组词“俾众周知”“髀肉复生”“稗官野史”“纵横捭阖”“奴颜婢膝”“沁人心脾”进行比较。甚至可以再用这些词造句，画成网络图。

这样能把零碎的知识变成易记的知识网，达到由记一个字到记几个字的目的。

三、形近字的辨析方法

除了据义定音、据性定音等方法外，不易区分的形近字的读音还可以通过编口诀的方法进行辨析。

例 “戌”“戍”“戊”“戎”可以利用“横xū（戌）、点shù（戍）、wù（戊）中空，十字读作róng（戎）”这一口诀帮助辨析。

核心积累

一、常见的多音字

A			
阿	①ā 阿姨 阿拉伯 阿昌族	②ē 阿谀 阿胶 阿附	
艾	①ài 方兴未艾 艾蒿 少艾	②yì 自怨自艾	
拗	①ào 拗口 违拗	②ǎo 拗断	③niù 拗不过 执拗
B			
扒	①bā 扒着栏杆 扒皮 扒车	②pá 扒手 扒鸡	
把	①bǎ 把握 把关 车把	②bà 刀把儿 花把儿	
柏	①bǎi 柏树 柏油 姓柏	②bó 柏林（德国首都）	③bò 黄柏
膀	①bǎng 肩膀 翅膀	②bàng 吊膀子	
蚌	①bàng 河蚌 鹬蚌相争	②bèng 蚌埠（地名）	
磅	①bàng 过磅 磅秤	②páng 磅礴	
薄	①báo 薄板 薄饼 薄脆	②bó 淡薄 薄弱	③bò 薄荷
堡	①bǎo 堡垒 碉堡	②bǔ 堡子 瓦窑堡	③pù 十里堡
曝	①bào 曝光	②pù 曝露 曝晒 一曝十寒	
绷	①bēng 绷带 绷紧	②běng 绷脸	③bèng 绷硬 绷直

cháng 常：指经常、时常、常常，如“常客”“常来常往”“常胜将军”“冬夏常青”。
长：指距离远、时间久或长度大，如“长途跋涉”“长年累月”“长治久安”“长袖善舞”。

B				
臂	① bì 臂膀 臂助 臂章		② bei 胳臂	
扁	① biǎn 扁平 扁豆 扁担		② piān 扁舟	
便	① biàn 方便 随便 便条		② pián 便宜 大腹便便	
剥	① bō 剥削 剥夺		② bāo 剥花生 剥皮	
泊	① bó 停泊 泊车 漂泊		② pō 湖泊 梁山泊 罗布泊	
C				
参	① cān 参加 参天大树		② shēn 人参 参商	③ cēn 参差不齐
藏	① cáng 埋藏 躲藏		② zàng 西藏 宝藏 藏青	
差	① chà 差不多	② chā 差错	③ chāi 鬼使神差	④ cī 参差不齐
朝	① cháo 朝鲜 朝代 朝廷 朝向		② zhāo 朝阳 朝气 朝晖夕阴	
称	① chēng 名称 称赞		② chèn 称心 称职 对称	
匙	① chí 汤匙		② shi 钥匙	
重	① chóng 重复 重重 重阳		② zhòng 重量 重任 重视	
臭	① chòu 臭气		② xiù 乳臭 铜臭	
处	① chǔ 处理 处分 相处 处方		② chù 处所 好处 办事处	
揣	① chuāi 揣在怀里		② chuǎi 揣测 揣摩	③ chuài 挣揣
幢	① chuáng 经幢 人影幢幢		② zhuàng 一幢楼	
创	① chuāng 创伤 刀创		② chuàng 创造 创刊	
D				
打	① dá 一打 苏打		② dǎ 打击 打扫 打扮	
逮	① dǎi 逮老鼠		② dài 逮捕 力所不逮	
担	① dān 担水 担任 担架		② dàn 担子 重担	
当	① dāng 应当 相当 当地		② dàng 妥当 当真 当铺 安步当车	
得	① dé 得到 得意 得当		② de 看得见	③ děi 可得注意
的	① de 我的书 红的花	② dí 的确	③ dì 目的 有的放矢	④ dī 的哥 的士
调	① diào 调查 调动 曲调		② tiáo 调和 调整 调皮	
读	① dú 读书 朗读 读音		② dòu 句读	
度	① dù 程度 温度 制度		② duó 忖度 揣度 度德量力	

chí 驰：① 指车马跑得快，如“驰骋”“风驰电掣”；② 向往，如“心驰神往”；③ 传播，传扬，如“驰名”。

弛：指放松、松懈、解除，如“松弛”“废弛”“一张一弛”。

E				
恶	① è 恶劣 凶恶	② ě 恶心	③ wū（叹词，表惊讶）	④ wù 可恶 厌恶
F				
坊	① fāng 牌坊 坊间	② fáng 磨坊 染坊 作坊		
菲	① fēi 芳菲 菲律宾	② fěi 菲薄 菲仪		
脯	① fǔ 肉脯 果脯	② pú 胸脯		
G				
杆	① gān 旗杆 栏杆 桅杆	② gǎn 笔杆儿 一杆枪		
岗	① gāng 花岗石	② gǎng 岗位 岗楼 岗哨		
蛤	① gé 蛤蜊 蛤蚧	② há 蛤蟆		
给	① gěi 送给	② jǐ 供给 自给自足 给予		
供	① gōng 供给 供销	② gòng 供认 供词 供奉		
勾	① gōu 勾结 勾销 勾画	② gòu 勾当		
骨	① gū 骨朵儿 骨碌	② gǔ 骨骼 骨肉 骨气 骨头		
观	① guān 观看 壮观 乐观	② guàn 姓观 白云观		
冠	① guān 衣冠 冠冕堂皇	② guàn 冠军		
龟	① guī 乌龟 龟甲	② jūn 龟裂	③ qiū 龟兹（地名）	
H				
哈	① hā 哈哈笑 哈腰	② hǎ 哈达 哈巴狗	③ hà 哈士蟆	
汗	① hán 可汗 大汗	② hàn 出汗 汗衫		
号	① háo 呼号 号叫	② hào 号角 记号 号码 号召		
喝	① hē 喝水	② hè 喝令 喝彩		
和	① hé 和平 和解 和谐	② hè 应和 附和	③ huó 和面 和泥	
	④ huò 和药 和稀泥	⑤ huo 暖和 搅和	⑥ hú 和了	
荷	① hé 荷花 荷包	② hè 负荷 荷枪实弹		
横	① héng 横幅 横行 横竖	② hèng 蛮横 横暴 横财		
哄	① hōng 哄堂大笑	② hǒng 哄骗	③ hòng 一哄而散	
红	① hóng 红色 红旗	② gōng 女红		
糊	① hū 糊了一层泥	② hú 糊涂 裱糊	③ hù 面糊 糊弄	
会	① huì 开会 会合 机会	② kuài 会计 财会		

cuì 萃：①聚集，如“荟萃”；②聚在一起的人或事物，如“出类拔萃”。
粹：①纯粹，如“粹白”“粹而不杂”；②精华，如“精粹”。
瘁：指过度劳累，如“鞠躬尽瘁”“心力交瘁”。
悴：憔悴（形容人瘦弱，面色不好看）。

	J		
藉	① jí 杯盘狼藉	② jiè 慰藉 枕藉	
济	① jǐ 济南 人才济济	② jì 救济 经济 同舟共济	
夹	① jiā 夹道 夹杂 夹子	② jiá 夹袄 夹被	③ gā 夹肢窝
间	① jiān 中间 房间 时间	② jiàn 离间 间断 间谍 间隔	
监	① jiān 监视 监考 探监	② jiàn 监生 国子监	
将	① jiāng 将来 将军 将息	② jiàng 将领 将官	③ qiāng 将进酒
嚼	① jiáo 嚼碎 嚼舌	② jiào 倒嚼	③ jué 咀嚼
角	① jiǎo 牛角 角落 号角	② jué 角斗 角色	
结	① jiē 结实 结巴 开花结果	② jié 结合 结论 打结 团结 调查结果	
解	① jiě 分解 解放 解答 解决	② jiè 解运 解元	③ xiè 姓解
禁	① jīn 禁受 不禁 情不自禁	② jìn 禁止 禁锢 禁忌 禁闭 严禁	
劲	① jìn 干劲 劲头 加劲 药劲	② jìng 劲敌 疾风劲草 强劲	
据	① jū 拮据	② jù 依据 证据 占据	
卷	① juǎn 卷尺 卷烟 花卷儿 卷舌音	② juàn 卷宗 试卷	
倔	① jué 倔强	② juè 倔头倔脑	
	K		
卡	① kǎ 卡车 卡片	② qiǎ 关卡 卡子 卡住	
扛	① káng 扛枪 扛活	② gāng 力能扛鼎	
壳	① ké 蛋壳 贝壳	② qiào 地壳 甲壳 躯壳 金蝉脱壳	
可	① kě 可以 可能 可爱	② kè 可汗	
吭	① kēng 一声不吭	② háng 引吭高歌	
	L		
烙	① lào 烙印 烙饼 烙铁	② luò 炮烙（古代的一种酷刑）	
勒	① lè 勒索 勒令	② lēi 勒紧	
累	① léi 累赘 果实累累	② lěi 累积 罪行累累	③ lèi 劳累
擂	① léi 擂鼓	② lèi 擂台 打擂	
俩	① liǎ 咱俩 兄弟俩	② liǎng 伎俩	
量	① liáng 测量 衡量	② liàng 数量 力量 量体裁衣	
溜	① liū 溜冰 溜走 溜达 溜须拍马	② liù 一溜烟 溜缝 眼尖手溜	

fèi 废：指不再使用或失去了原来的作用，如“废除”“废止”“废品”“半途而废”。
费：指花费、耗费或消耗得多，如“消费”“费心”“费鞋”“靡费”。

L

笼	① lóng 笼头 笼子 蒸笼	② lǒng 笼罩 笼络 笼统		
露	① lù 露水 暴露 露骨 抛头露面	② lòu 露底 露马脚 泄露		
绿	① lǜ 绿色	② lù 绿林好汉 鸭绿江		
率	① lǜ 效率 出勤率	② shuài 率领 轻率 直率		
落	① luò 落魄 降落	② lào 落枕	③ là 丢三落四	④ luō 大大落落

M

埋	① mái 埋葬 埋没 埋头	② mán 埋怨	
脉	① mài 动脉 脉搏 山脉	② mò 脉脉含情	
蔓	① màn 蔓延 蔓草	② wàn 藤蔓 顺蔓摸瓜	③ mán 蔓菁
闷	① mēn 闷热	② mèn 苦闷 闷气	
蒙	① mēng 蒙骗 蒙头转向	② méng 启蒙 蒙蔽	③ Měng 蒙古族
靡	① mí 奢靡 靡费	② mǐ 风靡 靡丽 靡计不施 靡靡之音	
秘	① mì 秘密 秘方	② bì 秘鲁（国名）	
模	① mó 模范 模仿 模糊 模型	② mú 模具 模样 模板 模子	
磨	① mó 磨炼 折磨 磨灭	② mò 磨坊 磨豆腐	
抹	① mǒ 涂抹 抹黑 抹杀	② mò 抹墙 转弯抹角	③ mā 抹布

N

泥	① ní 泥土 印泥	② nì 拘泥 泥古不化
弄	① nòng 玩弄 弄巧成拙	② lòng 弄堂
娜	① nuó 婀娜 袅娜	② nà（多用于人名）

P

胖	① pàng 肥胖	② pán 心宽体胖		
刨	① páo 刨土 刨根儿	② bào 刨床 刨平		
炮	① bāo 炮羊肉	② páo 炮制	③ pào 炮兵 炮弹	
劈	① pī 劈山 劈头盖脸	② pǐ 劈柴 劈叉		
漂	① piāo 漂泊 漂移	② piǎo 漂白 漂白粉	③ piào 漂亮	
屏	① píng 屏风 屏幕	② bǐng 屏除 敛声屏气	③ bīng 屏营	
迫	① pò 逼迫 压迫 急迫	② pǎi 迫击炮		
仆	① pū 前仆后继	② pú 仆从 风尘仆仆		
朴	① pǔ 朴素	② pō 朴刀	③ pò 朴硝	④ piáo 姓朴

迹：指痕迹、事迹或前人留下的事物，如“足迹”“古迹”“遗迹”。
绩：指功业、成果，如“成绩”“业绩”“功绩”“绩效”。

Q			
强	① qiáng 强大 强化	② qiǎng 强迫 强词夺理	③ jiàng 倔强
悄	① qiāo 静悄悄	② qiǎo 悄然 悄声	
翘	① qiáo 翘首 翘望 连翘	② qiào 翘舌音 翘尾巴	
茄	① qié 茄子 番茄	② jiā 雪茄	
亲	① qīn 亲属 亲切	② qìng 亲家 亲家母	
圈	① quān 圆圈 罗圈腿	② juàn 圈养	③ juān 把鸭圈起来
R			
任	① rèn 信任 任命 任务	② rén 姓任 任泽区	
S			
撒	① sā 撒网 撒娇 撒谎	② sǎ 撒种 撒播 姓撒	
塞	① sāi 塞子 塞住	② sài 边塞 塞翁失马	③ sè 堵塞 敷衍塞责
丧	① sāng 丧事	② sàng 丧失 颓丧	
刹	① shā 刹车	② chà 古刹 刹那	
煞	① shā 煞尾 煞风景	② shà 煞费苦心 煞白	
折	① shé 折耗 姓折	② zhē 折跟头 折腾	③ zhé 骨折 折服
蛇	① shé 毒蛇	② yí 虚与委蛇	
舍	① shě 舍弃 施舍 舍不得	② shè 宿舍 退避三舍	
什	① shí 什锦 家什	② shén 什么	
识	① shí 识别 识货 识字	② zhì 博闻强识	
数	① shǔ 数不清	② shù 数目 数学 分数	③ shuò 数见不鲜
伺	① sì 伺机 窥伺	② cì 伺候	
宿	① sù 住宿 宿将 宿营	② xiǔ 一宿	③ xiù 星宿
遂	① suí 半身不遂	② suì 遂心 未遂	
T			
踏	① tā 踏实	② tà 踏步 践踏	
苔	① tāi 舌苔	② tái 青苔 苔藓	
提	① tí 提升 提醒 提纲 提心吊胆	② dī 提防 提溜	
体	① tī 体己话	② tǐ 身体 体质 体验 体操	
挑	① tiāo 挑水 挑选 挑剔	② tiǎo 挑战 挑拨	
帖	① tiē 妥帖 俯首帖耳	② tiě 请帖	③ tiè 碑帖 字帖
吐	① tǔ 吐气 吐痰 吐露	② tù 呕吐 吐血 吐沫	

jù 具：用作名词或动词，如“家具”“农具”“具备”“初具规模”。
俱：用作副词，“全、都”的意思，如“俱乐部”“百废俱兴”“面面俱到”。

W			
委	① wěi 委托 委屈 原委	② wēi 虚与委蛇	
X			
吓	① xià 吓唬 吓了一跳	② hè 恐吓 威吓 恫吓	
纤	① xiān 纤维 纤细	② qiàn 拉纤 纤夫	
相	① xiāng 互相 相信 相当 相中	② xiàng 相貌 真相 相声	
巷	① xiàng 大街小巷	② hàng 巷道	
肖	① xiāo 姓肖	② xiào 肖像 惟妙惟肖 十二生肖	
削	① xiāo 削皮 削铅笔	② xuē 剥削 削减	
校	① xiào 学校	② jiào 校正 校对	
畜	① xù 畜牧	② chù 牲畜	
旋	① xuán 旋转 凯旋 旋即	② xuàn 旋风	
Y			
咽	① yān 咽喉 咽头	② yàn 吞咽 咽气	③ yè 呜咽 哽咽
燕	① yān 燕国 姓燕	② yàn 燕子 劳燕分飞	
要	① yāo 要求 要挟	② yào 需要 紧要 将要	
遗	① yí 遗失 遗忘 遗憾	② wèi 遗之千金	
殷	① yīn 殷切 殷勤 姓殷	② yān 殷红	
佣	① yōng 佣工 雇佣	② yòng 佣金	
熨	① yù 熨帖	② yùn 熨斗 熨烫	
吁	① yū（象声词，吆喝牲口的声音）	② yù 呼吁 吁请	③ xū 长吁短叹
晕	① yūn 头晕 晕头转向	② yùn 晕血 晕车 月晕	
Z			
载	① zǎi 登载 一年半载 记载	② zài 装载 载歌载舞 搭载 下载	
脏	① zāng 肮脏	② zàng 内脏 五脏六腑	
轧	① zhá 轧钢	② yà 轧平 轧花机	
栅	① zhà 栅栏	② shān 栅极	
涨	① zhǎng 涨潮 涨价	② zhàng 涨红了脸	
症	① zhēng 症结	② zhèng 急症 症候	
只	① zhī 船只 只身 形单影只	② zhǐ 只有 只要 只管	
轴	① zhóu 轴心 轴承	② zhòu 压轴戏	

liàn 练：练习、熟练、经验多，强调反复后成熟，如“训练”“老练”“练功”“基础夯实练”。
炼：使物质纯净、精美，如“锻炼”“炼句”“千锤百炼”“真金不怕火炼”。

Z				
爪	① zhuǎ 爪子		② zhǎo 爪牙 张牙舞爪	
椎	① zhuī 脊椎骨 颈椎		② chuí 椎心泣血	
着	① zhuó 着陆	② zhāo 高着儿	③ zháo 着凉	④ zhe 忙着
仔	① zī 仔肩		② zǐ 仔细	③ zǎi 牛仔裤
作	① zuō 作坊		② zuò 工作 振作	

二、易读错的形声字

狭隘（ài） 沙家浜（bāng）
蓓蕾（bèi lěi） 悖逆（bèi）
徘徊（huái） 小憩（qì）
迸裂（bèng） 膏肓（huāng）
悭吝（qiān） 裨益（bì）
畸形（jī） 掮客（qián）
针砭（biān） 觊觎（jì yú）
天堑（qiàn） 濒临（bīn）
歼灭（jiān） 惬意（qiè）
哺育（bǔ） 眼睑（jiǎn）
忏悔（chàn） 菁华（jīng）
龋齿（qǔ） 驰骋（chěng）
沮丧（jǔ） 炽热（chì）
鸟瞰（kàn） 慑服（shè）
辍学（chuò） 喟然（kuì）
枢纽（shū） 淙淙（cóng）
流岚（lán） 吮吸（shǔn）
痤疮（cuó） 联袂（mèi）
婆娑（suō） 泥淖（nào）
饕餮（tāo tiè） 踱步（duó）
奇葩（pā） 倜傥（tì tǎng）
沸腾（fèi） 木讷（nè）

殄灭（tiǎn） 桎梏（gù）
蹒跚（pán） 引吭（háng）
骈文（pián） 呷一口（xiā）
干涸（hé） 蹊跷（qī）
纤维（xiān） 屹立（yì）
蛰伏（zhé） 骁勇（xiāo）
造诣（yì） 车辙（zhé）
挟制（xié） 熠熠（yì）
砧板（zhēn） 机械（xiè）
无垠（yín） 浸渍（zì）
绚丽（xuàn） 对峙（zhì）
荷花淀（diàn） 笑靥（yè）
惴栗（zhuì） 劈叉（pǐ）
破绽（zhàn） 谆谆（zhūn）
蜕变（tuì） 脂肪（zhī）
脚踝（huái） 怪癖（pǐ）
锃亮（zèng） 嘉猷（yóu）
攻讦（jié） 翌日（yì）
苑囿（yòu） 氛围（fēn）
戏谑（xuè） 菜畦（qí）

三、易读错的成语

爱憎分明（zēng） 安步当车（dàng）
长歌当哭（dàng） 稗官野史（bài）

róng 熔：即熔化，指固体加热后变成液体的过程，如“熔炼”“熔炉”。
溶：① 溶化，指固体物质在水中化开，如“溶解”；② 溶溶，宽广的样子，如“江水溶溶”“月色溶溶”。
融：① 冰雪变成水；② 融合，如“水乳交融”；③ 流通，如“金融”；④ 融融，如“其乐融融”。

排难解纷（nàn）
暴虎冯河（píng）
称心如意（chèn）
繁文缛节（rù）
敷衍塞责（sè）
窗明几净（jī）
垂涎三尺（xián）
反躬自省（xǐng）
宁为玉碎（nìng）
蜚声文坛（fēi）
供不应求（gōng）
汗流浃背（jiā）
戛然而止（jiá）
开门揖盗（yī）
茅塞顿开（sè）
前仆后继（pū）
如法炮制（páo）
有的放矢（dì）

不卑不亢（kàng）
便宜行事（biàn）
良莠不齐（yǒu）
博闻强识（zhì）
情不自禁（jīn）
吹毛求疵（cī）
断壁残垣（yuán）
犯而不校（jiào）
毋庸置疑（wú）
否极泰来（pǐ）
官运亨通（hēng）
呼天抢地（qiāng）
踽踽独行（jǔ）
屏气凝神（bǐng）
奴颜婢膝（bì）
强词夺理（qiǎng）
审时度势（duó）
瑕不掩瑜（yú）

莘莘学子（shēn）
一蹴而就（cù）
一丘之貉（hé）
春意盎然（àng）
一塌糊涂（tā）
饮鸩止渴（zhèn）
飞来横祸（hèng）
赫赫有名（hè）
勠力同心（lù）
如火如荼（tú）
鸿鹄之志（hú）
杳无音讯（yǎo）
拾级而上（shè）
舐犊情深（shì）
筚路蓝缕（bì）
斤斤计较（jiào）
自作自受（zuò）
威风凛凛（lǐn）

怏怏不乐（yàng）
乳臭未干（xiù）
载歌载舞（zài）
针砭时弊（biān）
相形见绌（chù）
徇私舞弊（xùn）
浑水摸鱼（hún）
越俎代庖（zǔ）
颐指气使（yí）
鳞次栉比（zhì）
同仇敌忾（kài）
骇人听闻（hài）
危如累卵（lěi）
刚愎自用（bì）
恃才傲物（shì）
风驰电掣（chè）
灼灼其华（zhuó）

sī 厮：①男性仆人（多见于早期白话），如“小厮”；②用作副词，互相，如“厮守”“厮混”“厮打”。
嘶：①马叫，如“嘶鸣”“人喊马嘶”；②嘶哑，如“声嘶力竭”。
撕：用手使东西（多为薄片状的）裂开或离开附着处，如“撕扯”“撕毁”“撕心裂肺”。

专题二 字 形

汉字是记录汉语的书写符号系统，经历了漫长的发展演变过程，是中华历史与文化的传承载体。了解汉字的起源与发展，识记并正确书写现代常用规范汉字，是语文学习的主要内容之一。

知识清单

一、汉字的起源和特点

（一）汉字的起源

汉字是世界上起源很早的文字之一，距今已有 3 000 多年的历史。远古人民用画画的方式满足记录的需求。后来，使用过的图画和符号经过整理完全固定下来，用来记事，成为汉字的前身。

（二）汉字的特点

汉字具有以下几个特点。

（1）汉字属于表意体系的文字，即汉字是用特定的符号（即字形）来表达意思的文字，这些符号并不直接表示语音，而是与特定的事物或概念相关联，帮助人们传达和理解信息。

（2）汉字的辨义力强，分化同音词的能力强。

（3）汉字是复杂的方块结构，组成的词形较短，书写下来更节省篇幅。

（4）汉字具有超时空性，它能为古今不同方言的人所使用。

二、汉字的演变过程

甲骨文是中国最早的汉字，是迄今为止中国发现的年代最早的成熟文字系统。它是商代后期最主要的文字，主要用来占卜记事。随着时间的推移，汉字不断演变发展，出现了各种字体，包括金文、篆书、隶书、楷书、草书、行书等。汉字的具体演变过程如图 1-2-1 所示。

甲骨文（商）
↓
金文（周）
↓
篆书 → 大篆（春秋战国）
　　 → 小篆（秦）
↓
隶书（始于秦，行于汉）
　→ 楷书（兴于汉末，沿用至今）
　→ 草书（始于东汉）
　→ 行书（始于汉末，沿用至今）

图 1-2-1　汉字的演变过程

wǎn 宛：主要作副词，表示仿佛，如“宛然”“宛如”“音容宛在”。
惋：主要作动词，表示痛惜或同情，如“惋惜”“惋叹”。
婉：①柔顺、美好，如“婉顺”“婉丽”；②（说话）婉转，如“婉辞”“婉言拒绝”。

三、汉字的造字法

一般来说，汉字的造字法有象形、指事、会意、形声四种。

（一）象形

象形是最原始的造字法，即把要描述的事物的外形特征画出来以表示其意义的造字法。用这种方法造的字为象形字。

例 “日”字，就是画一个太阳；“月”字，就是画一个月亮。

（二）指事

指事是用象征性的符号或在象形字的基础上加上提示性符号来表示其意义的造字法。用这种方法造的字为指事字。

例 “上”字是在代表基准的长弧线的上面加一个短横，“下”字是在代表基准的长弧线的下面加一个短横。

（三）会意

会意是把两个或两个以上的独体字合起来，表示一个新的意义的造字法。用这种方法造的字为会意字。会意字多由象形字和指事字相合组成，分为两类，一类是同体会意字，即由相同的字组成的新字（例 1）；一类是异体会意字，即用不同的字组成的新字（例 2）。

例 1 从，两人一前一后，表示随从；森，从三木，表示树木多而高大。

例 2 明，从日从月，表示光明；看，从手从目，表示远望、观察。

（四）形声

形声是由表示意义范畴的形旁和表示声音类别的声旁组合成字的造字法。用这种方法造的字为形声字。

例 铜，形旁是“金”，表示金属，声旁是“同”，表示发音和“同”一样。

方法点拨

一、错别字的常见类型及其辨析

（一）音同形异字的辨析

音同形异字的读音相同，但字形不同。这些字在语义上往往具有一定的迷惑性，易造成混淆。辨析时可采用义辨法，即字和词语都有其特定的含义，明确字义并从词语固有的意义出发，从而确定正确的字。

小贴士

错别字是错字和别字的总称。错字，是因增笔、减笔、写错结构而将某个字写成不存在的字。别字则是把甲字当作乙字来写。

例 攻坚（艰）战　一筹（愁）莫展

注意 括号内的字为错别字，后同。

攻坚战指攻击敌人坚固阵地的战斗，

xiè 泄：排出，如“排泄”“发泄”“泄露”“水泄不通”。
泻：很快地流，强调迅疾，如“倾泻”“一泻千里”“流泻”。

这里“坚”指敌人的阵地坚固，所以不能误写为“艰”。一筹莫展指一个筹码也摆不开，没有一点办法，“筹”本指竹木或象牙等制成的小棍儿或小片，主要用来计数或作为领取物品的凭证，后引申为“计策、办法”，故“筹”不能写为“愁”。

（二）音同形近字的辨析

音同形近字的读音相同，字形也相近，多为形声字，且绝大部分是因声旁相近而形近。可以采用以下两种方法对音同形近字进行分辨。

1. 据义辨形法

对词语中的字义理解有误而产生的错别字，了解字义，对纠正这类错别字很有帮助。

例 凋敝（蔽） 元宵（霄）节 不胫（径）而走

凋敝中的“敝”意为“破败”，所以不应写成意为“遮掩、掩盖”的“蔽”。元宵节中的“宵”意为“夜”，所以不应写成意为“云”的“霄”。不胫而走形容没有腿却能跑，多指消息迅速地流传开来，“胫”的本意为“小腿”，引申为“迅速传播”，所以不应写成意为“道路、方法”的“径”。

2. 据形辨形法

针对这类字中的形声字，可以根据其形旁来辨析字形、理解字义来确定正确的字。

例 霞 遐 暇 瑕

“霞”的形旁是雨字，所以“霞”跟天空有关，指天空中彩色的云，如“朝霞”“霞光”。“遐”的形旁是走字，所以“遐”跟走、距离有关，是“远”的意思，如“遐想”“闻名遐迩”。“暇”的形旁是日字，所以“暇”跟时间有关，是“没有事的时候，空闲”的意思，如“闲暇”“无暇顾及”。“瑕”的形旁是玉字，所以“瑕”跟玉石有关，是“玉上面的斑点”的意思，比喻缺点，如“洁白无瑕”“瑕不掩瑜”“白璧微瑕”。

了解了形旁的意义，音同形近字就不容易用错、写错了。下面是一些常见形旁的含义。

（1）页：和头部有关，如颠、颊、额、颈。

（2）贝：和钱财有关，如贫、贾、货、贷、赃。

（3）王（侧玉边）：和玉有关，如斑、瑕、瑜、琳、现。

（4）月：和身体器官有关，如腿、肓、股、脸、胫、膛。

（5）灬：和火有关，如煦、烹、熬。

（三）音异形近字的辨析

除了音同形近字，还有一些字的字形相近，但读音不同，若不仔细辨别，则极易认错。对于这类字，我们可以通过读准字音来辨析字形的正误。

例 同仇敌忾（气） 如火如荼（茶）

yíng 莹：光洁像玉的石头，也形容光洁明亮，如“晶莹”。
荧：光线微弱的样子，如“荧光”“一灯荧然”。
萤：萤火虫。

病入膏肓（盲）　入场券（卷）

同仇敌忾的“忾”读 kài，不读“气（qì）”。如火如荼的“荼”读 tú，不读“茶（chá）”。病入膏肓的“肓”读 huāng，不读“盲（máng）”。入场券的“券”读 quàn，不读“卷”（juǎn）。

二、成语中的易错字辨析

对四字成语中的错别字，除了加强积累和运用前面介绍的辨析方法外，还可以采用以下几种方法进行辨析。

相关核心积累 ☞ 17 页

（一）溯源辨形法

很多词语有其形成的特定意义。其中，成语往往来源于古代诗文、神话寓言、历史故事、口头俗语等。因此，可以通过了解其出处、追根溯源，对易错字准确“定形”。

例　世外桃源（园）　一枕黄粱（梁）　墨（默）守成规

世外桃源，出自陶渊明的《桃花源记》，故“源”不能写作“园”。一枕黄粱，意义同“黄粱一梦”，讲的是卢生一觉醒来，店主人的小米饭还没做好的故事，和“米”有关，故这里“粱”不能写作“梁”。墨守成规，与墨子守城有关，故“墨”不能写作“默”。

（二）结构辨形法

有些四字成语，其结构往往有相同或相对的关系，因此可以通过其中一个字来推断另一个字，即利用词语的结构特点来判断字的正误，这种方法就是结构辨形法。

例　（对称）伶牙俐（利）齿（对称）　纷至沓（踏）来　耳闻目（莫）睹　名门望（旺）族

这里“伶牙利齿”，可根据“伶俐”一词和对称特点推知有误，应该是“伶牙俐齿”。“纷至踏来”，“纷”是形容词，意为“众多，纷乱”，那么对称位置也应是形容词，而“踏”是动词，意为“践踏”，所以可知这是一个别字，应该是“沓”（形容词，意为“多，重复”）。“耳闻莫睹”，“耳”是名词，而对称位置“莫”是个否定副词，明显不合适，所以“莫”是一个别字，应该是“目”。“名门望族”中的“名”与“望”相对应，指有名望的家族，故不能写成“名门旺族”。

（三）常理推断法

常理推断法，即利用生活常识、自然规律等推断成语中正确的字形。

例　鸠占鹊巢　门可罗雀

这里，极易混淆“鹊”和“雀”。鹊指喜鹊，体型较大，敏捷善飞，有做窝的本领，多和好事相联系；雀指麻雀，体型较小，爱叫爱跳，常聚群。鸠占鹊巢原指鸠不自己筑巢而强居鹊巢，鸠（实则为大杜鹃或一些猛禽）和鹊的体型相近，而雀的体型一般较小，且不善于做窝，故此处应为“鹊”。门可罗雀指大门前面可设置网捕雀，形容门庭冷落，来的客人很少，故此处应为“雀”。

zào　躁：性急、不冷静，如“烦躁”“急躁”“戒骄戒躁”。
燥：缺少水分，如“干燥”“燥热”。

核心积累

一、易写错的二字词语

辐射 书塾 顷刻 籍贯 阴晦 峥嵘
枯燥 慷慨 候车 饿殍 偏僻 销毁
伎俩 烦躁 交锋 赃款 贸然 融洽
炫耀 板滞 提要 抱负 修葺 青睐
捍卫 赝品 闪烁 诙谐 斩获 推诿
杀戮 坐落 平添 雾凇 朦胧 涣散
矍铄 开销 厮杀 尘嚣 震撼 松弛
打蜡 赡养 暮霭 斑驳 陶醉 部署
凛冽 安详 疏浚 剽悍 粗犷 舟楫

回溯 严峻 妨碍 凑合 气概 追溯
竞走 萧瑟 脉搏 擅长 肖像 迁徙
沉湎 竣工 宣泄 夜宵 寒暄 九霄
赔礼 贻害 跻身 荧屏 驰骋 弈棋
坐镇 报酬 殴打 蛰居 装订 噩耗
喝彩 亵渎 渲染 渔业
毗邻 更迭 洽商 玷辱
仲裁 辟谣 燥热 竞标
翱翔 震撼 梦魇 藐视
蓦然 募捐 通缉 杂沓

常见的三字词语和易写错的三字词语

二、易写错的四字成语

A	
和蔼可亲（霭）	指态度温和，容易接近。“蔼”指和气、和善。“霭”为“雨”字头，指云气
黯然神伤（暗） 暗无天日（黯）	“暗”多形容光线。“黯”多形容心情，如江淹《别赋》中的“黯然销魂者，唯别而已矣”
独占鳌头（鳌）	指居首位或第一名。“鳌头”指皇宫大殿前石阶上刻的鳌（传说中海里的大龟或大鳖）的头，考中状元的人可以踏上
B	
飞扬跋扈（拔）	原指意态狂豪、不受约束，现多形容骄横放肆、目中无人
稗官野史（裨） 大有裨益（稗）	“稗官”即为古代的小官，专给帝王述说街谈巷议、风俗故事，后来称小说为稗官，泛称记载逸闻琐事的文字为稗官野史。 大有裨益形容益处很大，“裨（bì）益”指益处、好处
甘拜下风（败）	指佩服别人，自认不如。这里的“拜”为表示敬意的礼节。“下风”指风所吹向的那一方，比喻下位、劣势
班门弄斧（搬） 搬弄是非（班）	班门弄斧指在鲁班（古代有名的木匠）门前摆弄斧子，比喻在行家面前卖弄本领。 搬弄是非是指把别人背后说的话传来传去，蓄意挑拨，或在别人背后乱加议论，引起纠纷。“搬”指搬运
自暴自弃（曝）	形容自己甘心落后，不求上进。“暴”指糟蹋，损害

yóu 尤：①特异的，如“尤物、无耻之尤”；②更、尤其，如“尤甚”；③过失，如“以儆效尤”；④怨恨、归咎，如“怨天尤人”。
犹：①如同，如“虽死犹生”“过犹不及”；②还、尚且，如“记忆犹新”“困兽犹斗”。

B	
背道而驰（悖）	指背对着道路走，即朝着相反的方向走，比喻方向、目标完全相反
英雄辈出（倍）	指英雄一批一批地连续出现，而不是成倍地出现
锋芒毕露（必）	多形容人气盛逞强，指锐气和才干全都表现出来，而不是必须表现出来。“毕”意为“全、都”，如“群贤毕至”
惩前毖后（毙） 坐以待毙（毖）	惩前毖后指将以前的错误作为教训，以后谨慎小心，避免重犯。“毖”指谨慎小心。 坐以待毙比喻遇到危险或困难，不积极想办法解决，却坐着等死或等待失败
金碧辉煌（壁）	形容建筑物等异常华丽，光彩夺目。“金碧”指金黄色和碧绿色，而不是指墙壁
针砭时弊（贬）	像医病一样，指出时代和社会问题，又针又砭，求得改正向善
膘肥体壮（骠）	“膘”为“月”字旁，指肥肉。“骠”为“马”字旁，特指黄骠马。这个词是对称结构的
分道扬镳（标）	指分道而行，比喻因目标不同而各奔各的前程或各干各的事情。“镳”指马嚼子的两端露出嘴外的部分，“扬镳”则为驱马前进
厚积薄发（勃）	大量地积累，只择其精要少量地表露出来，多用于称赞人学问深厚，学风严谨，也形容经过长时间的积累和准备而获得大的成功。“薄发”指少量地、慢慢地释放
C	
才疏学浅（材） 大材小用（才）	“才”指才华、能力。“材”为木料，泛指材料，现在多用“人才”，不用“人材”。大材小用指大的材料用在小处，比喻人事安排不当，所以仍要用“材”
兴高采烈（彩） 张灯结彩（采）	“采”指精神、神色。“彩”多指颜色或称赞的欢呼声，张灯结彩中的“彩”指彩色的丝绸
恻隐之心（测）	恻隐之心指对受苦难的人产生同情之心。“恻”指悲伤，与心情有关
明察暗访（查）	指明里观察，暗里询问了解（情况等）
得不偿失（尝）	指得到的抵不过失去的。“偿”指抵补
嗤之以鼻（斥）	指用鼻子吭气，表示看不起，而不是训斥
充耳不闻（冲） 首当其冲（充） 气冲牛斗（充）	充耳不闻指塞住耳朵不听，形容不愿听取别人的意见。 首当其冲指最先受到攻击或遭遇灾难，“冲”指要冲。 气冲牛斗原指宝剑的仙气直冲天际，后形容气势或怒气很盛。“牛斗”为二十八宿的牛宿和斗宿，借指天空
心驰神往（弛） 一张一弛（驰）	心驰神往指心神奔到（向往的地方），形容非常向往。“驰”指奔驰。 一张一弛古时常指施政宽严结合，现多比喻（生活、工作等）要合理安排、有紧有松、劳逸结合。“张”“弛”原都是对“弓”做出的动作，“张”指拉开弓弦，比喻严、紧张；“弛”指放松弓弦，比喻宽、松弛

zhèn 振：本义为用手抖动或挥动别的东西，如“振臂”“振翅”“振笔疾书”；引申义为奋起，如“振奋”“振作”“振兴”。

震：本义为打雷使万物震动，现在一般指震动，如“震撼”“震耳欲聋”。

C	
忧心忡忡（重）	形容忧愁不安的样子。“忡”指忧虑不安。这个词四字四心，可见忧虑之重
罢黜百家（绌） 相形见绌（拙）	“罢黜百家，独尊儒术”是董仲舒于元光元年（公元前 134 年）提出的治国思想，即贬黜其他学说，只尊重儒家的学说。“黜”指罢免、革除。 相形见绌指跟另一人或事物比较起来显得远远不如。“绌”指不够、不足
川流不息（穿）	指（行人、车马等）像水流一样连续不断，故这里应是“百川归海”的“川”，不是“穿针引线”的“穿”
乱象丛生（从）	指纷乱的现象不断出现，常比喻世道不好，多用于修饰社会现象。“丛生”指（草木）聚集在一处生长，引申为同类的事物同时出现
出类拔萃（粹）	出自《孟子·公孙丑上》中的“出于其类，拔乎其萃”一句，形容超出同类。“萃”指聚在一起的人或物。“粹”原指没有丝毫杂质的米，后引申为纯粹、精华
措手不及（错） 抑扬顿挫（措）	措手不及指临时来不及应付。“措”是“安排、处置”的意思。 抑扬顿挫指（声音）高低起伏和停顿转折。“挫”是“转折”的意思
D	
虎视眈眈（耽）	形容贪婪而凶狠地注视。“眈”是“目”字旁，与“目光”相关，与“虎视”的“视”相呼应，“眈眈”形容眼睛注意看的样子
根深蒂固（底）	比喻基础稳固，不容易动摇。“蒂”指瓜、果等跟茎、枝相连的部分，如“瓜熟蒂落”。这个词是对称结构的
百战不殆（贻）	指每次打仗都不失败，“殆（dài）”是“危险”的意思，和“歹”有关
不共戴天（带） 感恩戴德（带） 张冠李戴（带）	不共戴天指不跟仇敌在同一个天底下活着，形容仇恨极深。“戴天”指用头顶着天。 感恩戴德指对别人所给的恩德表示感激。“戴”指尊奉。 张冠李戴指姓张的帽子戴到姓李的头上，比喻弄错了对象或弄错了事实。“戴”指把东西放在头部
以逸待劳（带 / 代）	指作战的时候采取守势，养精蓄锐，等待来攻的敌人疲劳后再出击
掉以轻心（调） 调虎离山（吊）	掉以轻心指对某个问题漫不经心、不当回事。“掉”指放过。 调虎离山比喻为了便于乘机行事，想法子引诱有关的人离开原来的地方
穷兵黩武（渎）	指使用全部武力，任意发动侵略战争。“黩武”指滥用武力
F	
举一反三（返）	指从一件事情类推而知道许多事情。“反”指类推
易如反掌（翻）	像翻一下手掌那样容易，形容事情极容易办。“反”指翻转、颠倒
蜚声文坛（飞） 斐然成章（蜚）	“蜚声”指扬名。“斐然”指有文采的样子
半途而废（费）	指事情没有完成而终止。“废”指不再继续。“费”指花费、耗费、消耗得多

fáng　防：①防备、防范，如“防患未然”；②防守、防御，如“边防”“布防”；③挡水的建筑物，如“堤防”。

妨：妨碍、妨害，如“何妨”“无妨”。

F	
蜂拥而至（峰） 峰回路转（蜂）	蜂拥而至形容像蜂群似的拥挤着过来。 峰回路转形容山峰、道路曲折环绕
釜底抽薪（斧） 破釜沉舟（斧）	釜底抽薪指抽去锅底下的柴火，比喻从根本上解决问题。 破釜沉舟比喻下决心，不顾一切干到底。项羽跟秦兵打仗，过河后把锅都打破、船都弄沉，表示不再回来（见于《史记·项羽本纪》）。 “釜”指锅，“斧”指斧头
G	
百尺竿头（杆） 立竿见影（杆） 揭竿而起（杆） 日上三竿（杆）	“竿”指竹竿，所组词汇与竹子有关。“杆”指细长的棍状物。我国古代对竹子的使用较为广泛，故多用“竿”
鬼斧神工（功/公） 巧夺天工（公）	鬼斧神工形容建筑、雕塑等技艺的精巧。 巧夺天工指精巧的人工胜过天然，形容技艺极其精巧。“人工”与“天工”相对
藏污纳垢（诟） 蓬头垢面（诟）	藏污纳垢比喻包容坏人坏事。“污”“垢”都是指脏东西。 蓬头垢面形容头发很乱、脸上很脏的样子
沽名钓誉（估）	指用某种手段谋取名誉。“沽”是“买”的意思。例如，李白《将进酒》中的“主人何为言少钱，径须沽取对君酌”。“钓”是“骗取”的意思。这个词是对称结构的
悬梁刺股（骨）	形容学习勤奋刻苦。“股”是大腿的意思
如雷贯耳（灌） 恶贯满盈（灌） 全神贯注（灌） 醍醐灌顶（贯）	如雷贯耳指像雷声穿过耳朵一样，形容人的名声很大。 恶贯满盈指作恶极多，犹如穿钱一般已穿满一根绳子。 全神贯注指精神高度集中。 醍醐灌顶比喻灌输智慧，使人彻底醒悟
食不果腹（裹）	“果”是形容像果实一样饱满，“果腹”即指填饱肚子。“裹”是一个形声字，形旁为“衣”，声旁为“果”。“裹”主要指缠绕、包扎，如“包裹”之“裹”；也有夹杂的意思，如“裹胁”“裹挟”之“裹”
H	
和盘托出（合） 和衷共济（合） 前仰后合（和） 貌合神离（和）	和盘托出比喻全部说出或拿出来，没有保留。“和”是“连带”的意思，如“和衣而卧”。 和衷共济比喻同心协力，共同克服困难。“衷”指内心，“和衷”指同心。 前仰后合形容身体前后晃动（多指大笑时），是整个身体的两个相反动作，如同一张一合，也说前俯后合、前俯后仰。 貌合神离指表面上相互合拍、关系密切，实际上各怀心计。这个词是对称结构的
画地为牢（划）	意为“在地上画一个圈儿当作监狱”，比喻只许在指定的范围内活动

hán　函：①信件，如“函件”“信函”；②套子，如“函套”。
涵：①包含、包容，如“涵养”“海涵”；②涵洞，如“桥涵”。

H	
焕然一新（涣）	焕然一新形容出现了崭新的面貌。“焕”是“光明、光亮”的意思。可将原词理解为“光照进来，让人眼前一亮”
变幻莫测（换）	“换”指具体更换，因此并不“莫测”。“幻”则有无规律的特点
兵荒马乱（慌）	形容战时动荡不安的景象。“荒”形容外界的不安定。“慌”形容内心的慌张，如“心慌意乱”
哄堂大笑（轰）	形容全屋子的人同时大笑。“哄”指哄笑，“轰”形容大的声响
病入膏肓（盲）	指病情严重，无法医治，比喻事态严重到无可挽救的地步。我国古代医学上把心尖脂肪叫“膏”，把心脏与隔膜之间叫“肓（huāng）”，认为它们是药力达不到的地方。“盲（máng）”是“目”字底，指眼睛看不见东西
张皇失措（惶）	指慌慌张张，不知所措。“张皇”指惊慌、慌张，而“惶”指恐惧
融会贯通（汇）	指参考并综合多方面的知识或道理而得到全面的透彻的领悟。“融会”指融合
插科打诨（浑）	指戏曲演员在演出中穿插些滑稽的道白和动作引观众发笑。“诨（hùn）”指戏谑，开玩笑。故这里应是“诨名”的“诨”，不是“浑浊”“浑身”的“浑”
J	
激浊扬清（击）	指冲去污水，让清水上来，比喻抨击坏人坏事，褒扬好人好事
大声疾呼（急） 疾言厉色（急） 眼疾手快（急）	大声疾呼指大声呼喊，提醒人们注意。 疾言厉色指言语急迫、神色严厉，形容发怒时的神情。 眼疾手快形容做事机警敏捷。 “疾”在这些词中都是“迅速、快”的意思。而“急”在古文里多用作表示与心情、环境有关的急躁、危急，较少用来表示“快”的意思。但在现代文中表示“快”的意思时，“急”比“疾”用得多
迫不及待（急） 气急败坏（极）	迫不及待指急迫得来不及等待。 气急败坏指呼吸急促，上气不接下气，狼狈不堪，形容十分慌张或恼怒
济济一堂（挤）	形容许多有才能的人聚集在一起，“济济”形容人多。这里切不可望文生义
既往不咎（即） 一如既往（即） 继往开来（既） 焚膏继晷（既）	既往不咎指对过去的错误不再责备。 一如既往指完全跟过去一样。“既”有“已经”的意思，表示完成。“即”有“即将”的意思，指还没开始，将要开始，表示将来。 继往开来指继承前人的事业，并为将来开辟道路。 焚膏继晷指点燃灯烛来接替日光照明，形容夜以继日地用功读书或努力工作
汗流浃背（夹）	指汗水湿透了背上的衣服，形容汗出得很多。“浃”是“透、遍及”的意思
步履维艰（坚） 披坚执锐（艰）	步履维艰指行走艰难。 披坚执锐指穿上坚固的铠甲，拿起锋利的武器，多指奔赴战场作战

shuò 烁：发亮的样子，如“闪烁”“繁星烁烁”。
铄：①熔化，如“铄石流金”“众口铄金”；②损耗、削弱。

J	
草菅人命（官）	意为“把人命看得和野草一样”，指任意残杀人民。“菅（jiān）”为一种草
精兵简政（减）	指缩小机构，精简人员。这里切不可望文生义
披沙拣金（捡）	意为“拨开砂砾，挑选金子”，比喻从大量的事物中选取精华
盘根错节（结）	指树根盘绕，枝节交错。形容事情或关系等相互交织，纷繁复杂
噤若寒蝉（禁）	意为“像寒秋的蝉不再鸣叫”，形容不敢作声。“噤”指闭口不作声
面面俱到（具） 一应俱全（具） 万籁俱寂（具）	面面俱到指各方面都照顾到，没有遗漏。 一应俱全指该有的都有了。 万籁俱寂指一切声音都停息了，形容四周非常寂静。 “俱”在这些词中都意为“全、都”
大放厥词（獗）	出自唐朝韩愈《祭柳子厚文》中的“玉佩琼琚，大放厥词”，原是韩愈赞美柳宗元会用词、有文采，现多指夸夸其谈，大发议论（含贬义）。“厥”指他的，为指示代词
K	
功亏一篑（溃）	指堆九仞高的土山，只差一筐土而不能完成。比喻一件大事只差最后一点儿人力物力而不能成功（含惋惜意）。“篑”指装土的筐子
L	
春意阑珊（兰） 五色斑斓（澜） 波澜壮阔（斓）	“阑珊”是“将近、衰落”的意思，如李煜《浪淘沙》中的“帘外雨潺潺，春意阑珊”。“斑斓”指灿烂多彩。“澜”指大波浪，跟水有关
陈词滥调（烂） 粗制滥造（烂） 宁缺毋滥（烂） 滥竽充数（烂）	陈词滥调指陈旧而不切合实际的话。“滥”指不切实际。 粗制滥造指制作粗劣，不讲究质量，也指工作不负责任，草率从事。这里的“滥”指多而不精细。 宁缺毋滥指宁可缺少一些，不要不顾质量一味求多。这里的“滥”指过多，没有限制。 滥竽充数指没有真正的才干，而混在行家里面充数，或拿不好的东西混在好的里面充数，而不是说用“破烂”的竽充数。“滥”指失实、不真实
分庭抗礼（理） 强词夺理（礼） 鼎力相助（立）	分庭抗礼原指宾主相见，站在庭院的两边，相对行礼，现在用来指双方平起平坐，实力相当，可以抗衡。 强词夺理指勉强辩解，即本来没有理，硬说成有理。 鼎力相助指大力相助
再接再厉（励/利） 厉兵秣马（励） 变本加厉（励） 厉行节约（励） 励精图治（厉）	再接再厉原指公鸡相斗时，每次发起冲锋前都先磨一下嘴，现指继续努力。 厉兵秣马指磨快兵器，喂饱马，准备开战。 变本加厉指变得比原来更加严重。 厉行节约指严格地实行节约。 励精图治指努力振奋精神，力求治理好国家

zhī 只：作量词时，多用于动物、某些器具或成对的东西中的一个，如“两只鸡”“三只皮箱”“一只眼睛”。
支：作量词时，多用于条形事物或歌曲、电灯泡等，如“一支队伍”“两支笔”“三支歌”“二十支灯泡”。

L	
百炼成钢（练） 千锤百炼（练）	“练”和“炼”作动词时，均可指一种加工方法。“练”指在水中加热漂煮丝织品，是一个反复进行的过程。“炼”指通过加热使金石等物质纯净和坚韧，即冶金。所以区分时，可分析词义，求熟用“练”，求精用“炼”；也可通过注意动词作用的对象进行区分
穷困潦倒（缭） 眼花缭乱（潦）	穷困潦倒形容生活贫困，颓丧失意。“潦”指颓丧、失意。 眼花缭乱指眼睛看见复杂纷繁的东西而感到迷乱。“缭”指缠绕
一鳞半爪（麟） 鳞次栉比（磷） 凤毛麟角（鳞）	一鳞半爪指龙在云中，偶尔露出部分鳞片或爪子，比喻零星片段的事物。 鳞次栉比指像鱼鳞或梳篦的齿那样紧密地排列着，形容建筑物等密集、排列整齐的样子。“鳞”指鱼鳞。“栉”是梳子和篦子的总称。 凤毛麟角指凤凰的羽毛，麒麟的角，比喻稀少而可贵的人或事物。“麟”指麒麟
得陇望蜀（垄）	比喻贪得无厌。东汉光武帝刘秀下令给岑彭：“人苦不知足，既平陇，复望蜀。”即令岑彭平定陇右（今甘肃一带）以后领兵南下，攻取西蜀（见于《后汉书·岑彭传》）
无与伦比（论） 美轮美奂（仑） 语无伦次（轮）	无与伦比指没有能比得上的（多含褒义）。“伦比”意为“同等、匹敌”。 美轮美奂多形容建筑物的高大、众多和华美。“轮”指高大。 语无伦次指话讲得很乱，没有条理层次。“伦”指条理、次序
如履薄冰（覆）	像走在薄冰上一样。比喻行事极为谨慎，存有戒心。“履”指践、踩在上面
浮光掠影（略） 攻城略地（掠）	浮光掠影指像水面的光和掠过的影子一样，一晃就消逝，形容印象不深刻。 攻城略地指攻占城池，夺取土地
M	
慢条斯理（漫） 漫不经心（慢） 轻歌曼舞（慢）	慢条斯理形容动作缓慢，不慌不忙。“慢”指缓慢。 漫不经心指随随便便，不放在心上。“漫”指随便、不受约束。 轻歌曼舞指轻松愉快的歌声和柔和优美的舞蹈，“曼”指柔和、美丽，而不是指慢慢地跳舞
绵里藏针（棉）	指丝绵里面藏着针，比喻柔中有刚，也比喻外貌柔和但内心刻毒
不名一文（明） 巧立名目（明） 不可名状（明） 明哲保身（名）	不名一文指一个钱也没有。“名”是“占有”的意思。 巧立名目指定出许多名目，以达到某种不正当的目的。“名目”指事物的名称。 不可名状指不能够用语言形容，“名”是“说出”的意思。 明哲保身原指明智的人不参与可能给自己带来危险的事，现在指因怕犯错误或有损自己利益而对原则性问题不置可否的处世态度。“明哲”指聪明有智慧
死不瞑目（冥） 冥思苦想（瞑）	死不瞑目指人死时因心里还有牵挂，死了没有闭上眼睛，多用来形容不达目的，决不甘休。“瞑目”指闭眼，与目有关。 冥思苦想指深沉地思索，也说冥思苦索。“冥”指深沉

bā 芭：古书上说的一种香草，如“芭蕉”“芭蕾舞”。
笆：用竹片或树的枝条编成的片状器物，如“笆篱”“笆斗”。

M	
摩肩接踵（磨） 摩拳擦掌（磨）	摩肩接踵指肩碰肩，脚碰脚，形容人很多，很拥挤。 摩拳擦掌形容战斗、竞赛或劳动前精神振奋的样子
潜移默化（墨） 墨守成规（默）	潜移默化指人的思想或性格受其他方面的感染而不知不觉地起了变化。 墨守成规形容因循守旧，不肯改进
穷途末路（没） 没齿不忘（末）	穷途末路形容无路可走。“末路”指路的尽头。 没齿不忘指终身不能忘记。“没齿”指终身，语出《论语·宪问》中的“没齿无怨言”
N	
剑拔弩张（驽）	意思是剑已拔出，弓已上弦，形容书法笔力雄健，现多比喻气势或形势紧张，一触即发。“弩”为“弓字底”，指古代一种用机械力量射箭的弓。“驽”为“马字底”，指劣马，即跑不快的马。这个词是对称结构的
O	
呕心沥血（沤）	形容费尽心血。“呕”意为“吐”。“沤（òu）”指长时间地浸泡，使发生变化，如“沤肥”
P	
蓬荜生辉（篷筚）	是谦辞，表示由于别人到自己家里来或张挂别人给自己题赠的字画等而使自己感到非常光荣。“蓬荜”即为“蓬门荜户”的简称，指用草、树枝等做成的门户，借指穷苦人家的简陋房屋，故为“草”字头
凤冠霞帔（披）	指旧时富家女子出嫁时的装束，以示荣耀。“凤冠”为古代后妃或贵族妇女所戴的帽子，上面有用贵金属和宝石等做成的凤凰形状的装饰，旧时妇女出嫁也用作礼帽。“霞帔（pèi）”指披在肩背上的服饰，上面绣着各种花纹。这个词是对称结构的
劈头盖脸（辟）	指正对着头和脸盖下来，形容来势凶猛
平心而论（凭）	指平心静气地评论
前仆后继（扑）	指前面的人倒下了，后面的人紧跟上去，形容英勇奋斗，不怕牺牲。“仆”意为“倒下”
Q	
出其不意（奇） 夸夸其谈（奇） 出奇制胜（其）	出其不意指在别人料想不到时行动。“其”指别人。 夸夸其谈指说话或写文章浮夸，不切实际。 出奇制胜指用奇兵或奇计战胜敌人，泛指用对方意想不到的方法来取胜。“奇”指奇兵或奇计
山清水秀（青）	形容山水风景优美，也说山明水秀。这里并非强调山是青色的，而是指山清幽
罄竹难书（磬）	形容事实（多指罪恶）很多，难以说尽。“罄”意为“尽”。而“磬”则是古代一种打击乐器，形状像曲尺，用玉或石制成。所以这里应是“罄其所有”

yáng　杨：①杨树，落叶乔木，叶子卵形或卵状披针形，如“杨柳”；②姓氏。
扬：①高举，往上升，如“扬帆”；②在空中飘动，如“飞扬”；③传播出去，如“扬言”“颂扬”。

Q	
抱残守缺（阙）	指抱着残缺破旧的东西不放，形容保守、不知改进。这个词是对称结构的
R	
防患未然（燃）	指在事故或灾害尚未发生时采取预防措施。“未然”即没有这样，指尚未形成
麻木不仁（忍）	麻木不仁指肢体麻痹，没有感觉，形容对外界的事物反应迟钝或漠不关心。“仁”指感觉灵敏
色厉内荏（忍）	指外表强硬而内心怯懦。“荏”指软弱
含辛茹苦（如）	指经受艰辛困苦。“茹”是“吃”的意思，如“茹毛饮血”
耳濡目染（儒） 孺子可教（儒）	耳濡目染形容听得多、见得多了之后，无形之中受到影响。“濡”指沾染。 孺子可教指年轻人有出息，可以把本事传授给他。“孺”指小孩子
水乳交融（溶）	指像水和乳汁融合在一起，形容关系非常融洽或结合得十分紧密
S	
煽风点火（扇）	比喻鼓动别人做某事（多指坏的）。“煽”指鼓动
姗姗来迟（蹒）	指走得缓慢从容而迟到，形容来得很晚。“姗姗”形容走路缓慢从容的姿态，而“蹒”指走路缓慢、摇摆的样子
礼尚往来（上）	指在礼节方面重视互相往来。“尚”指重视、讲究
三令五申（伸）	指再三地命令和告诫。“申”指说明、申述
舍生取义（身）	出自《孟子·告子上·鱼我所欲也》中的“生，亦我所欲也，义，亦我所欲也。二者不可得兼，舍生而取义者也”，指为正义而牺牲生命
谈笑风生（声） 歌舞升平（生）	谈笑风生形容谈话谈得高兴而有风趣。“生”在这里指产生。 歌舞升平指唱歌跳舞，庆祝太平，多形容太平盛世，有时也指粉饰太平。“升平”指太平
惹是生非（事） 郑重其事（是） 各行其是（事）	惹是生非指招惹是非，引起麻烦或争端。 郑重其事形容对待事情非常严肃认真。 各行其是指各自按照自己以为对的去做。“是”意为“对的”，而不是指各自做各自的事情
文过饰非（是）	掩饰过失、错误。“饰”指“掩饰”
势不两立（誓）	指敌对的事物不能同时存在，“势”指情势。这里不是“发誓赌咒”的意思
有恃无恐（持） 恃才傲物（持）	有恃无恐指因为有所倚仗而无所畏惧或顾忌。 恃才傲物指倚仗自己的才能而骄傲自大，轻视旁人
首屈一指（手） 额手称庆（首）	首屈一指指弯下手指头计数，首先弯下大拇指，表示位居第一。 额手称庆指两手在胸前相握，举到额头，表示庆幸、庆贺
鬼鬼祟祟（崇）	形容行动诡秘，怕被人发现的样子。“祟”原指鬼怪，现借指不正当的行动

yáo 摇：摇摆，使物体来回地动，如“摇动”“摇头晃脑”。
遥：①遥远，如“千里之遥”；②姓氏。

T	
金榜题名（提）	指科举考试时被殿试录取，后泛指考上学校。“题”指写上，即在金榜上写上名字
生灵涂炭（途） 肝脑涂地（图） 荼毒生灵（涂） 如火如荼（茶）	生灵涂炭指百姓像掉在烂泥和炭火中一样，形容政治混乱时期人民处在极端困苦的环境中。“涂”指烂泥。 肝脑涂地原指肝胆脑浆涂抹地面，形容在战乱中惨死的情景，后指牺牲生命。“涂”指涂抹。 荼毒生灵指残害百姓。“荼”指一种苦菜。“毒”指毒虫、毒蛇之类，借指毒害。 如火如荼指像火那样红，像荼那样白，原形容军容之盛，现用来形容旺盛、热烈或激烈。“荼”指茅草的白花
走投无路（头） 出人头地（投）	走投无路指无路可走，无处投奔，比喻找不到解决问题的办法，形容处境极端困难。 出人头地最初为欧阳修认为苏轼在文章上比他高出一头，后指超出一般人，高人一等
W	
枉费心机（妄）	指白费心机。“枉”是“白白地、徒然”的意思。所以这里应是“枉然”的“枉”，不是“胆大妄为”的“妄”
置若罔闻（惘）	意为“放在一边儿不管，好像没听见一样”，形容不重视、不关心。“罔”指没有。“惘”指失意，神情恍惚
趋之若鹜（骛） 心无旁骛（鹜）	趋之若鹜指像鸭子一样，成群地跑过去，形容许多人争着去追逐某种事物（含贬义）。“鹜”为“鸟”字旁，指鸭子。 心无旁骛指心里没有另外的追求，形容心思集中。“骛”为“马”字旁，指马纵横奔驰，也有“追求”的意思
X	
目不暇接（瑕） 闻名遐迩（瑕）	目不暇接形容东西太多，眼睛看不过来。“暇”指空闲，这里是说眼睛太忙了，看不过来。 闻名遐迩指非常有名。“遐”指远
销声匿迹（消）	指不再公开讲话，不再出门露面，形容隐藏起来或不公开出现。所以这里应当是“撤销”的“销”，不是“消失”的“消”
水泄不通（泻） 一泻千里（泄）	“泄”指液体、气体排出，无论快慢。“泻”指很快地流，多形容瀑布、江河
休养生息（修）	指在国家大动荡或大变革以后，减轻人民负担，安定生活，发展生产，恢复元气。“休”指“休息、歇息”，而“修”强调“修理、兴建”
栩栩如生（诩）	形容艺术形象生动逼真，像活的一样。“栩栩”指生动活泼的样子。“诩”为“言”字旁，指说大话，夸耀，如“自诩”“夸诩”

dīng　叮：①（蚊子等）用针形口器插入人或牛马等的皮肤吸取血液，如“叮咬”；②追问，如“叮问”。
盯：把视线集中在一点上，如“盯梢”“盯防”。

Y	
祸国殃民（秧）	意为“使国家受害，人民遭殃”。“殃”指使受祸害，与“歹”有关
甘之如饴（怡）	意为“感到像糖一样甜”，形容甘愿承受艰难、痛苦。“饴”为饴糖，可食用
贻笑大方（殆）	指让内行笑话。“贻（yí）笑”指见笑。“大方”指专家学者、内行人。这里注意读准字音
一劳永逸（易）	指辛苦一次，把事情办好，以后就不再费事了。“逸”指安逸
神采奕奕（弈）	“奕奕”指精神饱满的样子，而“弈”指的是围棋或下棋
苦心孤诣（旨）	指费尽心思地钻研或经营，达到别人达不到的境地。“诣（yì）”指（学业、技术等）所达到的程度，而“旨（zhǐ）”指意义、用意或目的
生死攸关（悠）	指关系到人的生存和死亡。“攸”是助词，意为“所”
竭泽而渔（鱼）	意为“排尽湖中或池中的水捕鱼”，比喻取之不留余地，只顾眼前利益，不顾长远利益。“渔”为动词，指捕鱼
众说纷纭（云）	指人多嘴杂，各有各的说法，议论纷纷。“纷纭”指言论、事情等多而杂乱
Z	
层峦叠嶂（障）	指重重叠叠的山峦和山峰，形容山势险峻、山峰众多。“峦”指山，“嶂”指直立的山峰，都与山有关。这个词是对称结构的
饮鸩止渴（鸠）	意为“用毒酒解渴”，比喻只求解决目前的困难而不顾将来有大患。“鸩（zhèn）”为传说中一种有毒的鸟，用它的羽毛泡成的酒能毒死人。所以这里应是“鸩毒”的“鸩”，不是“斑鸠”的“鸠”，要仔细辨认字形
振聋发聩（震）	指发出很大的声响，使耳聋的人也能听见，比喻用语言文字唤醒糊涂的人
仗义执言（直）	为了正义说公道话。“执”意为“坚持”
后发制人（治） 如法炮制（治） 因地制宜（治）	后发制人指先退让一步，使自己处于有利的地位后，再制服对方。 如法炮制指依照成法炮制药剂，泛指照现成的方法办事。“炮制”指用中草药原料制成药物的过程。 因地制宜指根据不同地区的具体情况规定适宜的办法，“制”是“拟定、规定”的意思
莫衷一是（中）	指不能判断哪个对，哪个不对，也指意见分歧，不能得出一致的结论。“衷”指折中、判断
弄巧成拙（绌）	指想要巧妙的手段，结果反而坏了事。“拙（zhuō）”指愚笨，而“绌（chù）”指不够、不足

zhuī 锥：①锥子；②形状像锥子的东西，如“圆锥体”；③用锥子或锥子形的工具钻，如“锥个眼儿”。
椎：椎骨，如“脊椎”“颈椎”。

专题三 词 语

在语文学习活动中，学生要能正确使用词语，即能够在特定的语境下恰当、得体地使用词语。这里的词语具体包括实词、虚词、关联词语和成语：对于实词，重点要掌握近义词和同义词的辨析方法；对于虚词，重点要掌握易混虚词的辨析方法；对于关联词语，重点要掌握其正确搭配和表达关系；对于成语，重点要掌握常用成语的含义，避免误用。

知识清单

一、实词

实词一般具有实在的意义，能够单独充当句子成分。实词可以分为名词、动词、形容词、数词、量词、代词和副词等，具体如下。

【名词】名词表示人、事、物、时间、地点或抽象概念的名称，如“学生”“文化”“道德”，它用来作主语和宾语，如“马吃草”。

【动词】动词表示动作、行为或心理活动等，如“学习”“看望”“愿意”，它常常作谓语，多数能带宾语，如“我们热爱祖国”。

【形容词】形容词表示形状、性质或状态等，如“聪明”“雪白”“多”，它常常作谓语、定语和状语，如“语言生动”。

【数词】数词表示数目或次序，如“一千”“第一”“初三”，它常常与量词组成数量短语作定语、状语、补语等，如“他写了一副对联”。

【量词】量词表示计量单位，如“个”“堆”“分钟”，它常常与数词组成数量短语作定语、状语、补语等，如“铅笔盒里有五支笔”。

【代词】代词是代替名词、动词、形容词、数量词、副词的词，如“我”“那”“什么”，它起代替、指示作用，如“我们都是中国人”。

【副词】副词是限制、修饰动词和形容词的词，表示程度、范围、时间等，如“很”“都”“难道”，它常常作状语，如“他非常厉害，但已经走了”。

二、虚词

虚词一般没有实在的意义，通常只能附着于实词或短语而不能单独充当句子成分，主要表达各种语法意义或语气。虚词可以分为介词、连词、助词、语气词等，

【万里长城】

① 中国古代为了防御北方游牧民族侵入而修筑的浩大军事工程；② 比喻捍卫国家安全的大将；③ 比喻难以逾越的障碍。

具体如下。

【介词】 介词，如“自从”“按照”“为了”，主要起标记作用，依附在实词或短语前面与其共同构成介词短语，以修饰、补充谓语性词语，如“从上游冲下来的石头”。

【连词】 连词，如“和”“或者”“而且”，主要起连接作用，如“今天或者明天去”。

【助词】 助词，如“着”“的”“似的”，主要附着在实词、短语或句子后面，表示结构关系或动态，如“门开着，灯亮着，满头银发的奶奶焦急地等待着”。

【语气词】 语气词，如“吧”“吗”“啊”，用来表示语气，如“麦子熟了”。

三、关联词语

关联词语包括关联词和关联短语。关联词大多是连词，如“因为”“无论”，有少量是副词，如“也”“又”。关联短语指的是“不是”“还是”“一方面”“另一方面”等。关联词语能起到明确地表示分句间关系的作用。常见关联词语的搭配如表 1-3-1 所示。

表 1-3-1　常见关联词语的搭配

关系类型	常见关联词语的搭配
并列	既 / 又…… 又…… 是…… 也是…… 不是…… 而是…… 一边……一边…… 有时…… 有时…… 一会儿…… 一会儿…… 一方面…… 另一方面……
因果	因为…… 所以…… 既然…… 就…… 之所以…… 是因为…… 由于…… 因此……
转折	虽然…… 但是…… 尽管…… 还是…… …… 但 / 却 / 可是 / 然而 / 不过 / 只是……
选择	不是…… 就是…… 或是…… 或是…… 要么…… 要么…… 是…… 还是…… 与其…… 不如…… 宁可…… 也不…… 宁愿…… 不愿……
递进	不但…… 而且…… 不仅…… 还…… 不光…… 也…… 不但不…… 反而…… …… 何况…… …… 甚至……
假设	如果…… 就…… 倘若…… 就…… 要是…… 那么…… 即使…… 也……
条件	只要…… 就…… 只有…… 才…… 凡是…… 都…… 不论…… 总…… 无论 / 不论 / 不管 / 任凭…… 都……
承接	首先…… 然后…… 一…… 便 / 就…… …… 于是…… …… 接着……

（一）并列关系

表示并列关系的关联词语连接的几个分句分别叙述或描写几件事情、几种情况，或者同一事物的几个方面。各分句之间或者是平列关系，或者是对举关系。平列关系就是各分句表示的几件事情或几个方面并存；对举关系就是用肯定和否定两个方面的对照来说明情况或表达所要肯定的意思。

例 小明一边洗澡，一边哼歌。（平列关系）

我不是要人装傻，而是要人保留一份纯真。（对举关系）

（二）因果关系

表示因果关系的关联词语连接的分句是原因和结果的关系。因果关系包括说明因果与推论因果两种关系。

在说明因果关系中，一个分句表示客观事实，一个分句表示这种客观事实导致的必然结果。它具体可分为前因后果和因果倒置两种。

例 因为他真正下了苦功，所以成绩有了很大提高。（前因后果）

你之所以没有取得好成绩，是因为你太粗心了。（因果倒置）

在推论因果关系中，一个分句表示已经发生的情况，一个分句表示在这种情况下应该出现的结果。

例 既然情况已经出现了，你就不要再抱怨了。

（三）转折关系

表示转折关系的关联词语连接的前一个分句提出一种情况，后一个分句不顺着前一个分句的意思说下去，转而说相反的意思，即后面分句的意思是前面分句意思的对立面。

例 爷爷虽然年纪大了，但是行动十分麻利。

小贴士

转折关系与并列关系中的对举关系的区别在于关联词语引导的两个分句是否逻辑对立。若逻辑对立，则表示转折关系；若逻辑不对立，则表示并列关系中的对举关系。

（四）选择关系

表示选择关系的关联词语连接的几个分句分别表示几种情况，可以选择其中的一种。

例 要么我们被困难吓倒，要么困难被我们干掉。

（五）递进关系

表示递进关系的关联词语连接后一个分句的意思比前一个分句的意思更进一层。

例 这种桥不但形式优美，而且结构坚固。

（六）假设关系

表示假设关系的关联词语连接的前一个分句提出假设，后一个分句说出假设实现后会有的结果。

特殊成语

【惨绿少年】

惨绿：淡绿色。“惨绿少年”原指穿淡绿色衣服的青年，后指穿着讲究、风度翩翩的青年男子。

例 如果没有群众的支持，我们就不可能取得胜利。

（七）条件关系

条件关系有两种。一种是有条件，即一个分句提出条件，另一个分句说出结果。有条件又分充足条件和必要条件两类：充足条件，表示一个分句是条件，另一个分句是在具备这种条件下就能产生的相应结果，语气和缓；必要条件，表示一个分句是条件，缺少了这个条件，就不能产生另一个分句说的结果，语气坚定。

例 只要刻苦努力，成功的道路就会出现在你的面前。（充足条件）

只有更加努力地学习，我们才会取得更好的成绩。（必要条件）

另一种是无条件，即一个分句表示排除一切条件的意思，另一个分句说出在任何条件下都会产生的结果。

例 无论走到哪里，我都不会忘记辛勤培育我的老师。

（八）承接关系

表示承接关系的关联词连接的分句依次说出连续发生的行为或事情。分句间具有前后相承的关系。

例 我一接到命令，就马上整装待发。

四、成语

（一）成语的来源

成语是一种人们长期以来习用的、简洁精辟、含义丰富、具有书面语色彩的固定短语。成语一般都有出处，大多出自古代诗文（如“老骥伏枥”“扑朔迷离”）、神话寓言（如“精卫填海”“愚公移山”）、历史故事（如“望梅止渴”“纸上谈兵”）、口头俗语（如“一干二净”“指手画脚”）等。有些成语从字面上不难理解，如“万紫千红”“乘风破浪”；有些成语则必须知道来源或典故才能懂得其意义，如“朝三暮四”“杯弓蛇影”。

（二）成语的特征

1. 意义整体性

成语的意义往往并不是其构成成分意义的简单相加，而是在其构成成分意义的基础上进一步整体概括出来的深层意义。

例 “破釜沉舟”，表面意义是“砸破饭锅沉下船”，实际意义是“下决心，不顾一切干到底”；“废寝忘食”，表面意义是“不顾睡觉，忘记吃饭”，实际意义是“极为专心努力”。

由此可见，成语的实际意义具有整体性，是隐含于表面意义之后的，表面意义只是实际意义借以表现的手段。

2. 结构凝固性

成语的构成成分和结构一般是定型的、凝固的，不能随意抽换、增减其中的成分或改变词序。

例 “熟能生巧”，不可以改为“熟能成巧”“熟能变巧”；“任重道远”，不可以改为“道远任重”“任重路远”“任重道又远”。

【博士买驴】
博士：古代学官。“博士买驴”出自北齐颜之推《颜氏家训·勉学》中“问一言辄酬数百，责其指归，或无要会。邺下谚云：‘博士买驴，书券三纸，未有驴字。’”一句，后用来比喻写文章废话连篇，啰唆而不得要领。

特殊成语

3．风格典雅性

成语多源自古代文献经典，其风格庄重典雅，与通俗平易的口语和轻松幽默的歇后语在风格上有明显的差异。

（三）成语的结构关系

成语有三字格、四字格、多字格等形式，但四字格是成语的主要形式。因此，这里主要对四字成语的基本结构关系进行分析，具体如表 1-3-2 所示。

表 1-3-2　四字成语的基本结构关系

关　系	意　义	示　例
并列	成语的前后两部分不分主次和先后	豺狼虎豹 光明磊落
主谓	成语前面的部分表示被陈述的事物，相当于主语；后面的部分是对前面部分的说明和陈述，相当于谓语	叶公好龙 衣冠楚楚
动宾	成语前面的部分表示行为、动作，后面的部分表示行为、动作涉及的对象	饱经风霜 平分秋色
偏正	成语前面的部分修饰后面的部分	惨淡经营 庞然大物
补充	成语后面的部分补充说明前面的部分	流芳百世 危在旦夕

方法点拨

一、实词的辨析

相关核心积累 ☞ 38 页

（一）从词义方面辨析

1．辨析词义的轻重

有时一组词语的意义虽然基本相同，在表现的程度上却有轻重、深浅的不同。有的词语表现的程度重，有的词语表现的程度轻。词义的轻重不同，其用法也就不同。

例　轻视—蔑视

“轻视”和“蔑视”都是动词，都有“不重视、看不起”的意思，但“轻视”指不认真对待，与重视相对，不重视程度较轻；“蔑视”指用轻蔑的态度小看，根本不放在眼里，不重视程度较重。

常见的有词义轻重之别的近义词有：

轻：失望　嘲笑　请求
重：绝望　讥笑　恳求

2．辨析词义的侧重点

有些词语的意义虽然相近，但在侧重点上有细微的差别，因此要抓住其语素进行仔细分析。需要辨析的这类词语往往是二字词语，且一个字是相同的，另一个字是不同的。不同的那个字往往是词义侧重的地方。因此，可以从这个不同的字入手去分析该词意义的侧重点。

特殊成语

【喝西北风】
喝西北风度日，指没有东西可吃，挨饿。

例 诡辩—狡辩

“诡辩”与“狡辩”同是无理强辩，但“诡辩”侧重“诡”，即欺诈、怪异，所以“诡辩”就是指用欺诈的手段、奇怪的言辞、似是而非的论证，来为自己的谬论辩护；“狡辩”则侧重“狡”，即不老实、耍花招，所以“狡辩”就是指歪曲事实，狡猾地为自己的错误言行辩解。

名师点睛

侧重点一：做法和想法

有的词义侧重做法，有的词义侧重想法。例如，我“尝试”练毛笔字，说明已经开始做了；而我“试图”练毛笔字，说明这还是一个想法。再如，“不约而同”重在没有相约，多指具体行动；“不谋而合”重在没有商量，多指想法、看法。

侧重点二：无意和有意

有的词义侧重主观不是故意的、无意识的，有的词义侧重主观是故意的、有意识的。例如，“误解”指理解得不正确，一般是无意识的；而“曲解”指错误地解释客观事实或别人的原意，多是故意的。

侧重点三：过程和结果

有的词义侧重过程，有的词义侧重结果。例如，“消逝”中的“逝”指过去，强调过程；而“消失”中的“失”指失掉、丢掉，强调结果。

侧重点四：个体和群体

有的词义侧重个体，有的词义侧重群体。例如，“习惯”强调个体，而“风俗”强调群体。

3. 辨析词义的范围

很多近义词的适用范围是不同的，有的大一些，有的小一些；有的词义能概括事物总的方面，有的词义只能概括事物的某一方面。因此，要注意把握词义的适用范围。

例 边疆—边境—边界

“边疆”指比较边远的靠近国界的大片领土，范围较大；“边境”指靠近边界的地方，范围较小；“边界”指地区与地区之间的一条界线，范围最小。

常见的词义范围关系有：

战争＞战役＞战斗，年华＞年岁，时代＞时期。

（二）从色彩方面辨析

词语的色彩是指词义附带的某种倾向、情调。有的词语的色彩表现在感情上，叫“感情色彩”；有的词语的色彩表现在使用场合上，叫“语体色彩”。

1. 辨析词语的感情色彩

从感情色彩上看，词语可以分为褒义词、贬义词和中性词。褒义词，即带有赞许、肯定或喜悦等感情色彩的词；贬义词，即表示贬斥、否定、厌恶意义的词；中性词，即不带褒贬感情色彩的词。具体使用

【谈何容易】

说起来怎么这样容易，表示事情做起来并不像说的那么简单。

时，应根据不同的语境及词语的色彩对词语进行选择。

例 成果—后果—结果

三个词都是指事情发展到最后的结局，但“成果”只指好的结局，是褒义词；“后果”只指坏的结局，是贬义词；“结果”兼指好的和坏的结局，是中性词。

2. 辨析词语的语体色彩

语体色彩主要表现在口语和书面语的区别上。不同语体色彩的词语能表现出不同的语体风格，一般来说书面语比较庄重，口语比较活泼。

例 磋商—商量

“磋商”与“商量”都有“商讨”的意思，但“磋商”用于严肃的场合，是书面语；“商量”用于一般场合，比较口语化。

常见的口语和书面语近义词有：

口　语：	脑袋	吓唬	聊天
书面语：	头部	恐吓	谈话

（三）从用法方面辨析

1. 辨析词语的适用对象

很多词语有其特定的适用对象，所以有些近义词的差别表现在它们所适用的对象不同：有的词语用于修饰人，有的则用于修饰物；用于人的有长幼尊卑之分，用于物的有抽象具体之别。

例 爱护—爱戴

“爱护”可用于修饰人和物，“爱戴”只用于修饰人，且限于下对上、群众对领袖的敬爱与拥护。

2. 辨析词语的搭配习惯

在表达应用中，有些词语的搭配有一定的习惯，不能随意组合。因此，对于词语的选择一要注意合乎情理，二要注意合乎习惯。

例 交换—交流

“交换”和“交流”都指双方之间，把自己的东西给对方，但“交换”搭配的对象大多是意义较具体的词，如“礼物”“信件”“资料”“产品”等；而“交流”搭配的对象大多是意义较抽象的词，如“思想”“经验”“文化”“学术”等。

要注意对近义词的搭配习惯进行积累，多朗读，多体会，加深感悟，增强语感。

3. 辨析词语的词性

近义词的词性一般相同，但也有词性不同的情况，词性不同，用法也就不同。

例 突然—猛然

“突然”和“猛然”都有“动作变化快、出人意料”的意思，都可以作状语，如“他突然转过头来”“他猛然转过头来”。但“突然”还可以作谓语，如“情况突然”；作定语，如“突然事件”；作宾语，如“感到突然”。“猛然”则只能作状语。所以，一般认为“突然”是形容词，“猛然”是副词。

二、虚词的辨析

相关核心积累 ☞ 47 页

（一）从虚词本身入手

1. 把握词性

词性不同，虚词的语法特点和语法功

特殊成语

【从井救人】

从：跟随。“从井救人”指跟着跳下井去，营救落井的人。后用“从井救人”比喻做好事不讲方法，不但无益于人，反而危害自身。

能就不同。因此，只有准确把握词性，才能做到正确使用虚词。

例 固然—诚然

“固然”和“诚然”，二者都可以作连词，表示承认某个事实，引起下文转折，如“这样做诚然/固然万无一失，但是代价太大了”。但“固然”只能作连词，“诚然”除了作连词外，还可以作副词，意为“实在”，如“他诚然是一名优秀的编辑”。

2. 辨析虚词的适用范围

有些虚词有一定的适用范围，只有把握了其适用范围，才能做到准确使用。

例 对—对于

“对”和“对于”都可作介词，前者适用范围比后者广。一般而言，能用“对于”的地方都能换用“对”，但用“对”的地方，有些不能换用“对于”。例如，“小黄对我笑了笑”的“对”强调动作行为的方向、目标，“他对工作很负责”的“对”含有“对待”意味，这些都只能用“对”。

（二）从句子入手

1. 把握句子的逻辑关系

虚词作为连接句子的纽带，具有表明或强化句子之间关系的作用。可以通过辨析句子之间的逻辑关系来选择恰当的虚词。

例 进而—从而

“进而”一般表示递进关系，如“先调查研究，进而提出改善方案”；“从而”一般表示承接或因果关系，如“工厂采用了新技术，从而大大提高了劳动生产率”。

2. 把握句子的语气

语气是说话人说话的口气。有些虚词多用在表疑问的句子中，如“还是”“何况”；有些虚词用来表达委婉语气，如“与其”“不过”；有些虚词用来表达强调语气，如“宁可”。虚词表达的语气，要结合实际句子仔细体会。

例 或者—还是

“或者”与“还是”都表示某种选择，但前者多用于陈述语气，如“他想去电影院或者公园”；后者多用于疑问语气，如“去电影院还是公园，他一时拿不定主意”。

3. 分清虚词连接的是词语还是句子

有些虚词用来连接词语或短语，有些虚词用来连接句子。了解了虚词的这方面特点，在辨析时就不容易出错。

例 又……又……—既……又……

“又……又……”通常用来连接并列的词语，如“赵老师讲得又生动又有趣，同学们都被他深深地吸引了”。“既……又……”通常用来连接并列的句子，如“既要有严谨周密的计划，又要有切实可行的措施”。

三、关联词语的辨析

相关核心积累☞47页

（一）从关联词语本身入手

1. 掌握关联词语的固定搭配

许多关联词语的搭配是固定的，一般

【一瓣心香】

一瓣：一炷，一束。心香：佛教语，指心中虔诚，如焚香供佛。后用“一瓣心香”比喻真诚的敬仰和祝愿。也作“心香一瓣”。

不能换用。所以在辨析关联词语时，要结合句子中出现的词语，注意搭配的对应。

例 ①只有认真学习，才能取得好成绩。

②只要有希望，我们就不放弃。

①句中的“只有”和“才”搭配，构成条件关系中的必要条件关系。②句中的“只要”和“就”搭配，构成条件关系中的充分条件关系。

2. 分清关联词语表示的关系

同一个句子，运用不同的关联词语，表达的意思不一样。

例 我们努力学习，期末取得优异成绩。

加上关联词语后的句子如下所示。

①因为我们努力学习，所以期末取得优异成绩。

②如果我们努力学习，期末就能取得优异成绩。

③只有我们努力学习，期末才能取得优异成绩。

①句是因果关系，②句是假设关系，③句是条件关系。

因此，先要分清不同关联词语所表示的关系，然后再结合想要表达的意思，才能确定一句话究竟应该选用什么关联词语。

（二）从关联词语在句中的位置入手

1. 明确关联词语是用于前一分句还是后一分句

有些关联词语有其固定的位置，有的只能用于前一分句，如“由于经常在烈日下工作，他的皮肤被晒得黝黑黝黑的”一句中的“由于”；有的只能用于后一分句，如“却”“然而”“至于”“以致”等。

2. 注意关联词语与主语的位置关系

通常情况下，如果前后分句的主语相同，关联词语应放在主语后面，如“我不仅认识他，还认识他爷爷”；如果前后分句的主语不同，关联词语则应放在主语前面，如“不光我认识他，我爷爷也认识他”。

四、成语的误用类型

相关核心积累 49 页

（一）张冠李戴

每个成语都有其适用的对象和范围，有些只适用于描述特定的人或事，有特定的指向性。若使用不当，就会出现张冠李戴的错误。

例 ①他把这理论批驳得遍体鳞伤。

②船行川江，只见地势雄奇险峻、悬崖峭壁连绵如阵，险超西岳，秀比匡庐，有巧夺天工之妙。

①句中，“遍体鳞伤”形容伤势非常重，只能用于修饰人，而不能用于修饰“理论”，可改为“体无完肤”。②句中，“巧夺天工”是指精巧的人工胜过天然，形容技艺极其精巧。该成语只能用于修饰人工，而不能用于修饰天工（即大自然的技艺），此处用错了使用对象。

（二）望文生义

望文生义，即只按照字面意思来解释成语，造成不正确的理解，从而做出错误的判断。成语是在特定的语境中形成的，

特殊成语

【哀梨蒸食】

哀梨：哀家梨，个儿大味美。后用“哀梨蒸食”比喻不识货，将好东西糟蹋了。也作“蒸食哀梨”。

使用时要弄清其来源与含义，切不能望文生义。

例 ① 有些同学写的作文，文不加点，字迹潦草，阅读这样的文章真叫人头疼。

② 伴着落日的余晖，诗人缓步登上了江边这座历史名楼，极目远眺，晚霞尽染，鸿雁南飞，江河日下，诗意油然而生。

① 句中，“文不加点”指文章不用涂改，一气呵成，形容文思敏捷，下笔成章。②句中，“江河日下”是指大江大河的水，天天不停地流向下游，比喻日趋衰落，一天不如一天。这两处显然犯了望文生义的错误。

（三）重复赘余

在使用成语时一定要准确把握成语的含义，并注意将成语含义和句子语义进行比照，否则容易造成成语隐含意义与句子语义重复的问题。

例 ① 在飞驰的高速列车上，人们津津乐道地谈论着乘坐高铁出行带来的快捷与方便。

② 解决愈演愈烈的医患矛盾，既需要运用法律武器制止违法行为，更需要从根本上釜底抽薪，进一步推进医药卫生体制改革。

①句中，“津津乐道”的意思是对某事物兴趣浓厚，乐于谈论，这里的“道”意为“说、谈论”，与后面的“谈论”语义重复，应删去“地谈论”。②句中，“釜底抽薪”比喻从根本上解决问题，和前面的“从根本上”语义重复，应删去“从根本上”。

（四）褒贬误用

成语从感情色彩上可分为褒义、贬义和中性三类。具有褒义色彩的成语，通常表达肯定、赞扬的情感态度；含贬义色彩的成语，表达否定与批判的情感态度；介于二者之间的则为具有中性色彩的成语。在使用成语时，必须辨清褒贬，否则就容易犯褒词贬用或贬词褒用的错误。

例 ① 我校是现代学徒制教学改革的始作俑者，吸引了不少同行前来观摩交流。

② 这些年轻的科学家决心以无所不为的勇气，克服重重困难，去探索大自然的奥秘。

① 句中，“始作俑者”比喻首开恶劣风气或行径的人，是贬义词。这里用来形容教学改革的我校，感情色彩错误。②句中，“无所不为”的意思是没有什么不干的，指什么坏事都干。这里用来形容科学家的勇敢无畏，显然褒贬失当。

（五）谦敬错位

成语是约定俗成的，某些成语的使用需要注意场合，有的还需要区别尊卑、长幼、主客、男女等。这就要求我们在使用成语时要区分场合，做到自谦敬人，得体合度。如果分辨不清，就容易导致谦敬错位。

例 ① 小张站起来说：“王教授刚才那番话是抛砖引玉，下面我谈谈。”

② 您刚刚乔迁新居，房间宽敞明亮，只是摆设略显单调，建议您挂幅油画，一定会使居室蓬荜生辉。

【床上安床】
床的上面再安张床。比喻事物重复烦琐。也作“床上叠床”。

①句中，“抛砖引玉”比喻用粗浅的、不成熟的意见引出别人高明的、成熟的意见，是谦辞，用于形容王教授显然不当，有失恭敬。②句中，“蓬荜生辉”表示别人到自己家里来或张挂别人给自己题赠的字画等使自己感到非常光荣，是谦辞，只能用于形容自己。

核心积累

（一）易混淆的实词

A

暗淡—黯淡

“暗淡”与“黯淡”都指不明朗。不同的是，“暗淡”指光、色昏暗、不鲜艳，如“光线暗淡”；也指（前途）不光明，没有希望，如“市场前景暗淡”。“黯淡”常用来描述心理，如“心情黯淡”。

常见近义词辨析口诀

翱翔—遨游

“翱翔”与“遨游”都与游动有关，但游动的方式有所不同。“翱翔”指在空中回旋地飞，如“雄鹰展翅翱翔”；“遨游”指漫游、游历，如“遨游太空”。

B

爆发—暴发

“爆发”指岩浆突然冲破地壳，向外迸出，如“火山爆发”；也指突然发作，或（事变）突然发生，如“会场里爆发出雷鸣般的掌声”。它侧重于猛烈性，多用于火山、重大事变等。

“暴发”指突然发作，如“山洪暴发”；也指突然发财或得势，多含贬义，如“暴发户”。它侧重于突发性，多用于洪水、传染病等。

报复—抱负

“报复”指对批评自己或损害自己利益的人进行打击，常含贬义，如“他善于对提意见的人打击报复”。

“抱负”指远大的志向，含褒义，如“青年人应该有理想，有抱负”。

报怨—抱怨

“报怨”指面对所怨恨的人做出反应，词义较重，如“以德报怨”“以怨报怨”。

“抱怨”指心中不满，数说别人的不对，词义较轻，如“自己做错了事，不应该抱怨别人”。

必须—必需

“必须”是副词，多作状语，表示事理上和情理上必要，即“一定要”，如“学习必须勤奋刻苦”；也可用来加强命令语气，如“你必须好好吃饭”。

“必需”是动词，表示一定要有，不能少，如“必需品”。

二者都有“必要”的意思。通常形容不可不做的行为就用“必须”，形容不可

特殊成语

【爱惜羽毛】

出自汉代刘向《说苑·杂言》：“夫君子爱口，孔雀爱羽，虎豹爱爪，此皆所以治身法也。”后用“爱惜羽毛”比喻洁身自好，爱惜自己的声誉。

或缺的东西就用“必需”。

变换—变幻

“变换”与“变幻”都是动词，都有“变化”的意思。“变换”指具体更换形式或内容，如“变换一下位置”；“变幻”指不规则地变化，含有无规律的特点，如“风云变幻”“变幻莫测”。

辨别—辨析

“辨别”指对不同的事物在认识上加以区别，如“我们必须具备辨别是非的能力”。

“辨析”指辨别分析，如“词语辨析”。“辨析”的含义不但包括了“辨别”的含义，而且在其基础上再加以分析，所以说“辨析”的词义比“辨别”深，“辨析”是“辨别”的更高层次。

C

残败—惨败

“残败”和“惨败”适用的对象不同。“残败”指残破衰败，多用于物，如“秋风肃杀，草木残败”；“惨败”指惨重失败，多用于人，如“这次比赛，对方惨败”。

陈规—成规

“陈规”指过时的、不适用的规章制度、规矩或办法，含贬义，如“打破陈规陋习”。

“成规”为中性词，指现成的或沿袭下来的规章制度、规矩或办法，如“墨守成规”。

迟缓—弛缓

“迟缓”指缓慢、不迅速，多用来形容动作，如“行动迟缓”。

“弛缓”指（局势、气氛、心情等）和缓，如“紧张的气氛慢慢弛缓下来”；也指松弛，如“纪律弛缓”。

处事—处世

“处事”指处理事务，如“他处事严肃，态度却十分和蔼”。

“处世”指在社会上活动，跟人来往，如“他闯荡江湖多年，有着丰富的处世经验”。

D

度过—渡过

“度过”指经过某个时间，如“度过了一个愉快的假期”。

“渡过”指由此岸到达彼岸，有“通过”的意思，如“渡过了长江天险”“渡过难关”。

定金—订金

“定金”指履行合同的保证金，即一方当事人为保证履行合同而先行付给对方的款项。它具有法律效力，对收与付的双方都形成约束。

“订金”指预付款，有某种承诺的意思，但在法律上不具有担保合同履行的作用。

大概—大约

“大概”和“大约”都可以作副词，表示不很准确的估计。“大概”多表示对情况的推测、估计，如“雨并没有下多大，大概半夜就停了”；“大约”多表示对数量、时间的估计，如“殷墟出土了大约十万片刻着文字的甲骨”。

E

遏止—遏制

“遏止”指阻止，词义程度较重，如“不可遏止的革命洪流”。

【好好先生】
指一团和气，不讲原则，只求息事宁人的人。

“遏制”指制止、控制，使有所减弱，词义程度较轻，如“在激烈的决赛中，我国乒乓球健儿经过艰苦拼搏，终于遏制了对方的攻势，获得了冠军”。

F

反映—反应

“反映”主要有两个义项：第一，比喻把客观事物的实质表现出来，如“这本书反映了社会现实”；第二，指把情况或意见等告诉上级或有关部门，如“他把情况反映到县里”。

“反应”主要有三个义项：第一，机体受到刺激引起相应的活动或变化，如“还没等我反应过来，他就走远了，头也不回”；第二，化学上一物质与另一物质发生作用，产生了新物质的过程，如“化学反应”；第三，受外界影响而引起的意见、态度或行动，如“他的演说引起了不同的反应”。

分辨—分辩

“分辨”指区分、辨别，如“分辨好人和坏人”。

“分辩”指为消除误会或指责而说明事实真相，如“不能只许你批评，不许别人分辩”。

废止—废置

“废止”指取消，不再行使法令、制度等，其多用于抽象事物，如“废止法令”。

“废置”指把认为没用的东西搁置一边，多用于具体事物，如“这台电视机被废置了三年”。

G

工夫—功夫

“工夫”主要指占用的时间、空闲时间、时候等，如“抄完这篇文章大约需要两个小时的工夫”。

“功夫”指本领、造诣等，如“只要功夫深，铁杵磨成针”；也可指（做事）耗费的时间跟精力，如“下功夫”“苦功夫”。

姑且—暂且—权且

“姑且”“暂且”“权且”均为副词，均表示暂时地。“姑且”强调让步，如“以前的事姑且搁起，你解释一下今天为什么迟到吧”；“暂且”强调时间短暂，如“今天晚上你暂且先住在这里，明天再去宾馆”；“权且”强调迫不得已，如“吃几片饼干权且充饥”。

管辖—管制—管束

“管辖”指管理，统辖（人员、事务、区域、案件等）。它侧重“辖”，有“统辖”之意，如“直辖市归国务院直接管辖”。

“管制”指强制管理，也指对罪犯施行强制管束。它侧重“制”，有“强制”之意，如“昨日起开始实行交通管制”。

“管束”指遏制自由行动或言论，加以约束，使人不越轨。它侧重“束”，即约束、束缚，如“母亲管束着我们，不许我们染上恶习”。

光临—莅临

“光临”和“莅临”都是敬辞，表示他人来访，只是所指的范围有所不同。“光临”称他人来访，所指范围广；“莅临”称贵宾

特殊成语

【张三李四】

张三、李四：某人的代称。宋代释普济《五灯会元·栖贤澄湜禅师》中有“问‘如何是佛？’师曰：‘张三李四。’”，意思是普通的张三或李四都是佛。后用“张三李四”泛指某人或某些人。

来到、来临，所指范围小，尊敬程度重。

国是—国事

“国是”指国家大计，为书面用语，如“人大代表在京共商国是”。

“国事”指国家大事，可以用于口语，如“每个公民都应关心国事”。

H

化妆—化装

“化妆”指用脂粉等使容貌美丽，如“她每次出门都要精心化妆”。

“化装”指为了演戏或不被人识别而改变装束、容貌，如“他化装成铠甲勇士去参加假面舞会”。

焕然—涣然

“焕然”形容有光彩，如“焕然一新”。

“涣然”比喻嫌隙、疑虑、误会等全部消除，如“涣然冰释”。

汇合—会合

“汇合”与“会合”都有“聚合”的意思，都是动词。“汇合”指水流聚集，如“潺潺小河汇合成湖泽”；“会合”指聚集到一起，用来形容除水流以外的事物，如“两军会合后继续向前挺进”。

J

及时—即时

“及时”指正赶上时候，如“一场及时雨”；也可指马上、立刻、不拖延，暗示着如果拖延可能会产生不利的后果，如“遇到问题要及时解决”。

“即时”指立即，强调的是在某个时间段立即出现、产生或做出，侧重于和当时实际情况同步，如“接到任务，即时投产”。

计划—规划

“计划”指工作或行动以前，预先拟定的具体内容和步骤。它相对“规划”而言，具有微观性、区域性、灵活性，如“工作计划”。

“规划”指比较全面的长远的发展计划。它相对“计划”而言，具有宏观性、全局性、规范性，如“教育发展规划”。

简洁—简捷

“简洁”指说话、作文等简明扼要，没有多余的内容，如“文字简洁，没有废话”。

“简捷”指直截了当，不拐弯抹角，如“她为人爽快，说话也很简捷”；也指行动、方法、手续等简便快捷。

坚苦—艰苦

“坚苦”指坚忍刻苦，适用于形容主观精神、工作作风等，如“与恶势力进行坚苦的抗争”。

“艰苦”指艰难困苦，适用于形容环境、生活、岁月等客观条件，如“艰苦创业”。

检察—检查

“检察”指考察，也特指国家法律监督机关依法定程序进行的法律监督活动，如“设置检察机关”。

“检查”指为了发现问题而用心查看，如“检查卫生”；也可指检讨，如“检查自己的错误”。

截止—截至

“截止”指到某一时间之后不再继续，如“报名到本月 30 日截止”。

“截至”指以某时限为界，有“截止到”

【长枕大被】

出自汉代蔡邕《协和婚赋》：“长枕横施，大被竟床；莞蒻和软，茵褥调良。”这里以夫妻共用长枕、盖着大被，表示其恩爱和谐。后用“长枕大被”表示兄弟或朋友关系亲密。

的意思，后面必须带时间宾语，如“全市上网人数截至去年12月31日共89 216人”。

小贴士

时间词在前，一般用“截止”；时间词在后，一般用“截至”。

接收—接受

“接收”指收受、接纳、吸收，一般是因使用、管理等目的而收下，对象多是具体事物或人，如“接收信号”“接收新会员”。

“接受”指领受、采纳，是应承他人所施予的行为或要求，对象多是抽象事物，如“接受礼物”“接受考验”。

巨变—剧变

“巨变”指发生巨大的变化，如“这几年，家乡的面貌发生了巨变”。

“剧变”指剧烈变化，如“局势剧变”。

K

看中—看重

“看中”指经过观察，感觉合意，如“你看中哪个就买哪个”。

“看重”指很看得起，看得很重要，如“我最看重的是他的人品”。

考查—考察

“考查”指用一定的标准来检查衡量（行为、活动），如“考查学生的学业成绩”。

“考察”指实地观察调查，如“他们到各地考察水利工程”；也可指细致深刻地观察，如“进行科学研究，必须勤于考察和思索，才能有所成就”。

枯萎—枯黄

“枯萎”和“枯黄”都有“干枯”的意思，但二者词义的程度不同。“枯萎”多指植物或事物已经枯死，程度较重，如“花枯萎了”；“枯黄”指干枯且发黄，但植物或事物（也包括人）大都还活着，程度较轻，如“树叶枯黄”“枯黄的脸”。

L

厉害—利害

“厉害”指难以对付或忍受、剧烈、凶猛，作形容词，如“心跳得厉害”。

“利害”指利益和损害，作名词，如“他们之间有密切的利害关系”。

流连—留恋

“流连”指受吸引而不愿离去，对象仅限于自然景色、名胜佳境等可供游乐观赏的处所、环境，如“流连忘返”。

“留恋”指心存依恋而不忍离去，对象通常为故乡、母校、亲人等与自己的经历有过密切关系的人或事物，如“留恋故土”。

连续—陆续

“连续”指一个接一个，不间断，如“这个车间连续十年无事故”。

“陆续”表示前后相继，时断时续，如“宾客们陆续到了”。

M

蒙眬—朦胧

“蒙眬”指快要睡着或刚醒时，两眼半开半闭，看东西模糊的样子，如“睡眼蒙眬”。

“朦胧”形容月光不明或景象不清楚，

【等米下锅】

比喻生活窘迫，急需钱粮；也比喻急等着某些东西用。

如“月色朦胧”。

弥补—填补

“弥补”着重在“弥”，是因为有亏损、欠缺而补，以抵消不利的一面，有“补偿、补救”的意思，常与“损失”“不足”“亏损”“过失”“缺陷”“缺点”“弱点”“罪过”“劣势”“漏洞”等词语搭配，如“精神上的各种缺陷，都可以通过求知来弥补”。

“填补”着重在“填”，一般指补足空缺、欠缺即可，常与“空白”“空缺”“缺额”“空虚”“亏空”等词语搭配，如“这本书填补了该学科的一个空白”。

牟取—谋取

“牟取”多指用不正当的手段获取，为贬义词，如“牟取暴利”。

“谋取”指想办法取得，为中性词，如“谋取幸福”。

N

年青—年轻

“年青”指处在青少年时期，比喻充满活力和朝气，如“他正年青”。

“年轻”指年纪不大，也指相比之下年纪小，如“他才20岁，比你年轻”。它和“年青”的主要区别在于它可以用于比较，而“年青”不可以。

凝结—凝聚

“凝结”和“凝聚”都有“聚集”的意思，但二者所修饰的事物不同。“凝结”多指物质形态的聚集，如“水凝结成冰”；“凝聚”既可指物质方面的聚集，也可指精神方面的聚集，如“凝聚人心”。

P

徘徊—徜徉

“徘徊”指在一个地方来回走动（一般因有心事），如“他独自在江边徘徊”。

“徜徉”指安闲自在地步行，如“徜徉在月光下”。

Q

启示—启事

“启示”可作动词，指启发提示，使有所领悟，如“这一切启示我们，艺术贵在创新”；也可作名词，指通过启发提示而顿悟的道理，如“这本书带给我很多启示”。

“启事”是一种应用文体，指为了说明某事而公开发表的文字，多采用登载或张贴等方式，如“寻人启事”。

清净—清静

“清净”指没有事物打扰，如“耳根清净”。

“清静”指（外界环境）安静、不嘈杂，如“这里的环境非常清静”。

权力—权利

“权力”指政治方面的强制力量，如“权力机关”；也可指（个人或机构）在职责范围内的领导和支配力量，如“由大会主席行使权力”。它是国家、公众或上级赋予的职权和强制力。

“权利”指公民或法人依法享有的权力和利益（跟“义务”相对），如“中华人民共和国的劳动者有休息的权利”。它是法律赋予的权力和利益。

【贼去关门】

比喻发生问题后才采取防范措施。也作“贼走关门”。

R

溶化—熔化—融化

“溶化”指（固体）溶解在液体里，如“糖在水里溶化了”。

“熔化”指固态物质加热到一定程度最终由固态变为液态，如“铁熔化为铁水”。

“融化”指（冰、雪等）受热变为液体，如“山上的雪开始融化了”。

S

扇动—煽动

“扇动”指摇动（像扇子的东西），为中性词。

“煽动”则是贬义词，有“挑唆、怂恿人干坏事”之意。

擅长—善于

“擅长”指在某方面有专长（仅指有某种技能），如“擅长绘画”。

“善于”指在某方面有特长，其适用范围较宽泛，如“勤于学习，善于思考”。

声明—申明

“声明”指公开表明态度或说明事实真相，如“声明我方立场”。

“申明”指郑重地陈述和说明，含“解释说服”之意，如“申明理由”。

圣地—胜地

“圣地”指与宗教有关或具有重大历史意义和作用的地方，如“革命圣地”。

“胜地”指有名的风景优美的地方，如“旅游胜地”。

实行—施行

“实行”指用行动去实现，强调把谋划好的东西变为现实，如“实行改革”。

“施行”指法令、规章制度等公布后生效、执行，如“自公布之日起施行”；也可指按照某种办法或方式去实行，如“施行扶贫措施”。它强调严格按照要求去实施，较严肃、庄重。

时势—时世—时事

“时势”指某一时期的客观形势，如“时势造英雄”。

“时世”指时代或当前的社会，如“艰难时世”。

“时事”指最近一段时间发生的国内外大事，如“时事短评”“关心时事”。

T

题材—体裁

“题材”指文艺作品所描写的社会、历史等生活事件或生活现象，如“农村题材的电视剧”。

“体裁”指文学作品的表现形式，如“文学作品可分为小说、诗歌、散文、戏剧等体裁”。

提名—题名

“提名”指在评选或选举前提出有当选可能的人或事物名称，如“这部影片获得了金鸡奖的提名”。

“题名”指为留纪念或表示表扬而写上姓名，如“金榜题名”。

停止—停滞

“停止”指不再进行或不再实行，如“停止供电”。

“停滞”指因受阻而不能顺利地运动或

特殊成语

【兄肥弟瘦】

指兄弟相互友爱，临危争相赴难。也作“弟瘦兄肥”。

发展，如“受自然灾害影响，经济处于停滞状态”。

推脱—推托

“推脱”指推卸、开脱，对象是跟自己有关的事，一般跟“责任”“错误”等搭配，如“推脱罪责”。

“推托”指借故拒绝或推辞，对象是别人请求的事，一般跟拒绝或推辞的理由搭配，如“他推托有事，不来了”。

W

委曲—委屈

“委曲”指勉强迁就，是一种对人对事的态度，如“委曲求全”。

“委屈”指受到不公平的对待或指责而心中难受，表示一种心情，如“被人误会了，她感到委屈”。

违反—违犯

“违反”指不遵守或不符合（原则、规章、制度等），如“违反客观规律”。

“违犯”指违背和触犯（法律法规等），如“违犯治安管理条例”。

侮蔑—诬蔑

“侮蔑”指轻视、轻蔑，如“受人侮蔑”。

“诬蔑”指捏造事实败坏他人的声誉，如“造谣生事，诬蔑他人”。

误解—曲解

“误解”指理解得不正确，一般是无意的，如“我们要解释清楚，不然容易产生误解”。

“曲解”指错误地解释客观事实或别人的原意，多是故意的，如“他这样分析文章，实际上是曲解了作者的写作意图”。

X

心酸—辛酸

“心酸”指因悲痛而内心酸楚，如“令人心酸”。

“辛酸”指又辣又酸，形容痛苦和悲伤，如“辛酸的往事”。

消失—消逝

“消失”指隐去、失踪，事物或事物的功能不再存在，它侧重结果，如“飞机消失在云层里”。

“消逝”指（时间）过去，（事物）消失，它侧重过程，如“一抹残霞渐渐在天边消逝”。

学历—学力

“学历”指学习的经历，多指最终毕业或肄业于哪一级的学校，如“大学本科学历”。

“学力”指实际达到的文化程度或学术造诣，如“同等学力”。

Y

一幅—一副

“一幅”中的“幅”为量词，用于表示布帛、呢绒、图画等的数量，如“一幅布”。

“一副”中的“副”为量词，用于表示成套的东西的数量，如“一副对联”“一副手套”；也用于修饰面部表情、人的样子等，如“一副笑脸”。

一经—一旦

“一经”表示只要经过某个步骤或者某种行为（就能产生相应的结果），作副词，

【九天九地】
极高的天空，极深的地下。形容范围极其广大。

如“那些没有生命的石头，一经能工巧匠们的雕琢，转瞬间变成了栩栩如生的飞禽、走兽、花卉、人物”。

“一旦”作副词时，指不确定的时间，表示有一天。它可用于已然，表示“忽然有一天”；也可用于未然，表示“要是有一天”，如“羊在圈里喂得太久了，一旦放到草原上就不知道怎样觅食、撒欢儿了”。

义气—意气

“义气”指看重情谊而替人担当风险或牺牲自己利益的气概，如“重义气”。

“意气”有三个义项：第一，志趣和性格，如“意气相投”；第二，意志和气概，如“直抒胸中意气”；第三，由于主观和偏激而产生的情绪，如“纯属个人意气”。

引见—引荐

“引见”指引人相见，使彼此认识，如“经人引见，我才得以认识这位德艺双馨的老前辈”。

“引荐”指对人的推荐、荐举，即把认识的合适的人向有关方面推荐，希望接纳，如“本人引荐她作为公司代表”。

隐晦—隐讳

“隐晦”形容意思模糊、不明显，如“这句话写得十分隐晦，让人捉摸不透”。

“隐讳”指有所顾忌而隐瞒不说，如“他从不隐讳自己的缺点和错误”。

盈利—营利

“盈利”指扣除成本后获得的利润，作名词，如“这家奶茶店没开张多久，就有盈利了”。

“营利”指谋求利润，作动词，如“营利组织”。

Z

振动—震动

“振动”为物理学术语，指物体以某一空间位置为中心不断往复运动，如钟摆、音叉、琴弦等的运动。

“震动”指受外力的影响而颤动，如“窗户震动了一下”；也可指（重大事情）引起强烈反响，如“这场海啸震动了全世界”。

蒸气—蒸汽

“蒸气”指液体汽化或某些固体升华而成的气态物质，包括水蒸气、汞蒸气、碘蒸气等。

“蒸汽”特指水蒸气。

直接—直截

“直接”指不经过中间环节发生关系（跟“间接”相对），如“直接去前台办理”。

“直截”指干脆爽快，如“直截了当”。

制订—制定

“制订”指创制拟订，侧重于拟制的过程，如“制订计划”。

“制定”指确定（方针、政策、法律、制度等），侧重于确定的结果，如“制定法律法规”。

质疑—置疑

“质疑”指提出疑问，要求解答，如“这个方案的权威性遭到质疑”。

“置疑”指怀疑（多用于否定），如“毋庸置疑”“无可置疑”。

特殊成语

【读书种（zhǒng）子】

指延续酷爱读书之习。今也指酷爱读书之人或大学问家。

终究—到底

“终究”指毕竟、终归，作副词，如“两兄弟纵使过去打打骂骂，遇到困难终究还是要相互帮助”。

“到底”作副词时有三个义项：第一，表示经过种种变化或曲折最后出现某种结果；第二，用在问句中，表示深究；第三，毕竟（多用于强调原因），如“到底是小孩子，有些道理他还不大懂”。

衷心—忠心

“衷心”指发自内心的，如“衷心祝愿”。

“忠心”指忠诚的心，如“忠心耿耿”。

中止—终止

“中止”指事情没有完成就中途停止，多为因故停止，是不正常的停止，如“中止谈判”。

“终止”指结束、停止，多为事情终了或结束后停止，是正常的停止，如“裁判终止了比赛”。

（二）易混淆的虚词与关联词语

1. 对于—对—关于

对于：介词，用于引进对象或事物的关系者，组成的介词短语放在主语前后均可，但不能做标题。

例 大家对于这个问题的意见是一致的。

小贴士

表示关涉，用“关于”；指出对象，用“对于”；兼有两种情况的，二者可以通用。

对：介词，和“对于”的用法相似，能用“对于”的地方都能改用“对”，但“对”所保留的动词性强，因此有些用“对”的句子不能改用“对于”。

例 他对老师很尊敬。

关于：介词，用于引进关联、牵涉的对象，组成的介词短语有提示性，必须放在主语之前，还可单独做标题。

例 关于植物学，我所知甚少。

2. 由于—由

由于：介词，表示原因或理由。

例 由于老师的教导，他很快就掌握了这门技术。

由：介词，表示起点、经由、归（某人去做）或凭借，也可以表示原因。

例 由感冒引起了发烧。

3. 由于—因为

由于：连词，表示原因，多与“所以”“因此”等配合。

例 由于天气原因，航班延误了，因此会议不能准时召开。

因为：连词，表示因果关系，常跟“所以”搭配使用。

例 因为有万有引力，所以苹果会落地。

4. 不然—否则

不然：连词，表示如果不是上文所说的情况，就发生或可能发生下文的情况，多用于口语。

例 快走吧，不然就要迟到啦！

否则：连词，表示如果不是这样，多

【狗屁不通】
斥责人语句极不通顺或因无知而胡说八道。

用于书面语。

例 农耕一定要遵循节气规律，否则就会影响产量。

5. 即使—尽管—不管

即使：连词，表示假设性的让步。

例 即使我们的工作取得了很大的成绩，也不能骄傲自满。

尽管：连词，表示姑且承认某种事实，下文往往有“但是”“然而”“还是”等表示转折的连词跟它呼应。

例 尽管以后变化难测，然而大体的趋势还是可以估计的。

不管：连词，表示条件或情况不同而结果不变，后面往往有并列的词语或表示任指的疑问代词，下文多用“都”“总”等副词跟它呼应。

例 不管我怎么解释，他总是不相信，我只好请老师帮我们调解纠纷。

小贴士

“表示任指的疑问代词”是指指代所说范围内的任何人或事物的疑问代词。例如，“你爱看什么就看什么”这句话中的“什么”指代任何人或任何事物。“这么大的人物，谁不认识啊！”这个“谁”也是指代任何人。

6. 纵然—固然

纵然：连词，意为“即使”。

例 纵然岁月流逝，她一直从容而骄傲地美丽着。

固然：连词，可表示承认某个事实，引起下文转折；也可表示承认甲事实，但不否认乙事实。

例 这样做固然稳当，但是太费事。

7. 只要—只有

只要：连词，表示充分条件（有一个就够了），有时有假设的意思。

例 只要功夫深，铁杵磨成针。

只有：连词，表示必要条件（唯一的），不带假设的意思。

例 只有前进，才会赶上时代的步伐。

8. 从而—进而

从而：连词，用来引出目的或结果，意为“因此就”，上文是原因、方法等。

例 有研究认为，睡眠不足的学龄前儿童会更想吃东西，尤其是他喜欢的零食，从而容易发胖。

进而：连词，表示在已有的基础上进一步。

例 先提出计划，进而落实行动。

小贴士

“从而”重在表目的关系和因果关系，“进而”重在表递进关系。

9. 只有—除非

只有：连词，表示唯一的条件，下文常与“才”或“方”搭配。

例 只有依靠群众，才能把事情做好。

除非：作连词，表示唯一的条件，下文常与“才”“否则”“不然”搭配；作介词，表示不计算在内，相当于“除了”。

例 除非修个水库，才能更好地解决灌溉

【桂林一枝】
比喻科举考试中出类拔萃的人才。

问题。

上山那条路，除非他没人认识。

10. 而且—甚至

而且：连词，表示进一步，前面往往有“不但”“不仅”等跟它呼应。

例 他不仅会开车，而且会修车。

甚至：连词，强调突出的事例，有更进一层的意思。

例 参加晚会的人很多，甚至不怎么出门的小李也来了。

11. 可是—而

可是：连词，表示转折，用于连接分句，前面常有“虽然”之类的连词相呼应。

例 大家虽然很累，可是都很愉快。

而：连词，表示转折时，可以用于连接词语、词组或分句等。

例 如果能集中生产而不集中，就会影响我们改进技术。

12. 何况—况且

何况：连词，用反问的语气表示更进一层的意思。

例 再大的困难都不怕，何况这点小事？

况且：连词，用在后一分句前面，表示更进一层，多用来补充说明理由。

例 北京地方那么大，况且你又不知道地址，一下子怎么能找到他呢？

小贴士

“何况”带有前后对比的意味；“况且”有“而且、再说”的意思，经常和“也”“还”“又”配合使用。

13. 不是……就是……—不是……而是……

不是……就是……：表示选择关系中的二者选一，即非此即彼。前后分句在意义上互相排斥，二者必居其一，语气肯定。

例 这一下午，她不是大哭，就是大笑，弄得我们手足无措。

不是……而是……：表示并列关系中的对举关系，即前后分句所列举的情况相反或相差较大，用肯定和否定的对照来表达肯定的意思，一般前句是次句，后句是主句。

例 他的成功不是靠运气，而是靠平时的努力积累。

14. 如果……就……—即使……也……

如果……就……：在假设关系中表示一致关系，也就是说，前句提出假设，后句表示结果；假设如果成立，结果就能出现，即假设与结果是一致的。

例 如果明天下雨，我们就不出门了。

即使……也……：在假设关系中表示相悖关系，即前句、后句的语意是相悖的，假设和结果不一致。前句先让一步说，把假设当作事实承认下来，后句则说出不因假设实现而改变的结论。

例 即使明天下雨，我们也应该出门。

（三）易误用的成语

易误用的成语如表 1-3-3 所示。

易混淆的成语

【旧雨今雨】

原指旧时宾客遇雨来，现在宾客遇雨就不来了。后用“旧雨今雨”借指新老朋友。也作“旧雨新雨”。

表 1-3-3 易误用的成语

误用类型	成 语	解 释
张冠李戴	比翼齐飞	比喻夫妻恩爱，朝夕相伴；也比喻互相帮助，共同前进。多适用于夫妻
	不耻下问	不以向地位比自己低、知识比自己少的人请教为耻。适用于向不如自己的人请教
	不期而遇	没有约定而意外地相遇。适用于之前认识的人
	长此以往	老是这样下去。一般适用于不好的情况
	车水马龙	形容车马或车辆很多，来往不绝。适用于热闹情景
	楚楚动人	形容美好的样子引人怜爱。适用于女子
	荡气回肠	形容文章、乐曲等十分动人。适用于文章、乐曲等
	豆蔻年华	常用来比喻少女。适用于十三四岁的少女
	耳提面命	不仅是当面告诉他，而且是提着他的耳朵向他讲。形容长辈教导热心恳切。适用于长辈
	凤毛麟角	比喻稀少而可贵的人或事物。适用于珍贵的人或事物
	付诸东流	把东西扔在东流的水里冲走。比喻希望落空，前功尽弃。适用于前面做的努力或下的功夫
	各有千秋	各有各的存在价值，各有所长，各有特色。适用于多个且含积极意义的事物
	汗牛充栋	形容书籍极多。只适用于书籍
	济济一堂	形容许多人聚集在一起。适用于人才
	金兰之好	指友情契合，友谊深厚。适用于友情，不能用于爱情、亲情等
	精神矍铄	形容老人目光炯炯、精神健旺，老而强健，不失风采。适用于老人
	举案齐眉	形容夫妻互敬互爱。适用于夫妻
	扣人心弦	形容诗文、表演等有感染力，使人心情激动。适用于诗文、表演等
	两小无猜	男女小的时候在一起玩耍，天真烂漫，没有猜疑。适用于少男少女
	洛阳纸贵	指著作广泛流传，风行一时。适用于书很畅销的情况
	络绎不绝	形容行人、车马、船只等来往频繁，连续不断。适用于人、马、车、船
	美轮美奂	形容房屋等建筑高大众多，富丽堂皇。适用于房屋建筑
	妙手回春	比喻将快死的人救活，指医生医术高明。适用于医生
	明日黄花	比喻已失去新闻价值的报道或已失去应时作用的事物。适用于过时的事物
	难舍难分	形容彼此感情很好，难以抛舍分离。适用于感情好的人
	萍水相逢	比喻向来不认识的人偶然相遇。适用于之前不认识的人

【天大地大】
指天和地的空间、恩德很大；也指像天地那样大。

续表

误用类型	成语	解释
张冠李戴	破镜重圆	比喻夫妻失散后重新团聚或决裂后重新和好。适用于夫妻
	器宇轩昂	指人精神饱满，有风度，有气魄。适用于人
	青云直上	比喻官职升得很快很高。适用于官职、地位
	日理万机	每天处理大量要务，形容政务繁忙。多用于国家领导人，不适用于一般人
	融会贯通	参考并综合多方面的知识或道理而得到全面的、透彻的领悟。适用于知识或道理
	脱颖而出	比喻人的才能全部显示出来。适用于人的才能
	洗心革面	比喻彻底悔改。适用于坏的、不好的人或事物
	薪火相传	比喻师生传授，学问和技艺一代代地继承下去；也比喻种族、文化等代代相传。适用于师生、学问、技艺、文化等
	休戚相关	彼此间祸福互相关联。适用于人
	秀外慧中	容貌清秀，内心聪慧。适用于女子
	相敬如宾	形容夫妻互相尊敬像对待宾客一样。适用于夫妻
	一见如故	初次见面就很相投，像老朋友一样。适用于之前不认识的人
	倚马可待	形容文思敏捷，写文章快。适用于写文章
	芸芸众生	一般用来指众多的平常人。适用于平常人
	雨后春笋	春天下雨后竹笋长得很多很快，比喻新事物大量出现。适用于新事物
	崭露头角	比喻突出地显露出才能和本领。适用于青少年
	炙手可热	手一靠近就感觉热，形容气焰很盛，权势很大。适用于权势和人
	珠圆玉润	形容歌声婉转优美或文字流畅明快。适用于歌声、文字
望文生义	安土重迁	指留恋故土，不肯轻易迁移（“重”意为“不轻易”）
	不经之谈	指荒诞的、没有根据的话（“经”意为“正常”）
	不绝如缕	指像细线一样连着，差点儿就要断了，多形容局势危急或声音细微悠长
	不刊之论	指不能改动或不可磨灭的言论，形容言论确当，无懈可击（“刊”指古代削除错字，“不刊”即不可更改）
	不速之客	指没有邀请而自己来的客人（“速”意为“邀请”）
	不足为训	指不能当作典范或法则（“训”意为“典范，法则”）
	差强人意	指大体上还能使人满意（“差”意为“稍微”）。 注意 该词是中性词，结果是令人满意的，并非令人不满意的
	春风化雨	指适宜于草木生长的风雨，比喻良好的教育

【十字路口】
指两条道路纵横交叉的地方。也比喻在重大问题上需要做出选择的境地。

续表

误用类型	成　语	解　释
望文生义	春意阑珊	指春天就要过去了（“阑珊”意为“衰落”）
	犯而不校	指受到别人的触犯或无礼也不计较（“校”意为“计较”）
	江河日下	指江河的水一天天流向下游。比喻事物一天天衰落，情况一天天变坏
	久假不归	指长期借去，不归还（“假”意为“借”）
	屡试不爽	指经过很多次试验都没有差错（“爽”意为“差错”，如“女也不爽，二三其德”）
	危言危行	指说正直的话，做正直的事（“危”意为“正直”）
	文不加点	形容写文章很快，不用涂改就写成（“点”意为“涂上一点”，表示删去）
	细大不捐	指小的大的都不抛弃（“捐”意为“抛弃”）
	万人空巷	指家家户户的人都从巷子里出来观看或参加某些大的活动等，多用来形容庆祝、欢迎等盛况
重复赘余	哀鸿遍野	形容到处都是呻吟呼号、流离失所的灾民的悲惨景象。“哀鸿”即哀鸣的鸿雁，比喻啼饥号寒的灾民，故不能说“广大灾民哀鸿遍野”
	遍体鳞伤	指满身都是像鱼鳞一样密集的创伤，形容伤势非常重。“遍体”即浑身、满身，故不能说“浑身被打得遍体鳞伤”
	当务之急	指当前急切应办的事。“当”即目前、当前，故不能说“目前当务之急”
	方兴未艾	指事物正在兴起、发展，一时不会终止。“方”意为“正在”，故不能说“正方兴未艾”
	妄自菲薄	指过分地看轻自己。“自”即自己，故不能说“对自己妄自菲薄”
	恍然大悟	形容一下子明白过来。“恍然”有“忽然、猛然”之意，故不能说“忽然恍然大悟”
	记忆犹新	指对过去的事情还记得很清楚，好像最近发生的一样。“犹”即依然、仍然、还，故不能说“依然记忆犹新”
	孑然一身	形容只有孤单的一个人。“孑”即孤独、单独，故不能说“独自孑然一身”
	可歌可泣	意思是值得歌颂，使人感动得流泪，指悲壮的事迹使人非常感动。“可”即值得，故不能说“值得可歌可泣”
	空谷足音	比喻难得的音信、言论或事物。此成语暗含“难得”之意，故不能说“难得的空谷足音”
	民不聊生	指人民没办法生活。“民”即人民、百姓、大众，故不能说“劳苦大众民不聊生”
	南柯一梦	泛指一场梦，或比喻一场空欢喜。“一”即一场，故不能说“一场南柯一梦”

特殊成语

【白日做梦】

白日：白天。大白天做梦，比喻妄想实现根本无法实现的事。也作“白昼做梦”。

续表

误用类型		成 语	解 释
重复赘余		难言之隐	指藏在内心深处难以说出口的事情。“隐”含有“苦衷”之意，故不能说“难言之隐的苦衷”
		忍俊不禁	指忍不住笑。“忍俊”即含笑，故不能说“忍俊不禁地笑起来”
		如芒在背	指像芒和刺扎在背上一样，形容坐立不安。“如”即像、好像，故不能说“好像如芒在背”
		闪烁其词	形容说话吞吞吐吐。此成语暗含“故意说”之意，故不能说“故意说得闪烁其词”
		莘莘学子	指众多的学生。“莘莘”即许多、众多，故不能说“许多莘莘学子”，也不能说“一位（或几位）莘莘学子”
		生灵涂炭	百姓像掉在烂泥和炭火中一样，形容政治混乱时期人民处在极端困苦的环境中。“生灵”指人民、百姓，故不能说“人民生灵涂炭”
		通宵达旦	指整整一夜，从天黑到天亮。不能说“几天几夜通宵达旦（地工作）”
		为虎作伥	替老虎做伥鬼，比喻充当恶人的帮凶。“为虎”含有“替别人”的意思，故不能说“替人为虎作伥”
		习以为常	常做某种事情或常见某种现象，成了习惯，就觉得很平常了。此成语含有“感到、觉得”之意，故不能说“感到习以为常”
		相形见绌	指和同类的事物相比较，显出不足。“见”即显得，故不能说“显得相形见绌”
		阳奉阴违	指表面上遵从，暗地里违抗。“阴”即背地里、暗地里，故不能说“背地里阳奉阴违”
		责无旁贷	指自己的责任，不能推卸给别人。“责”即责任，故不能说“责无旁贷的责任”
褒贬误用	褒词误用贬义	惨淡经营	形容苦费心思去谋划、从事某项事业或某种事情
		重整旗鼓	指失败之后，重新集合力量再干
		殚精竭虑	形容用尽心思
		东山再起	指失势之后重新恢复地位
		凤毛麟角	比喻稀少而可贵的人或事物
		侃侃而谈	指理直气壮、从容不迫地说话
		苦心孤诣	指费尽心思钻研或经营，达到别人达不到的境地
		拭目以待	擦亮眼睛等待着，形容殷切期望或密切关注事态的动向及结果
		势如破竹	形势像劈竹子一样，劈开上端之后，底下的都随着刀刃分开了，形容节节胜利，毫无阻碍
		洋洋大观	形容事物繁多，丰富多彩
		有口皆碑	形容人人称赞

【白纸黑字】
白纸上写着黑色的字。指有确凿的文字证据。

续表

误用类型		成　语	解　释
褒贬误用	贬词误用褒义	半斤八两	旧制一斤合十六两，半斤等于八两，比喻彼此一样，不相上下（多含贬义）
		处心积虑	千方百计地盘算（多含贬义）
		大放厥词	原指极力铺陈辞藻，现多指夸夸其谈，大发议论。 注意 “以文为诗，自昌黎始，至东坡大放厥词，别开生面，成一代之大观”出自赵翼的《瓯北诗话》。此句中的“大放厥词”用的是原义
		道貌岸然	形容神态庄严（现多含讥讽意）
		翻云覆雨	比喻反复无常或玩弄手段
		附庸风雅	指为了装点门面而结交名士，从事有关文化的活动
		改头换面	比喻只改形式不变内容
		冠冕堂皇	形容表面上庄严或正大的样子
		过江之鲫	比喻某种时兴的事物多得很，后用以形容赶时髦的人很多，多含有盲目跟风之意
		卷土重来	比喻失败之后重新恢复势力
		连篇累牍	形容篇幅过多，文辞冗长
		满城风雨	形容事情（多指坏事）传遍各处，到处都在议论着
		每况愈下	指情况越来越坏
		面目全非	指事物的样子改变得很厉害（多含贬义）
		巧舌如簧	指舌头灵巧得就像乐器里的簧片一样，形容能说会道，善于狡辩（含贬义）
		倾巢而出	比喻全体出动（含贬义）
		罄竹难书	把竹子用完了都写不完，形容事实（多指罪恶）很多，难以说完
		趋之若鹜	像鸭子一样成群地跑过去，比喻争着追逐不好的事物
		甚嚣尘上	原指对传闻之事议论纷纷，现多形容某种言论十分嚣张（含贬义）
		首当其冲	指最先受到攻击或遭遇灾难
		死灰复燃	比喻失势者又重新得势或已经停止活动的事物（多指坏的事物）又重新活动起来
		弹冠相庆	指一人当了官或升了官，他的同伙也互相庆贺将有官可做（含贬义）
		推波助澜	比喻促使或助长事物（多指坏的事物）的发展，扩大影响
		为虎作伥	替老虎做伥鬼，比喻充当恶人的帮凶
		衣冠楚楚	形容穿戴整齐、漂亮（多含贬义）
		一片哗然	形容许多人吵吵嚷嚷，一般用于形容消息（多指不好或无法理解的消息）传开，引起轰动

【本来面目】
原为佛教用语，指人本来就具有的心性；后指人或事物原来的样子或状况。

续表

误用类型		成　语	解　释
谦敬错位	易误用的谦辞	班门弄斧	在鲁班（古代有名的木匠）门前摆弄斧子，比喻在行家面前卖弄本领
		笨鸟先飞	比喻能力差的人做事时，恐怕落后，比别人先行动
		敝帚自珍	破扫帚，自己当宝贝爱惜，比喻东西虽不好，可是自己珍视
		不情之请	客套话，不合情理的请求
		不足挂齿	不值得一提
		才疏学浅	才能低，学识浅
		绠短汲深	吊桶的绳子很短，却要打起深井里的水，比喻才能浅薄，不足以胜任大事
		狗尾续貂	比喻用不好的东西接到好的东西后面，显得前后不相称
		姑妄言之	姑且说说（对于自己不能深信不疑的事情，说给别人时常用此语以示保留）
		管窥之见	比喻见解局限、偏颇、肤浅，多为自谦之辞
		敬谢不敏	推辞做某件事的客气话（“谢”即推辞；“不敏”即不聪明，没有才能）
		抛砖引玉	比喻用粗浅的、不成熟的意见引出别人高明的、成熟的意见
		蓬荜生辉	“蓬荜”指用草、树枝等做成的门户，形容穷苦人家的简陋房屋。“蓬荜生辉”表示别人到自己家里来或张挂别人给自己题赠的字画等使自己感到非常光荣
		却之不恭	对于别人的馈赠、邀请等，如果拒绝，就显得不恭敬。是接受别人馈赠或邀请时说的客套话
		一孔之见	指从一个小窟窿里面所看到的东西，比喻狭隘、片面的见解
	易误用的敬辞	不吝赐教	请人多加指教的客套话，如“有什么需要改进的地方，不吝赐教”
		大驾光临	形容尊贵的客人到家或单位做客。现在一般当“来”的客气说法
		鼎力相助	指大力支持帮助。多为求人相助时的客套话，如“此事还望先生鼎力相助”
		高朋满座	指高贵的宾客坐满了席位，形容来宾很多
		高抬贵手	客套话，多用于请求对方饶恕或通融
		久闻大名	指早就听到对方的盛名。多为初见面时的客套话
		洗耳恭听	指专心地听（请人讲话时说的客气话）
		虚怀若谷	指胸怀像山谷那样深而且宽广，形容十分谦虚
		虚左以待	指空出尊位等候宾客、贵人，也泛指留出位置恭候他人。表示对宾客的尊敬

【闭门羹】

羹：用肉或菜熬成的带汁的食物。原为“以羹待客”，表示不与相见。后用“闭门羹”指拒客进门，不予接待。对来访者来说，遭人拒绝或因其他原因而不能进门，叫“吃闭门羹”。

专题四　标点符号

标点符号是书面上用于表示语句的停顿、语气及表示某词语的特征性质和作用的符号，包括点号和标号。点号用来表示语句的停顿和语气，标号用来表示词语的性质和作用。作为书面语言不可缺少的辅助工具，标点符号帮助人们准确地理解书面语言和确切地表达思想感情。本专题的内容包括标点符号的种类和作用、标点符号的具体用法和标点符号的常见使用误区等。

知识清单

一、标点符号的种类和作用

标点符号分为点号和标号两类。点号主要表示语句的各种停顿和语气，分为句末点号（句号、问号和叹号）和句内点号（逗号、顿号、分号和冒号）。标号有标明词语或句子性质的作用，主要包括引号、括号、破折号、省略号和书名号等。它们的主要用法如表 1-4-1 所示。

表 1-4-1　标点符号的主要用法

分类		标点符号	主要形式	主要用法	示例
点号	句末点号	句号	。	用于句子末尾，表示陈述语气	黄山的风景很美。
		问号	？	用于句子末尾，表示疑问语气（包括反问、设问等疑问类型）	黄山的风景美不美？
		叹号	！	用于句子末尾，主要表示感叹语气，有时也可表示强烈的祈使语气、反问语气等	黄山的风景多美啊！ 你给我站住！
	句内点号	逗号	，	表示句子或语段内部的一般性停顿	不是人们的意识决定人们的存在，而是人们的存在决定人们的意识。
		顿号	、	用于并列词语之间	这里有自由、民主、平等、开放的风气和氛围。

标点问答

【问】选择问句可以用多个问号吗？

【答】不能，表示选择疑问的句子（通常为“是……还是……”的形式），只在最后一个选项的末尾用问号，各个选项之间应用逗号。

续表

分类		标点符号	主要形式	主要用法	示例
点号	句内点号	分号	；	表示复句内部并列关系的分句（尤其当分句内部还有逗号时）之间的停顿	语言，人们用来抒情达意；文字，人们用来记言记事。
		冒号	：	用于总说性或提示性词语（如“说”“例如”“证明”）之后，表示提示下文	北京紫禁城有四座城门：午门、神武门、东华门和西华门。
标号		引号	“” ‘’	标示语段中直接引用的内容或需要特别指出的成分	李白诗中就有“白发三千丈”这样极尽夸张的语句。 他站起来问：“老师，‘有条不紊’是什么意思？”
		括号	（）	标示注释内容或补充说明，标示订正或补加的文字、引语的出处、汉语拼音注音等	我校拥有特级教师（含已退休的）17人。
		破折号	——	标示注释内容或补充说明	迈进金黄色大铜门，穿过宽阔的风门厅和衣帽厅，就到了大会堂建筑的枢纽部分——中央大厅。
		省略号	……	标示语段中某些内容的省略及意义的断续等	我们齐声朗读起来：“……俱往矣，数风流人物，还看今朝。”
		书名号	《》 〈〉	标示作品的名称（如书名、卷名、篇名、刊物名、报纸名、文件名等）	《水浒传》 《〈中国工人〉发刊词》发表于1940年2月7日。

二、标点符号的具体用法

（一）点号

1. 句号

句号用于句子末尾，主要表示陈述语气，常有以下几种用法。

（1）句子无论长短，只要结构完整，意思独立，并且表示陈述语气，句末都应用句号停顿。

例 北京是中华人民共和国的首都。

（2）语气舒缓的祈使句和感叹句末尾，也可用句号。

例 请您稍等一下。

（3）对话中，“某某说”之类的词句在全部引语的后面时，其后可用句号。

例 “我们一起回家吧。”小明说。

2. 问号

问号用于句子末尾，表示疑问语气（包括反问、设问等疑问类型），主要有以下几种用法。

标点问答

【问】当两个数字连用表示概数时，两数之间应用顿号；反之，表示确数时，则不用顿号？

【答】两个数字连用表示概数时，两数之间不应用顿号隔开。但当数字连用表示确数时，两数之间应用顿号隔开。

（1）句子无论长短，只要语段前后有较大停顿、带有疑问语气和语调，句末就应用问号。

例 你去哪儿？

（2）选择问句中，通常只在最后一个选项的末尾用问号，各个选项之间一般用逗号隔开。

例 你打算今天去，还是明天去？

（3）如果连续几个问句并不是选择关系，而是各自发问，那么每个问句末尾都要用问号。

例 这个问题该由谁解决呢？该怎么解决呢？

（4）倒装问句，问号用在句末。

例 这究竟是怎么回事呢，同志们？

特别提示

用不用问号，关键看句子是否真正发问，有无疑问语气。有的句子虽有疑问词（如“为什么”“谁”“什么”），但疑问词只充当句子的一部分，这种句子的后面就不能使用问号，如“我不知道他什么时候来”。

3. 叹号

叹号用于句子末尾，主要表示感叹语气，常有以下几种用法。

（1）句子无论长短，只要语段前后有较大停顿、带有感叹语气和语调，句末就应用叹号。

例 我真的很高兴！

（2）叹号有时也可表示强烈的祈使语气和反问语气。

例 你别说啦！

（3）倒装句中，叹号用在句末。

例 多美啊，秋天的北京！

4. 逗号

逗号表示句子或语段内部的一般性停顿，在行文中用得最多，主要有以下几种用法。

（1）复句内各分句之间的停顿，除了有时用分号，一般都用逗号。

例 学历史使人更明智，学文学使人更智慧，学数学使人更精细，学考古使人更深沉。

（2）较长的并列词语之间，为了表示稍长一点的停顿，也可用逗号。

例 政治的黑暗，阶级的矛盾，人民的疾苦，在他的作品里都充分反映出来。

（3）前置的谓语之后或后置的状语、定语之前用逗号。

例 ① 出来吧，你们！

② 她吃力地站了起来，慢慢地。

（4）带句内语气词的主语（或其他成分）之后，或带句内语气词的并列成分之间，用逗号。

例 ① 他呀，才不在乎教条那一套呢。

② 那是个没有月亮的夜晚，可是整个村子——白房顶啦，白树木啦，雪堆啦，全看得见。

5. 顿号

顿号常用于并列的词语或短语之间，

标点问答

【问】省略号和“等”“等等”词可以连用吗？

【答】不可以，省略号相当于“等”“等等”词，所以用了省略号，就不能再连用“等”“等等”这些词。

是句子内部最小的停顿，主要有以下几种用法。

（1）并列的词语或短语之间可用顿号。

例 ①冰箱里有面包、牛奶、苹果和西红柿。

②造型科学、技巧精湛、气韵生动，是盛唐石雕的特色。

注意 并列的成分之间用了“和”“与”“及”等连词时，连词前面就不能再用顿号。

（2）相邻或相近数字连用，如果表示确数，中间要用顿号；如果表示概数，中间不用顿号。

例 ①大学二、三年级都开设语法课，但每学年只有25学时。（确数）

②小河对岸三四里外是浅山。（概数）

（3）并列的各项如果形式比较简单，应用顿号隔开；如果都带有语气词“啊”“呀”“啦”等，停顿比较大，就用逗号隔开。

例 ①这里的山、水、树、草，都是我从小就很熟悉的。

②这里的山啊，水啊，树啊，草啊，都是我从小就很熟悉的。

6. 分号

分号用于复句中表示内部并列关系之间的停顿，也可用于多重复句，起分组的作用，即分清主次的作用。它比逗号表示的停顿大，主要有以下几种用法。

（1）表示复句内部并列关系的分句之间的停顿，尤其是分句内部还有逗号时，用分号。

例 语言文字的学习，就理解方面说，是得到一种知识；就运用方面来说，是养成一种习惯。

（2）表示非并列关系的多重复句中第一层分句（主要是选择、转折等关系）之间的停顿时，可用分号。

例 昨天夜里下了一场雨，以为可以凉快些；谁知没有凉快下来，反而更热了。

（3）分项列举时，如果为使各项的性质突出；或者当各项结构比较复杂，需要用不同的标点符号区分时，各项之间用分号。

例 特聘教授的岗位职责：一、讲授本学科的主干基础课程；二、主持本学科的重大科研项目；三、领导本学科的学术队伍建设；四、带领本学科赶超或保持世界先进水平。

7. 冒号

冒号表示语段中提示下文或总结上文的停顿，主要有以下几种用法。

（1）冒号用在“说”“想”“证明”“宣布”“指出”“透露”“如下”“例如”等词语后面，表示提示下文。

例 ①他十分惊讶地说：“啊，原来是你！”

②这一事实证明：人能创造环境，环境同样也能创造人。

（2）总括性话语前的停顿，可用冒号，以总结上文。

【问】并列的书名号之间要不要用顿号？

【答】不要。从理论上说，并列的书名之间有停顿，应该用顿号，但是由于已经有了书名号，不会再造成混淆，所以并列的书名号之间不再用顿号。

例 教师爱护学生，学生尊敬老师：师生关系非常融洽。

（3）冒号可用在需要说明的词语之后，表示注释和说明。

例 主办单位：中国国家图书馆。

（4）同一句中不能用两个冒号。在列举式或条文式表述中，如不得不套用冒号时，宜另起段落来显示各个层次。

例 第一千一百二十七条 遗产按照下列顺序继承：

（一）第一顺序：配偶、子女、父母；

（二）第二顺序：兄弟姐妹、祖父母、外祖父母。

特别提示

点号的作用是点断，主要表示停顿和语气。顿号表示的停顿最短，一般用来隔开句子内部并列的词语；逗号表示句子中较小的停顿，使用最为广泛；分号表示更长的句中停顿，用在复句内部并列分句之间的停顿处，或非并列关系多重复句的第一层处；冒号表示句中大的停顿，可以提示下文或总结上文，提示下文时覆盖范围要到句子的末尾，不能只到句子的中间。

（二）标号

1. 引号

引号标示语段中直接引用的内容或需要特别指出的成分，主要有以下几种用法。

（1）引号可用于标示语段中直接引用的内容，此时一般与冒号搭配，引号内的内容必须忠实于原文。完全引用的，句末点号放在引号内；不完全引用的，句末点号则需放在引号外。

例 ① 我联想到了唐朝贾岛的诗句：“只在此山中，云深不知处。”（完全引用）

② 写文章要做到“平字见奇，常字见险，陈字见新，朴字见色”。（不完全引用）

注意 只把内容的大意说出来，不是直接引用，而是间接引用，此时不用引号，例如：他跟我说会议改在了下午4点召开。

（2）标示需要着重论述或需要强调的内容时可用引号。

例 这里所谓的“文”，并不是指文字，而是指文采。

（3）引号可用于标示语段中具有特殊含义而需要特别指出的成分，如别称、简称、反语等。

例 有几个“好心”的老板把捡来的菜叶用盐浸了一下就算作工人的菜肴了。

（4）当引号中还需要使用引号时，外面的一层用双引号，里面的一层用单引号。

例 他问：“老师，‘七月流火’是什么意思？”

（5）含有概括性的或有特定含义的名词或短语要加引号。

例 “五四运动”以来的话剧，是我国戏剧中的新形式。

标点问答

【问】句子里能不能不用逗号，直接用分号？

【答】逗号、分号虽同为句内点号，但停顿的时间有长短之分。一般情况下，应该先用停顿时间短的逗号，再用停顿时间长的分号，不能乱了顺序。

2. 括号

括号的作用是标示语段中的注释内容、补充说明或其他特定意义的语句。括号可分为句内括号和句外括号。

注意 括号的主要形式是圆括号“()”，其他形式还有方括号“[]”、六角括号“〔〕”和方头括号“【】”等。本书只介绍圆括号。

（1）句内括号。

句内括号是指只注释或补充说明句子中的一部分内容的括号。使用句内括号时，需要注意以下几点：第一，它要紧贴在被注释或补充的内容之后；第二，括号内最末的一个点号省去（问号、叹号除外）；第三，如果被注释或补充的内容后有点号，点号要放在句内括号之后。

例 ①皮之不存，毛将焉（哪里）附。

②他先是寄希望于张女士的丈夫（那个美男子！），后又寄希望于Q男士（那个大块头！）。

（2）句外括号。

句外括号是指对句子、句群或段落进行注释的括号。使用句外括号时，需要注意以下几点：第一，句外括号要放在全句句末点号之后；第二，句外括号的行文末尾是否用句号由括号内的语段结构决定，若语段较长、内容复杂，应用句号。

例 ①锲而舍之，朽木不折；锲而不舍，金石可镂。(《荀子·劝学》)

②他培养了许多花草，喂养和训练了许多小动物。(他后来还曾照顾动物园里一只没有母虎的乳虎，每天一匙一匙地用牛奶喂它。)

3. 破折号

破折号用来标示语段中某些成分的注释、补充说明或语音、意义的变化，主要有以下几种用法。

（1）标示注释内容或补充说明可用破折号（也可用括号）。

例 一个矮小而结实的中年人——张老板走了过来。

注意 破折号用于标示比较重要的解释说明，这种补充是正文的一部分，可与前后文连读；而括号标示比较一般的解释说明，只是注释而非正文，可不与前后文连读。

（2）标示总结上文或提示下文可用破折号（也可用冒号）。

例 坚强，纯洁，严于律己，客观公正——这一切都难得地集中在一个人身上。

（3）如果解释或补充的话在句中，往往前后两处都用破折号（也可用逗号）。

例 任何一门理论科学中的每一个新的发现——它的实际应用也许还根本无法预见——都使马克思感到衷心喜悦。

（4）破折号可以表示话题的转换或声音的延长、中断。

例 ①“今天好热啊！——你什么时候出发？”王大爷问。

②“嘟——”火车进了站。

③“班长他牺——”小马话没说完就大哭起来。

【问】用 2010、02、03 这一形式表示 2010 年 2 月 3 日，对吗？

【答】不对。用阿拉伯数字表示年月日的简写形式时，中间用短横线连接号，不用顿号。所以正确形式是 2010-02-03。

名师点睛

破折号和冒号在用法上有一些相似之处，但实则是有差别的，具体如下。

（1）凡是用破折号标示注释的，把破折号和注释删去后，句子的内容与形式仍是完整的；而使用冒号标示注释的则不行。

例 ①我国的四大发明——火药、印刷术、指南针、造纸术对世界历史的发展有重大的贡献。

②我国的四大发明：火药、印刷术、指南针、造纸术。

①句删去破折号及注释内容，变为“我国的四大发明对世界历史的发展有重大的贡献”，仍然为完整的句子。②句中的冒号及注释内容则不能删去。

（2）破折号只注释句中的一部分，而冒号的注释作用则必须发挥到句末。

例 在今年——1980年，我们必须取得比去年更大的成绩。

4. 省略号

省略号标示语段中某些内容的省略及意义的断续等，主要有以下几种用法。

（1）标示引文的省略可用省略号。

例 她轻轻地哼起了《摇篮曲》：“月儿明，风儿静，树叶儿遮窗棂啊……”

（2）省略号可用于标示不必尽举的同类事物的省略，一般在列出三项以后使用。

例 妈妈买了很多水果，有苹果、梨、桃子……

（3）省略号可用于标示语意未尽或说话断断续续。

例 ①你这样干，未免太……

②她磕磕巴巴地说：“可是……太太……我不知道……你一定是认错人了。”

注意 省略号和破折号都可以标示语言的中断。不同的是，省略号表示语意未尽，破折号表示声音戛然而止。

（4）省略号之前通常不用点号，但以下两种情况例外：第一，省略号前的句子表示强烈语气、句末使用问号或叹号时；第二，省略号前不用点号就无法标示停顿或表明结构关系时。

例 ①你对我的好，我感激不尽！……

②他进来了，……一身军装，一张朴实的脸，显得很年轻。

省略号之后通常也不用点号，但当句末表达强烈的语气或感情时，可在省略号后用问号或叹号；当省略号后还有别的话、省略的文字和后面的话不连续且有停顿时，应在省略号后用点号。

例 ①这，这是……？

②动物界的规矩比人类还多，野骆驼、野猪、黄羊……，直至塔里木兔、跳鼠，都是各行其路，决不混淆。

5. 书名号

书名号主要用于标示书名、篇名、报纸名、刊物名等，但还有几种特殊用法要

标点问答

【问】括号里面可以套用括号吗？

【答】除科技书刊中的数学、逻辑公式外，所有括号（特别是同一形式的括号）应尽量避免套用。必须套用括号时，宜采用不同的括号形式配合使用。

引起注意。

（1）书名、篇名一起出现时，如果篇从属于书，则书名在前、篇名在后，二者用间隔符（间隔符标示某些相关联成分之间的分界，形式为“·”）连接；如果篇名里还有书名，就要使用两个书名号，外为双书名号，内为单书名号。

例 ①“负荆请罪”这一成语出自《史记·廉颇蔺相如列传》。

②李教授撰写的《谈曹植的〈白马篇〉的爱国情结》一文获得了好评。

（2）电影、电视、音乐、舞蹈、小品、相声、雕塑、栏目等文化产品的名称可用书名号标示。

例 ①歌曲《我心永恒》是影片《泰坦尼克号》的片尾曲。

②《天天影视圈》是北京电视台的金牌影视栏目，其前身《影视圈》创办于1993年。

（3）法律、条例的名称用书名号标示。

例 《地质灾害防治条例》正式确立了“自然因素造成的地质灾害，由各级人民政府负责治理”的原则。

（4）教科书名称用书名号标示，而课程名称不用书名号标示。

例 这学期开设微积分课，需要一本高等教育出版社出版的《微积分》。

（5）在标示丛书与部分书时，如果丛书和部分书一起出现，丛书用双引号标示，部分书用书名号标示；如果只出现丛书，那丛书就要用书名号标示。

例 ①我托他买“名著阅读课程化丛书”——《西游记》《朝花夕拾》《艾青诗选》，他一口答应了。

②人民教育出版社出版的《名著阅读课程化丛书》深受读者喜爱。

注意 并列的书名号之间不加顿号。

核心积累

标点符号的常见使用误区

（一）问号的常见使用误区

1. 非疑问句误用问号

有疑问词的句子不一定都用问号。因为有的句子虽有疑问词，但整个句子表达的不是疑问语气，句末就不应用问号。

例 我不知道这件事是谁做的？但我猜做这件事的人对我们的情况比较熟悉。（误）

我不知道这件事是谁做的，但我猜做这件事的人对我们的情况比较熟悉。（正）

2. 选择问句误用多个问号

表示选择疑问的句子（通常为“是……还是……”的形式），只在最后一个选项的末尾用问号，各个选项之间用逗号。

例 诗中记述的这场战争究竟是真实的历史？还是诗人的虚构？（误）

【问】冒号的提示范围有多大？
【答】一般说来，句子中冒号的提示范围到一个句子结束为止。但是，它的提示范围有时也包括几个句子，甚至是几个段落或成篇的文字。例如，人们写信时在开头收信人的称呼后用的冒号，或者讲话稿开头称呼后的冒号。

标点问答

诗中记述的这场战争究竟是真实的历史，还是诗人的虚构？（正）

3. 选择问句和连续问句混淆

选择问句的回答是从多个中选择一个，连续问句的每个疑问都需要作答。选择问句无论有几个分句，只在句末使用一个问号；连续问句，有几问就用几个问号。所以，遇到有多个分句的问句时，一定要从句意上去辨析是选择问句还是连续问句。

例 ①你是自己住？还是和室友住？（误）

②我要不要和他们一起学习呢，他们会不会喜欢我呢，我该怎么和他们相处呢？（误）

①句中，多个分句只要选择其一回答，因此此句是个选择问句，故只需在句末使用一个问号。②句中，每个分句都需要作答，因此此句是个连续问句，所以每个分句后面都必须使用问号。

（二）顿号的常见使用误区

1. 并列的书名或引语之间误用顿号

从理论上说，并列的书名之间有停顿，应该用顿号，但是由于各书名已经加书名号，看起来很醒目，不会造成混淆，所以并列的书名之间不宜用顿号。同理，并列的引语之间已用引号分隔清楚，也不宜再加顿号。需要注意的是，如果并列的书名号、引号间有其他成分，并列各项间要加顿号，这样做符合“局部体例一致”的表述原则。

例 ①《红楼梦》《三国演义》《西游记》《水浒传》是我国的四大名著。

②他说话喜欢用“多”“真”“大”“挺”等词强调语气。

③总编室已经订了明年的《人民日报》、《人民日报》（海外版）、《光明日报》、《北京日报》。

④李白的“白发三千丈”（这句诗很夸张）、“低头思故乡”、“举杯邀明月”都是脍炙人口的诗句。

2. 概数之间误用顿号

两个数字连用表示概数时，两数之间不用顿号隔开。但当数字连用表示确数时，两数之间应用顿号隔开。

例 ①学校对面五、六十米处是一个网吧。（误）

②以前，北京市要求小学一二年级不留书面家庭作业。（误）

①句中的“五、六十”是一个概数，故中间的顿号应去掉。②句中的“一二年级”指小学一年级和二年级，是确数，因此中间宜加顿号。如果不加，易被误解成概数。

3. 连词前面误用顿号

用连词连接的词句，中间无停顿时不用点号分隔；有停顿时，一般用逗号分隔而不用顿号。

例 ①一本书少则数万字，多则数十万、甚至数百万字。（误）

一本书少则数万字，多则数十万甚至数百万字。（正）

标点问答

【问】一个句子中能用两个冒号吗？

【答】在一个句子中，一般只能用一个冒号，不能用两个，否则会面目不清。

② 如果那天下雨、或者我另外有事，我就不能赴你的约会。（误）

如果那天下雨，或者我另外有事，我就不能赴你的约会。（正）

4. 并列词语之间误用顿号

逗号和顿号都表示停顿，但逗号表示的停顿比顿号表示的停顿时间长。并列词语之间的停顿一般用顿号，但当并列词语较长或其后有语气词时，为了表示稍长一点的停顿，其间用逗号。

例 看游记最难弄清位置和方向，前啊、后啊、左啊、右啊，看了半天，我还是不明白。（误）

看游记最难弄清位置和方向，前啊，后啊，左啊，右啊，看了半天，我还是不明白。（正）

（三）分号的常见使用误区

1. 句中未用逗号，却使用了分号

逗号、分号都表示停顿，但停顿的时间有长短之分。一般情况下，应该先用停顿时间短的逗号，再用停顿时间长的分号，不能不用逗号径直用分号。

例 当前要注意解决新闻不新的问题；针对性不强的问题；缺乏准确性的问题。（误）

当前要注意解决新闻不新的问题，针对性不强的问题，缺乏准确性的问题。（正）

2. 句中用了句号后又用分号

句号是句末点号，表示一句话的结束。分号是句内点号，表示句中的停顿。如果分项列举的各项中已包含句号，就表示句子已经结束了，末尾再用分号，便显得不伦不类。

例 第一，学习贵在自觉。要有笨鸟先飞的精神，学会自我加压；第二，学习贵在刻苦。要有锲而不舍的精神，懂得持之以恒。（误）

第一，学习贵在自觉，要有笨鸟先飞的精神，学会自我加压；第二，学习贵在刻苦，要有锲而不舍的精神，懂得持之以恒。（正）

第一，学习贵在自觉。要有笨鸟先飞的精神，学会自我加压。第二，学习贵在刻苦。要有锲而不舍的精神，懂得持之以恒。（正）

（四）冒号的常见使用误区

1. 冒号套用

应避免在一个冒号提示范围内再用冒号，因为“冒号套用”是不符合标点符号使用习惯的。

例 心理学研究表明：影响儿童心理发展的重要因素有三个：遗传、环境和教育。（误）

心理学研究表明，影响儿童心理发展的重要因素有三个：遗传、环境和教育。（正）

2. 冒号与“即”“也就是”等词语并用

冒号与“即”“也就是”这类词语表达

【问】栏目名加书名号吗？

【答】加。2011年颁布的《标点符号用法》谈到书名号时，有这样的示例：《社会广角镜》（栏目名）。这告诉我们，栏目名宜加书名号，而不是引号。

同样的意思，故冒号后不可连用这些词语。

例 两个有相同爱好并交往了几十年的好朋友在性格上有很大区别：即老张内敛，老李外向。（误）

两个有相同爱好并交往了几十年的好朋友在性格上有很大区别：老张内敛，老李外向。（正）

注意 同冒号一样，破折号和“即”“也就是”等词语都表示解释说明，因此不能连用。

3. 冒号后提示的范围不清

冒号用在句子内部，它的提示范围是一整个句子，也就是到冒号后的第一个句号为止。

例 苏轼有诗云：“不识庐山真面目，只缘身在此山中”，我从中懂得了“当局者迷”的道理。（误）

苏轼有诗云：“不识庐山真面目，只缘身在此山中。”我从中懂得了“当局者迷”的道理。（正）

4. 插入式的“某某说”后面误用冒号

如果行文中的“某某说”是插入性的，即在一段引语的中间插入了“某某说”，那么这个“某某说”的后面只能用逗号，不能用冒号。因为冒号的作用是提示下文，如果这里用了冒号，前面的引语便没有着落了。

例 “马上就要结束了，”他环视了一下四周说：“请大家坚持一下，我们一定能挺过去的。”（误）

“马上就要结束了，”他环视了一下四周说，“请大家坚持一下，我们一定能挺过去的。”（正）

特别提示

“某某说”在引文中的位置不同，其后的标点符号也不同。“某某说”在引语前，其后用冒号；在引语中，其后用逗号；在引语后且在全句最后，其后用句号。

例 岳军小声解释说：“见识见识嘛，不会起化学反应的。”（说话人在引语前）

“见识见识嘛，”岳军小声解释说，“不会起化学反应的。”（说话人在引语中）

“见识见识嘛，不会起化学反应的。”岳军小声解释说。（说话人在引语后）

（五）引号的常见使用误区

引语中的句末点号误置。如果是把引语作为完整独立的话来用，那么为了保持引语的完整独立性，其句末点号不能改动，且要放到引号里面。如果只是把引语作为整句话的一个组成部分，这种情况下应把引文的句末点号去掉（问号和叹号除外）。

例 ① 此时此刻，我想到了朱熹的诗句：“问渠那得清如许？为有源头活水来。”（正）

② 杜甫写下了“朱门酒肉臭，路有冻

标点问答

【问】句内括号行文末尾要用标点符号吗？

【答】括号内行文末尾需要时可用问号、叹号和省略号。除此之外，句内括号行文末尾通常不用标点符号。

死骨”的名句，反映了当时社会的现状。（正）

小贴士

完整引用里面点，多是诗文和名言。

部分引用外面点，问号叹号紧相连。

（六）省略号的常见使用误区

省略号和“等”“等等”等词并用。省略号相当于“等”“等等”等词，所以用了省略号，就不能再连用“等”“等等”这些词。

例 在另一领域中，人却超越了自然力，如使用飞机、火箭、电视、计算机……等等。（误）

在另一领域中，人却超越了自然力，如使用飞机、火箭、电视、计算机……（正）

（七）书名号的常见使用误区

主题、会议、标语等和考试、比赛等活动的名称误用书名号。主题、会议、标语等，以及考试、比赛等活动的名称都不用书名号，可用引号。

例 ① 以《团结、友谊、交融、发展》为主题的第48届世界乒乓球锦标赛，今天在上海东方明珠电视塔广场隆重开幕。（误）

以“团结、友谊、交融、发展”为主题的第48届世界乒乓球锦标赛，今天在上海东方明珠电视塔广场隆重开幕。（正）

② 对于《雅思考试（IELTS）》，人们已经耳熟能详，如今一个全新的同样来自英国的职业外语水平测试——《博思考试（BULATS）》，也逐渐流行起来。（误）

对于“雅思考试（IELTS）”，人们已经耳熟能详，如今一个全新的同样来自英国的职业外语水平测试——“博思考试（BULATS）”，也逐渐流行起来。（正）

【问】文章标题的末尾要用标点符号吗？

【答】文章标题的末尾通常不用标点符号，但有时根据需要可用问号、叹号或省略号。

专题五 病 句

病句指不符合现代汉语表达规则（语法），或违反客观事理（逻辑）的句子。本专题主要介绍句子的基本知识、常见的病句类型（语序不当、搭配不当、成分残缺或赘余、结构混乱、表意不明和不合逻辑）等内容，并对病句的辨析方法进行点拨，以提高学生对病句的识别、分析和修改能力，同时使学生在语言表达、作文写作时避免出现语病，更规范、严谨地运用语言。

学习本专题时要重点对句子成分及其划分等内容进行理解，在此基础上再对句子存在的具体语病进行判断和修改。

知识清单

一、句子的基本知识

句子是由词、词组构成，能表达完整意思、完成简单的交际任务的语言使用单位。它是传递信息、交流沟通、阐述观点、说明叙事、写景状物、表情达意的基本语言单位。清晰划分句子成分，了解和掌握句子结构是辨析病句的基本功，也是培养语言应用能力的关键。

在现代汉语中，句子成分包括主语、谓语、宾语、定语、状语和补语等。其中，主语、谓语、宾语是句子的主干，表述句子的主要意义；定语、状语、补语是句子的枝叶，对主语、谓语、宾语起着限定、修饰或补充的作用，能使句子表达的意义更加具体形象。

（一）主语

主语是整个句子陈述或说明的对象，表明整句话说的是什么人、什么事物、什么性质等。常作主语的有名词、代词、名词性短语。另外，动词、动词性短语、形容词、形容词性短语也可作主语。

例 中国人民志气高。
去北大荒的就是他。
提高技能是培训的目的。

（二）谓语

谓语是用以陈述或说明主语的句子成分，表明主语做什么、怎么样、是什么等。充当谓语的大都是动词、形容词或动词性短语、形容词性短语。

例 满天乌云顿时消散了。
这个地方真凉快。

【病句】外面下这么大的雨，我估计他大概不会来了。
【病因】“估计”和“大概”语义重复。
【修改】外面下这么大的雨，我估计他不会来了。

病句典例

（三）宾语

宾语是谓语动词的连带成分，表示谓语动词所涉及的人或事物，一般位于谓语动词之后，回答“谁”或“什么”之类的问题。充当宾语的大都是名词、代词和名词性短语。

例 门口围着一群人。

什么叫作信息？

园子里种着黄瓜、豆角、西红柿和茄子。

由一个动词连带的一个指人、另一个指事物的双层宾语称为双宾语。双宾语包括直接宾语和间接宾语：直接宾语是动作的承受者，一般指事物；间接宾语表示动作的方向（对谁做）或动作的目标（为谁做），一般指人。

例 他送给资料室几本珍贵的书。

（间接宾语：资料室）（直接宾语：书）

昨天我给父亲写了一封信。

（间接宾语：父亲）（直接宾语：信）

（四）定语

定语是主语或宾语前面的附加成分，在句中起修饰、限制作用。起修饰作用的定语往往由形容词充当，对事物的情态、性质予以描写；起限制作用的定语则常由名词、代词、数量词、动词等充当，对事物从时间、地点、数量、范围、情态、性质、类属等多个方面予以限制。通常情况下，结构助词“的”是定语的标志。

例 雪野中有血红的宝珠山茶、白中隐青的单瓣梅花。

三杯美酒敬亲人。

（五）状语

状语是谓语前面的附加成分，能从程度、范围、情态、时间、处所、数量、方式、目的、原因等多个方面对谓语进行修饰或限制。常作状语的有副词、形容词、表示时间和处所的名词及介宾短语、数量短语等。通常情况下，结构助词“地”是状语的标志。

例 他已经走了。

咱们北京见。

歌声把王老师带入深深的回忆。

（六）补语

补语是谓语后面的连带成分，在句中对谓语起补充说明作用。补语的补充说明作用主要是限制性的，往往表示结果、程度、情态、趋向、范围、数量、时间、地点等意义，回答“怎么样”“多少次”“多久”等问题。充当补语的大都是形容词、副词、动词、数量短语或介宾短语等。通常情况下，结构助词“得”是补语的标志。

例 他写的字比原来写的不是好一点儿，而是好得多。

广大人民群众干得热火朝天。

他坐在桌子旁。

【病句】经过研究，人们发现苹果、橘子、菠菜等水果都含有一种名叫维生素 C 的物质。

【病因】范围不清，菠菜不是水果而是蔬菜。

【修改】经过研究，人们发现苹果、橘子、菠菜等都含有一种名叫维生素 C 的物质。

名师点睛

巧辨句子成分

要想有效辨认句子成分，可以从各句子成分的位置及各成分能回答什么问题两方面入手。下面通过例句及句子成分太阳系图（如图 1-5-1 所示）来具体说明。

例句 全体（定语） 同学（主语） 都（状语） 做（谓语） 完（补语） 了 语文（定语） 作业（宾语）。

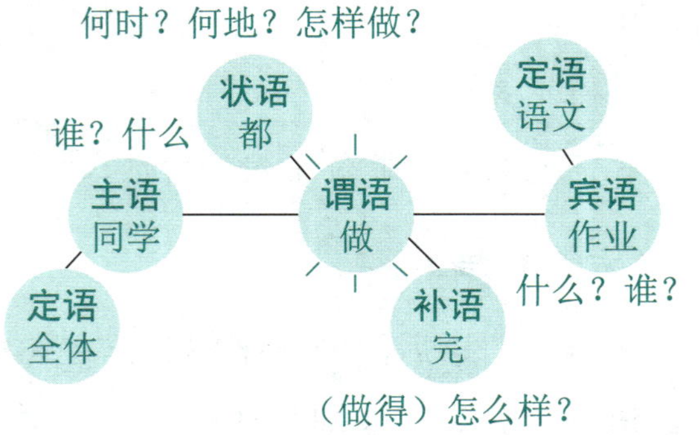

图 1-5-1 句子成分太阳系图

这里以“全体同学都做完了语文作业”这句话为例子，构成了一个汉语基础句的太阳系图：恒星太阳是核心动词“做”，作谓语；行星为主语“同学”和宾语“作业”，它们围绕太阳转，分别在谓语动词前、后回答“谁做”和“做什么”的问题；状语“都”在谓语动词前，回答“怎样做”的问题；补语“完”在谓语动词后，回答“做得怎么样”的问题；定语“全班”“语文”分别在主语和宾语前面，用来修饰、限制主语和宾语，回答“什么样的”等问题。

二、常见的病句类型

常见的病句主要分为以下六种类型。

（一）语序不当

句子成分在排列的过程中有一定的先后次序，构成一定的结构关系，才能准确地表达意思。如果句子成分在组成句子的过程中次序失调，就会出现病句，即语序不当的现象。语序不当包括定语语序不当、状语语序不当、关联词语位置不当等。

1. 定语语序不当

定语通常位于所修饰的主语和宾语之前。当多个定语修饰一个主语或宾语时，各定语的排列顺序一般为：表领属性（时间、处所、人物等）的词 / 短语 + 数量词 + 动词 / 动词性短语 + 形容词 / 形容词性短语 + 名词 / 名词性短语。并且，带“的”的定语要放在不带“的”的定语之前。

例 ① 屋里陈列着各式各样的鲁迅过去所使用的东西和书籍。

② 一件她的漂亮的羽绒大衣引起了大家的注意。

①句中的定语“各式各样”用来修饰“东西和书籍”而不是“鲁迅”，故应放在“东西和书籍”前。②句中，大衣的定语有数量词“一件”，表领属性的词“她”，形容词“漂亮”，名词“羽绒”，按正确的

病句典例

【病句】一进公园，我就看到了美丽的鲜花、淡淡的花香。

【病因】动宾搭配不当，花香是看不到的，只能被闻到。

【修改】一进公园，我就看到了美丽的鲜花，闻到了淡淡的花香。

顺序排列，该句应为“她的一件漂亮的羽绒大衣引起了大家的注意”。

2. 状语语序不当

状语通常位于所修饰的谓语之前。当多个状语修饰一个谓语时，各状语的排列顺序一般为：表目的/原因的介宾短语+表时间/处所的词/短语+表范围的词/短语+表状态/程度的词/短语+表对象的介宾短语。并且，当“用……”和“把……”两种介宾短语同时存在时，“用……”在前。

例 ① 我们顺利地按照村主任的指引找到了那位在农田里的老奶奶。

② 他由于勤奋，仅仅半个学期，就远远地在所有的学科上超过了其他同学。

①句中，应将“顺利地”放在“找到”前，“在农田里”放在“顺利”之前。②句中的状语有表原因的介宾短语“由于勤奋”，表时间的“半个学期”，表范围的“在所有的学科上”，表程度的“远远”，按正确的顺序排列，该句应为“他由于勤奋，仅仅半个学期，就在所有的学科上远远地超过了其他同学”。

3. 关联词语位置不当

在复句中，当两个分句的主语相同时，关联词语应放在主语之后；当两个分句的主语不同时，关联词语应放在主语之前。

例 ① 她如果不能实事求是，事业就会受到损失。

② 不但他好好学习，而且还帮助其他同学。

①句中，前一个分句的主语是“她”，后一个分句的主语是“事业”，所以“她”应移到“如果”之后。②句中，两个分句的主语都是“他”，所以“不但”应移到“他”之后。

小贴士

复句由两个或两个以上意义上相关、结构上互不作句子成分的分句构成，分句通常由一些关联词语连接。

（二）搭配不当

搭配不当是指语言单位之间本来没有配合关系，却被凑在一起，由此造成语义不通或语法不合的现象。搭配不当主要包括主谓搭配不当、动宾搭配不当、主宾搭配不当、修饰成分与中心语（即被描写或限制的成分）搭配不当、关联词语搭配不当、一面与两面搭配不当等。

1. 主谓搭配不当

主谓搭配不当主要表现为谓语不能陈述主语。需要注意的是，有时主语或谓语由联合短语充当，其中一部分也可能出现主谓搭配不当的现象。

例 ① 这篇文章的内容和见解都很丰富。

② 这个县的水稻生产，由于合理密植，一般长势良好。

①句中的主语由联合短语“内容和见解”充当，谓语是“丰富”，但“见解”与“丰富”不能搭配。②句中的“生产”

【病句】在这桃花盛开的季节，他们莅临来到我们这个城市。
【病因】“莅临”和“来到”语义重复。
【修改】在这桃花盛开的季节，他们莅临我们这个城市。

与“长势良好”不能构成主谓关系，应将“生产”删除，使“水稻”作为主语。

2. 动宾搭配不当

动宾搭配不当主要表现为宾语不能成为谓语动词所支配的对象。

例 ① 广大师生发挥了艰苦奋斗的优良传统。

② 他用行动塑造了巨大的人格力量。

①句中的谓语动词“发挥”与宾语“传统”搭配不当，可将“发挥”改为“发扬”。②句中的“塑造”和“人格力量”搭配不当，可将“塑造”改为“发挥”。

3. 主宾搭配不当

主宾搭配不当主要表现为主语和宾语在范围或种类上不相当。

例 ① 秋天的北京是一个美丽的季节。

② 我们坚信，有这么一天，中国的工业和农业会成为发达的国家。

①句中的主语是“北京”，宾语是“季节”，“北京”不是“季节”，故可将“秋天的北京”改为“北京的秋天”。②句中的宾语是由一个句子充当的，但这个句子的主干是“工业和农业成为国家”，主宾搭配明显不当，可将“国家”改为“行业”。

4. 修饰成分与中心语搭配不当

修饰成分与中心语搭配不当是指定语、状语、补语与中心语搭配不当。

例 ① 数万名抗洪抢险的人群战斗在荆江大堤上。

② 大家要掌握走私犯活动的规律，以便稳、准、狠地识别和打击他们。

③ 同学们把教室打扫得干干净净、整整齐齐。

①句为定语与中心语搭配不当，“人群”是不能用“数万名”来计算的，应删除“群”。②句为状语与中心语搭配不当，状语“稳、准、狠”不能修饰“识别”，可以改为“更好”。③句为补语与中心语搭配不当，“整整齐齐”不是“打扫”出来的，故应删除。

5. 关联词语搭配不当

在句中，如果关联词语成对出现，就要注意二者的搭配是否正确，是否与形义相近的关联词语混淆。

例 ① 应用这种罗盘，无论在阴云密布以及早晚看不到太阳的时候，也不会迷失方向。

② 只有同心协力，就能把事情办好。

①句中的关联词语“以及”应改为“还是”，“也”应改为“都”。②句中的关联词语“只有”和“就”搭配不当，应把“就”改为“才”。

注意 动宾搭配不当和关联词语搭配不当造成的病句，可结合本书第一部分专题三中的“易混淆的实词”和“易混淆的虚词与关联词语”相关内容进行辨析。

6. 一面与两面搭配不当

一面与两面搭配不当是指句子前面（或后面）出现表一正一反两方面意思的词语，后面（或前面）却只有表一方面意思

病句典例

【病句】学了这堂课，使刘阳明白了做人不能骄傲自大。

【病因】滥用介词导致主语残缺。

【修改】学了这堂课，刘阳明白了做人不能骄傲自大。

的词句与之相呼应。

例 ① 说实话，当时对自己的稿子能否被刊用没抱太大的希望。

② 有没有远大的抱负和顽强的意志是一个人取得成功的关键。

①句中的“能否”是两个方面，“没抱太大的希望”是一个方面，故可把“否”删除。②句中的“有没有”是两个方面，“取得成功的关键”是一个方面，故可把“没有”删除。

（三）成分残缺或赘余

1. 成分残缺

成分残缺是指句子中缺少应有的成分且所缺成分不符合省略条件，从而导致句子结构不完整或表达不准确的现象。成分残缺主要包括主语残缺、谓语残缺和宾语残缺。

（1）主语残缺。

主语残缺主要表现为滥用介词和偷换主语。

例 ① 通过医生的精心治疗，使他很快恢复了健康。

② 花车巡游表演博得了在场观众的热烈欢迎，对这次表演给予了极高的评价。

①句中的主语残缺是滥用介词造成的，它的修改方法有两种，一是删除介词“通过”，二是删除“使”。②句中的主语残缺是偷换主语造成的，可改为“花车巡游表演博得了在场观众的热烈欢迎，观众对这次表演给予了极高的评价”。

特别提示

滥用介词造成主语残缺是十分常见的病句类型，在病句辨析时，如果遇到“在”“从”“通过”“经过”“由于”“根据”等介词在句首的情况，一定要打起十二分精神，注意句子的主语是否残缺。

（2）谓语残缺。

谓语残缺主要表现为缺少谓语，或者一句话说了主语，还没有说完谓语，就又另外起了新的一句话。

例 ① 河北人民经过一个冬天的苦战，一道四米高、七百米宽的拦河大坝巍然屹立在滹沱河边。

② 他主动参与社会灾害性事故处理，化解风险，安定社会生活的责任。

①句中，前面的主语是“河北人民”，后面没有与之相对应的谓语，可在“一道”前加上“使”。②句中，“责任”缺少对应的谓语，可在“参与”前加上“承担”。

（3）宾语残缺。

宾语残缺往往是宾语前的定语太长导致的。

例 ① 我们要尽一切力量使我们的农业走上机械化、集体化。

② 校党支部研究了关于在新形势下如何做好思想工作。

①句中的“走上”缺少对应的宾语，可在“集体化”后加上“的道路”。②句中的“研究”缺少对应的宾语，可在句末补上宾语“的问题”。

【病句】赵军花了整整一小时左右才做完数学作业。
【病因】“整整”和“左右”自相矛盾。
【修改】赵军花了整整一小时才做完数学作业。

2. 成分赘余

与成分残缺相反，成分赘余是指句子中多了某个成分，从而造成语义不清、冗赘重复的现象。成分赘余主要包括主干赘余和语义重复。

（1）主干赘余。

主干赘余主要包括主语赘余、谓语赘余和宾语赘余。

例 ①我们的革命先辈，为了人民的利益，为了将革命进行到底，这些革命战士流了多少鲜血，献出了多少宝贵生命啊！

②这份期刊的阅读对象，主要是面向中文专业的研究生、本科生，中小学语文教师及其他语文工作者。

③世界上第一次测量子午线的是我国唐代天文学家一行和尚的倡议和领导下进行的。

①句开头已有主语“我们的革命先辈”，后面“这些革命战士”是赘余的主语，应删除。②句中的谓语动词“面向”是多余的，应删除。③句中的判断动词“是”的宾语是名词性的成分“一行和尚”，后面的“的倡议和领导下进行的”是多余成分，应删除。

（2）语义重复。

语义重复主要表现为修饰词之间存在语义重复，或修饰词与中心词存在语义重复。

例 ①这次活动大约有200人左右参加。

②同学们从心里由衷地佩服居里夫人。

①句中的“大约”与“左右”语义重复，可删除其中一个。②句中的“从心里”和“由衷地”语义重复，可以删除其中一个。

常见的语义重复有“被人贻笑大方”“非常酷爱”“邂逅相遇”“凯旋归来”“免费赠送”“多年夙愿”“目前的当务之急”“非常至关重要”“目的是为了”“目的是旨在”“原因是因为”“最少80分以上”“大约10岁上下”等。

（四）结构混乱

结构混乱是指两种句式混杂在一起或两个分句前后牵连，造成整句话结构混乱、语义纠缠的现象。它主要包括句式杂糅和前后牵连。

1. 句式杂糅

说话、写作时拿不定主意，既想用这种说法，又想用那种说法，结果把两种句式杂糅到一起，造成语病，这就是句式杂糅。

例 东汉名将马援，南征北战，为祖国的统一安定是大有贡献的人物。

句子先是陈述马援的贡献，接着又对马援进行评价，把两种结构不同的句子硬捏在一起，造成句式杂糅。

名师点睛

以下是句式杂糅的常见错误（括号内为正确的形式）。

（1）是由于……的结果（是由于……/是……的结果）。

病句典例

【病句】语文对我很感兴趣，所以上语文课时我听得很认真。

【病因】主客颠倒，人是感兴趣的主体。

【修改】我对语文很感兴趣，所以上语文课时我听得很认真。

(2) 是为了……为目的（是为了……/以……为目的）。

(3) 对于……问题上（对于……问题/在……问题上）。

(4) 原因是……造成的（原因是……/是由……造成的）。

(5) 经过……下（经过……/在……下）。

(6) 借口……为名（借口是……/以……为名）。

(7) 靠的是……取得的（靠的是……/是靠……取得的）。

(8) 大多以……为主（多是……/以……为主）。

(9) 需要……不行（需要……不可/非……才行）。

(10) 本着……为原则（本着……原则/以……为原则）。

(11) 出于……决定的（是出于……/是由……决定的）。

(12) 是因为……的原因（是因为……/是……的原因）。

(13) 关键在于……是十分重要的（关键在于……/……是十分重要的）。

(14) 深受……所……（深受……/为……所）。

2. 前后牵连

把结构完整的前一句话的最后一部分当作后一句话的开头，并把两句话硬凑起来，就会造成前后牵连。

例 ①我们去美术馆参观了中国画展是具有独特的民族风格的。

②我们听到他奋不顾身搭救落水儿童的故事对我们教育很大。

①句将“我们去美术馆参观了中国画展”和“中国画展是具有独特的民族风格的”两句话通过“中国画展”牵连在了一起，可改为“我们去美术馆参观了具有独特的民族风格的中国画展”或者“我们去美术馆参观了中国画展，它具有独特的民族风格”。②句将“我们听到他奋不顾身搭救落水儿童的故事”和“他奋不顾身搭救落水儿童的故事对我们教育很大”两句话牵连到了一起，可改为“我们听到他奋不顾身搭救落水儿童的故事，受到很大教育”或者“我们听到他奋不顾身搭救落水儿童的故事，这个故事对我们教育很大”。

（五）表意不明

表意不明是指句子表达的内容、意思等令人费解或不能表达确定意思的现象，常见的有歧义和指代不明。

1. 歧义

歧义是指一个句子有两种或两种以上的解释。

例 ①这辆自行车没有锁。

②让李乡长本月15日前去报到。

①句可以理解为车没有配锁具，也可以理解为车没锁起来。②句中的“前”可作名词，表“以前”之意，限定时间范围，

【病句】岳云虚心地改正并承认了自己的错误。
【病因】事件发生的顺序不合事理。
【修改】岳云虚心地承认并改正了自己的错误。

表示在 15 日之前去报到；也可作动词，表“前往”之意，表示只能在 15 日这一天报到。

2. 指代不明

指代不明常表现为句中代词所指代的对象不明确，或由承前省略不当造成的对象不明确。

例 ① 生活中的他不像银幕上那样，是个性格开朗外向、不拘小节的人。

② 欣赏一首好诗不容易，创作一首好诗更不容易，小张对诗情有独钟，因此，他平时在这方面做了不少努力。

①句中的“性格开朗外向、不拘小节的人”指代的是生活中的他，还是银幕上的他，句意不明确。②句中的“这方面”指代的是欣赏好诗，还是创作好诗，句意不明确。

（六）不合逻辑

不合逻辑多指句子的意思在事理上讲不通，主要包括自相矛盾、范围不清、强加因果、否定不当、主客颠倒和不合事理。

1. 自相矛盾

自相矛盾是指语言前后不对应，互相抵触。

例 ① 他是上千个死难者中幸免的一个。

② 跑步之后，我们总会感到身体特别热一些。

①句中，既然“他”是“幸免”的，自然是活下来了，故不能说是“死难者中幸免的一个”，可改为“上千人死难了，他是幸免的一个”。②句中的“特别”和“一些”矛盾，应删除一个。

2. 范围不清

范围不清多表现为并列的几个句子成分所指代的范围有重叠。

例 许老师常为班里的贫困学生买一些日用品：衣服、暖水瓶、手帕、衬衫、拖鞋等。

“衣服”是属概念（上位概念），“衬衫”是种概念（下位概念），衬衫属于衣服，故这两个概念不能并列。

3. 强加因果

强加因果是指为本没有因果关系的事物强行加了因果关系。

例 他的文章写得不长，所以很有特色。

无法从“写得不长”这一事实推论出文章“有特色”，故此句属于强加因果。

4. 否定不当

否定不当常表现为否定词使用不当导致改变了句子的原意。

例 ① 阅览室内禁止不要大声喧哗。

② 有谁能否认地球不是绕着太阳转的呢？

①句中的“禁止”是“不允许”的意思，后面再加上“不要”，就变成了肯定的意思，因此，二者应去掉其中一个。②句中有三重否定——“否认”“不是”及反问句自带的否定意，结果把想要表达的意思说反了。

注意 “禁止”“防止”“忌”“避免”

病句典例

【病句】我国有世界上没有的造纸术。
【病因】有世界上没有的东西不合逻辑。
【修改】我国有世界上独一无二的造纸术。

“否认”“杜绝”等词语本身就有“设法阻止”的意思，常会因为增设否定词造成否定不当。

5. 主客颠倒

主客颠倒是指句中所陈述的主体和客体相互颠倒。

例 ①梅兰芳这个名字对许多中国人都很熟悉。

②去年的学习成绩和今年的比起来大不相同。

①句中的主体是“许多中国人”，应将“许多中国人”与“梅兰芳这个名字”调换位置。②句中，比较时间一先一后两件事，一般以后者为主体，故应改为“今年的学习成绩和去年的比起来大不相同”。

6. 不合事理

不合事理是指句子陈述的事情或表达的观点不符合生活的常理或人们普遍认同的公理。辨析此类病句时，要注意并列成分的逻辑、先后、轻重、缓急、大小和因果关系等。

例 ①在这次会议上，大家讨论并提出了许多问题。

②这里是地震多发区，当地政府采取各种有效措施防止地震发生。

①句中，问题应该先“提出”后“讨论”。②句中，地震是无法防止的，故该句表述不合事理。

方法点拨

病句的辨析方法

（一）语感审读法

语感审读法，即调动语感认真审读语句，按照习惯的说法判断语句是否别扭，从而辨别语句是否为病句的方法。审读分析时应放慢速度，用一种审视的眼光去看待语句。对于辨析结构比较简单、语病比较明显的句子，语感审读法是一种快捷而有效的方法。

在初期练习阶段，可以清晰响亮地把语句读出来，即在视觉语感的基础上突出听觉语感，双管齐下，这样更容易判断出句子顺口不顺口、顺耳不顺耳，从而提高判断的准确性。

例 为了防止这类交通事故不再发生，我们加强了交通安全的教育和管理。

运用语感审读法，就会发现“防止……不再发生”是不合逻辑的。

（二）筋脉梳理法

筋脉即句子成分。运用此方法时，应先检查句子的主干（主语、谓语，有时还有宾语），再检查句子的枝叶（定语、状语、补语等）。

【病句】局长嘱咐几个学校的领导，新学期的工作一定要有新的起色。
【病因】有歧义，“几个”不明确，不知道是指学校还是指领导。
【修改】局长嘱咐学校的几个领导，新学期的工作一定要有新的起色。

1. 梳理主干

相当一部分病句是由主语、谓语、宾语相互搭配不当造成的。这些病句可以用梳理句子主干的方法来辨析，即通过找出句子主干判断句子成分是否残缺或赘余，成分搭配是否恰当。

例 ①科技强国的梦想将由你们来完成。

②《杂文报》文风严肃、形式多样，的确起到了激浊扬清、贬恶扬善的效果。

梳理①句的主干后，就会发现主语“梦想”和谓语“完成”搭配不当，可将“完成”改为“实现”，或将“梦想”改为“任务”。②句中，后一个分句的主干是“《杂文报》起到了效果”，谓语“起到”和宾语“效果”搭配不当，可将“起到”改为“产生”或将“效果”改为“作用”。

2. 梳理枝叶

如果句子的主干没有问题，那么再检查句子的枝叶。首先检查枝叶和主干的关系，看附加成分和中心语能否搭配及有无残缺或赘余等。

例 供应清宫饮水的运水车，经常往返于玉泉山运水。

句中的“往返”指在起点和终点来回，而“玉泉山”只是一个地点，因此谓语“往返”和补语“玉泉山”搭配不当。

如果枝叶和主干的关系没有问题，那么就要检查枝叶本身有无问题了。

例 这次到会的代表做了各种蒙医、藏医学术报告16场。

句子的主干“代表做了报告”没有问题，但检查句子的枝叶就会发现，“报告”前面的定语有问题，“蒙医”“藏医”各为一种，谈不上“各种”，故应将“各种”删除。

（三）逻辑分析法

有的语病从语法上不容易看出，便可从事理上进行分析，看概念使用、判断、推理是否得当，语句的前后顺序、句间的关系是否合适，前后语句是否呼应等。

例 该市有人不择手段仿造伪劣产品。

从语法上看，句子不存在语序不当、搭配不当、成分残缺或赘余等问题。但从逻辑上会发现，“仿造伪劣产品”是不合事理的，可改为“制造伪劣产品”或“仿造名牌产品”。

（四）造句类比法

若一时看不出来句子是否有问题，则可以仿照原句的结构造几个常用的句子做比较。仿写的句子有问题，一般就说明原句有问题。

例 作家们把自己对城市的感受没有倾吐出来。

判断这个句子是否正确，可以仿照原句的结构再造几个意义不同的句子，放在一起进行比较。可以仿造“他把自己对组织的意见没有说出来”“他把自己对张明的要求没有提出来”这样两个句子。根据语感，会发现仿造的句子很别扭，正确的说法应该为“他没有把自己对组织的意见说

病句典例

【病句】丰富而深厚的生活积累是我们能否创作出好的文学作品的关键。

【病因】一面与两面搭配不当。

【修改】丰富而深厚的生活积累是我们能创作出好的文学作品的关键。

出来”“他没有把自己对张明的要求提出来”。由此可以判断例句是有语病的，应改为“作家们没有把自己对城市的感受倾吐出来”。

（五）特征标志法

每个病句都有自己的特征或标志，抓住特征或标志进行有针对性的辨析，有利于较快地诊断出语病。例如，有并列成分的句子，并列成分可能出现语义重复或语序不当的问题；有多个否定词的句子，可能会出现否定不当的问题；有两面词的句子，可能出现一面与两面搭配不当的问题。

名师点睛

特征标志一：关联词语

句子中如果有关联词语，就要注意关联词语搭配是否得当及是否放错位置。另外，如果是递进关系的复句，还要留心两个分句的语序是否合理，即是否真正呈现了递进关系。

特征标志二：否定词

当发现句子中出现多个否定词时，不妨算一算究竟有多少个否定词，然后利用“负负得正”的数学原理理解句意。还要注意，肯定的反问句表示否定的意思，否定的反问句表示肯定的意思。

特征标志三：介词

发现介词在句子的开头，则要注意该句子是否因为介词的滥用而丢失了主语。发现句中有介词，则要分析句子是否主客颠倒了。

特征标志四：并列词语或短语

如果发现句子中有多个并列动词，就要结合逻辑关系分析它们的语序是否正确，还要注意它们是否与前后的中心语搭配；如果发现句子中有多个并列名词，则要注意它们是否可以并列，其范围是否清楚。

特征标志五：两面词

当发现句子中出现“是否”“能否”“优劣”“好坏”“成败”“该不该”“要不要”“能不能”等两面词时，一定要注意一面与两面的搭配。这些句子很容易出现一面对两面、前后不照应的问题。

以上特征标志都是辨析病句的有效切入点，但一定不能看到句子中有这些词语，就断定句子是病句，还须认真分析。

病句典例

【病句】既然语言能够生产物质材料，那么夸夸其谈的人就是世界上最富有的人了。
【病因】关联词语搭配不当。前一分句的内容是一种假设，不是客观事实，因此不能推论出后一分句的结果。
【修改】如果语言能够生产物质材料，那么夸夸其谈的人就是世界上最富有的人了。

专题六　修辞手法

修辞手法是对语言的修饰、调整和综合的艺术加工。使用语言交流思想、传达信息，不仅要将意思表达得准确无误、清楚明白，还应该注意运用修辞手法力求文字生动形象、妥帖鲜明、连贯得体、新颖独特，尽可能给人以深刻的印象和语言的美感。本专题主要介绍的修辞手法包括比喻、比拟、借代、夸张、对偶、排比、反复、设问、反问和通感。

学习本专题时应掌握各种常见修辞手法的特点，从而能根据具体语境判断出句子运用的修辞手法，也能在日常交流和写作时恰当地运用各种修辞手法，最终提高表达能力和写作水平。

知识清单

常见的修辞手法

（一）比喻

比喻，也叫“譬喻”，就是打比方，是指用本质不同又有相似点的甲事物描绘乙事物，或用甲道理说明乙道理的修辞手法。

1. 作用

比喻可以使抽象的事物具体化，让人容易理解；使深奥的道理浅显化，帮人深入体味；使概括的东西形象化，给人留下鲜明、深刻的印象。

2. 结构

比喻一般由本体（被比喻的事物）、喻体（作比喻的事物）、比喻词（连接本体、喻体的标志性词语）三部分构成。本体和喻体必须是本质不同的两种事物，利用它们之间的相似点来打比方，就构成了比喻。

例　叶子出水很高，像亭亭的舞女的裙。

叶子（本体）　像（比喻词）　舞女的裙（喻体）

这句话利用舞女的裙与叶子形态的相似性，生动形象地展现了叶子舒然展开的样子。

3. 类型

比喻主要可分为明喻、暗喻、借喻和博喻四种类型，具体如表 1-6-1 所示。

小贴士

明喻甲像乙，暗喻甲是乙。
借喻略本体，博喻多喻体。

修辞妙句

【例句】汽车在望不到边际的高原上奔驰，扑入你的视野的，是黄绿错综的一条大毡子。

【赏析】这句话运用的修辞手法是暗喻，把高原风景比作黄绿错综的大毡子（黄的是土，绿的是麦田），成功地勾画了一幅辽阔平坦、色彩鲜艳的高原图景。

表 1-6-1 比喻的四种类型

类型	本体	比喻词	喻体	示例
明喻	出现	像、似的、如、宛如、仿佛	出现	母爱宛如雪花一样纯洁
暗喻	出现	是、成为、变成	出现	那景色简直就是一幅青山绿水画
借喻	不出现	—	出现	风将天上的小绵羊赶走了
博喻	出现	与明喻、暗喻的比喻词相同	出现	雨像牛毛、像花针、像细丝，密密地斜织着

特别提示

有些句子虽然有“像”“仿佛”“跟……一样”等词语，但其实并不是比喻句。具体有以下几种情况。

（1）表示同类相比。

例 他的样子很像他的祖父。

这个野葱的味道跟家葱的一样。

（2）表示猜测。

例 这天阴沉沉的，好像要下雨了。

他看着我，好像在表示感激。

（3）表示想象。

例 每当看到这条红领巾，我就仿佛置身于天真烂漫的少年时代。

（4）表示列举。

例 像北京、上海、广州这些大城市，他都去过。

你骗谁，像你这样的人会没有钱？

所以，判断一个句子是不是比喻句，一定要结合句意分析，也可以采用“三看一比法”：“三看”即看本体、喻体和比喻词；“一比”即将本体与喻体做比较，判断它们是不是两个不同类的事物，本质是否不同。

（二）比拟

比拟是指借助丰富的想象，把物当作人来写或把人当作物来写，或把甲物当作乙物来写的修辞手法。被比拟的事物称为“本体”，用来比拟的事物称为“拟体”。

1. 作用

比拟是以想象为基础的，具有思维的跳跃性，容易让人捕捉其意境，体会其深意。正确地运用比拟，可以使读者对作者所表达的事物产生鲜明的印象，感受到作者强烈的感情。

2. 类型

比拟可分为拟人和拟物两大类。

（1）拟人。

拟人是指把物当作人来写，赋予物以人的动作、行为、思想、感情、活动等，用描写人的词来描写物。拟人能使具体事物人格化，产生使事物形象更生动的效果。

例 有情芍药含春泪，无力蔷薇卧晓枝。

句子中的芍药和蔷薇原本都是无情之物，诗人赋予其以美人的特点，使其分别

【例句】无需挂画，门外有幅巨画——名叫自然。

【赏析】这句话运用的修辞手法是暗喻，本体是自然，喻体是巨画，把自然比作巨画，生动形象地展示了自然之美，表达了作者对门外景色的喜爱之情。

具有“含春泪”之态和“无力卧”之状，从而曲折体现了诗人由于仕途艰险而形成的多愁善感的性格。

（2）拟物。

拟物就是把人当作物来写，使人具有物的情态或动作，或把甲物当作乙物来写。

例 那个恶霸夹着尾巴逃跑了。（把人当作物来写）

伟大的思想在自由的人民当中翱翔。（把甲物当作乙物来写）

（三）借代

借代，也叫“换名”，是指不直接说出所要表达的人或事物的名称，而是借用与它密切相关的人或事物的名称来代指它的修辞手法。借代重在事物的相关性，是利用事物之间的关系巧妙形成的一种语言上的艺术换名。借代中，被代指的事物称为“本体”，用来代指的事物称为“借体”。

小贴士

借代是古诗词常用的修辞手法。例如，杜康代指酒，烟尘、烽火代指战争，婵娟代指月亮，翠微代指青山，彩袖代指歌女，尺素、双鲤代指书信，黍离代指故国之思，竹西代指扬州，丝竹代指音乐，簪笏代指官吏等。

1. 作用

借代可以突出事物的某种特征，使形象突出、特点鲜明。另外，借代往往带有褒贬色彩，可以反映作者的思想感情，如用“诸葛亮”“伯乐”等作借体，常常代指正面人物，具有褒义色彩；而用“三只手”等作借体，常常代指反面人物，具有贬义色彩。

2. 类型

借代常见的类型有以下几种。

【特征、标志代本体】用事物的特征、标志代指本体，如“墙角的红眼睛突然站了起来”。

【专名代泛称】用具有典型性的人或事物的专用名称代指本体，如“三个臭皮匠，顶个诸葛亮”。

【具体代抽象】用具体事物代指相关的抽象事物，如“我们不要多费口舌了”。

【局部代整体】用事物具有代表性的一部分代指本体，如“我们要爱护学校的一草一木”。

【结果代原因】用发生的结果代指原因，如“那时候经济困难，人们都勒紧了裤腰带”。

【作者代作品】用作者的名字代指著作，如“我们应该读点鲁迅”。

（四）夸张

夸张是指为追求某种表达效果，故意言过其实，对客观的人或事物进行扩大、缩小或超前描述的修辞手法。

1. 作用

夸张能突出事物的特征，揭示事物的本质；烘托气氛，增强感染力，强化思想

修辞妙句

【例句】北国的秋，却特别地来得清，来得静，来得悲凉。

【赏析】这句话运用的修辞手法是排比，精要地描述了故都之秋的特色，既有顺畅的气势，又有抑扬顿挫的声韵之美。

感情；引发联想，营造意境，使人感到虽不真实，却胜似真实。

2．类型

夸张可分为扩大夸张、缩小夸张和超前夸张。

【扩大夸张】故意把一般事物往大（多、强、快、高、盛……）处说，如“门前的铜牌也要晒化了”。

【缩小夸张】故意把一般事物往小（少、弱、慢、低、衰……）处说，如“三十八年过去，弹指一挥间”。

【超前夸张】把后出现的事物说成先出现或同时出现的，如“看见这样鲜绿的苗，就嗅出白面包子的香味来了”。

（五）对偶

对偶是指将字数相等、意义相近或相反、结构相同的两个短语或句子对称地排列在一起的修辞手法。

1．作用

对偶能鲜明地提示事物的内在联系，反映事物对立统一的辩证关系；在形式上工整、严谨，节奏鲜明，朗朗上口，便于记忆和传诵；在内容上凝练、集中，概括性强，富有表现力和感染力。

2．类型

根据上下句在意义上的不同联系，对偶可大致分为正对、反对和串对。

【正对】上下句从两个角度、两个方面说明同一事理，表示相似、相关的关系，在内容上相互补充，如“家家灶冷，户户衣单”。

【反对】上下句表示相反关系或矛盾对立关系，借正反对照、比较以突出事物的不同本质，如“忧劳可以兴国，逸豫可以亡身”。

【串对（流水对）】上下句根据事物的发展过程或因果、条件、假设等方面的关联，连成复句，一顺而下，如“野火烧不尽，春风吹又生”（递进），“若要人不知，除非己莫为”（假设）。

（六）排比

排比是指把结构相同或相似、语气一致、意义密切关联的短语或句子排列起来的修辞手法。

1．作用

排比是一种富有表现力的修辞手法，可以强调内容，增强语言的气势和文章的节奏，使行文更富有条理性，有利于表达强烈的感情。

2．类型

排比可分为成分排比、单句排比和复句排比三类。

【成分排比】一个句子中的部分成分构成排比，如“数十里烈焰飞腾，映得满天红，满山红，满江红”。

【单句排比】几个单句或复句中的单句形式的分句构成排比，如“他们的品质是那样的纯洁，他们的意志是那样的坚韧，他们的气质是那样的淳朴”。

【例句】星星眨了眨眼，蟋蟀不再唱歌，夜仿佛也要睡去了。

【赏析】这句话运用的修辞手法是比拟中的拟人，分别赋予了星星、蟋蟀和夜以眨眼、唱歌、睡觉这些本属于人的动作，传神地表现出了夜的静谧。

【复句排比】几个复句构成排比，如“戴镇长喜欢发表演讲，怀宝就暗示校长多请戴镇长讲话；戴镇长喜欢读史书，怀宝就去镇上搜罗古书；戴镇长喜欢让自己的讲话家喻户晓，怀宝就常把镇长的讲话抄在镇政府门前的黑板上”。

（七）反复

反复是指为了达到强调、突出的表达效果，而将词语或句子有意识地重复使用的修辞手法。在说理文、记叙文中运用反复的修辞手法，能起到强化论点、分清条理的作用；在文艺作品，特别是诗歌中运用反复的修辞手法，能表达强烈、深挚的思想感情，起到强调主题思想、增强韵律美的作用。反复可分为连续反复和间隔反复。

例 争渡，争渡，惊起一滩鸥鹭。（连续反复）

党国倒愈像一个国，失了东三省谁也不响，党国倒愈像一个国，失了东三省只有几个学生上几篇“呈文”，党国倒愈像一个国，可以博得“友邦人士”的夸奖，永远“国”下去一样。（间隔反复）

（八）设问

设问是指自问自答，即故意先提出问题，然后自己回答，以引导读者注意或思考问题的修辞手法。设问能激发读者的阅读兴趣；在结构上还起到引出下文，承上启下，使层次分明、条理清晰、结构紧凑的作用；用在议论文中，还能使论证更加深入，脉络更加清晰。

例 问君能有几多愁？恰似一江春水向东流。

（九）反问

反问又叫“激问”，是指用疑问的形式表达确定的意思，以加强语气的一种修辞手法。反问只问不答，而将要表达的确定意思包含在问句里。它可以用否定的形式表达肯定的意思，或者用肯定的形式表达否定的意思。同平铺直叙的表达比较起来，反问的语气坚定有力，能发人深思，激发读者的感情，增强语言的气势和说服力。

例 人们怎能不热爱这个风光旖旎的南国花市呢？（否定形式表肯定）

这能全怪我吗？（肯定形式表否定）

（十）通感

通感又叫“移觉”，是指在描述客观事物时，用形象的语言使感觉转移，将人的视觉、嗅觉、味觉、触觉、听觉等不同感觉互相沟通、交错，彼此挪移转换，将本来表示甲感觉的词语移用来表示乙感觉，使意象更为活泼、新奇的修辞手法。

其他常见修辞手法

例 光与影有着和谐的旋律，如梵婀玲上奏着的名曲。（把视觉形象“光与影”转化为听觉形象“名曲”）

修辞妙句

【例句】经历过战争和流血，自由和民主的思想开始在这片土地的上空翱翔。

【赏析】这句话运用的修辞手法是比拟中的拟物。翱翔是鸟的本领，思想只是个抽象的概念，可以在社会中传播。作者赋予思想以雄健的翅膀，把思想写活了，形象地说明了思想具有强大的力量。

方法点拨

易混修辞手法的辨析

（一）比喻和比拟

比喻和比拟都是把两种事物进行比较的修辞手法，二者的区别如下。

1. 所反映的事物间的关系不同

比喻是以乙喻甲，强调本体和喻体的相似性，重点在“喻”，即借一物来说另一物，两事物一主一从。比拟是把物当作人、把人当作物或把甲事物当作乙事物来写，强调本体和拟体的相融性，重点在“拟”，即使二者彼此交融，浑然一体。

例 ①父亲守望儿女归来的身躯像一块坚硬的石头。（比喻）

②月亮一露面，漫天的星星就惊散了。（比拟）

①句把父亲的身躯比作一块坚硬的石头，二者有相似之处，形象地表达出父亲守望儿女归来的坚定执着。②句中的月亮和星星并非生物体，本没有露面和惊散这样的行为，这里用生物的特征描述它们，使其情态逼真、跃然纸上。

2. 结构不同

比喻的喻体必须出现。比拟的本体必须出现，拟体永远不出现。

例 ①每一树梅花都是一树诗。（比喻）

②正义可能会迟到，但绝不会缺席。（比拟）

①句中出现了本体“梅花”、喻体“诗”，以及比喻词“是”。②句中把“正义”当作人来写，只出现了本体“正义”，拟体“人”则没有出现。

3. 表达效果不同

比喻重在用浅显的、形象的事物来说明深奥的、抽象的事物，是一种化难为易的形象表达，往往用名词或名词性短语来表示。比拟重在用模拟的方法描述人或物的行为状态，是一种机智灵巧的传神表达，往往用动词或动词性短语来表示。

例 清风吹来，河边的垂柳醉汉似的摇晃着。（比喻）

清风吹来，河边的垂柳醉了似的摇晃着。（比拟）

（二）借喻和借代

借喻和借代都含有一个“借”字，都是用一物代指另一物，本体不出现。它们的区别主要表现为以下几点。

（1）借喻的作用是“比喻”，虽然也有代指的作用，但总是喻中有代；借代的作用是“称代”，即直接把本体称为借体，它代而不喻。

（2）构成借喻的基础是事物的相似性，即要求喻体和本体在某些方面相似；构成借代的基础是事物的相关性，即要求借体和本体有某种关系。

【例句】大弦嘈嘈如急雨，小弦切切如私语。嘈嘈切切错杂弹，大珠小珠落玉盘。

【赏析】诗中运用了许多形象、新鲜、贴切的比喻来表现琵琶曲中复杂、细微的音响变化，赋予抽象的音乐以具体可感的声、色、形的形象，使人如闻其声，如临其境。

例 ① 林冲雪地里踏着乱琼碎玉，飞奔而去。（借喻）

② 想当年，金戈铁马，气吞万里如虎。（借代）

①句中利用冰雪和琼、玉都有晶莹、纯洁的特点这一点，把冰雪比作琼、玉。②句中的“金戈铁马”本是闪耀着金光的武器和配备了铁甲的战马（都与战争有关），这里代指战争，从而使“战争”这个抽象概念具体化、形象化。

（3）借喻往往可改为明喻或暗喻，借代则不能。

例 ① 燕雀安知鸿鹄之志哉？（借喻）

② 枪杆子里面出政权。（借代）

①句中的“燕雀”和“鸿鹄”都是喻体，原句可改为“那些目光短浅的人像渺小的燕雀，而我自己像翱翔天空的鸿鹄，他们怎么会知道我的志向呢？”。②句中的“枪杆子”是借体，用来代指“武装斗争”，但不能说武装斗争像枪杆子。

（三）排比和对偶

排比和对偶都是将结构相同或相似的短语或句子整齐地排列，它们的主要区别如下。

1．构成形式不同

排比通常是三项或三项以上的连说，而对偶则是两项的对说。

2．构成要求不同

排比对每个分句的字数没有严格要求，句式大体整齐即可。对偶不仅要求上下句字数相等，还要求结构一致。

3．重字数量不同

排比中常含有反复出现的词语，以使语句互相衔接，给人以紧凑、密集之感。对偶则力求避免字词反复出现的现象。

例 ① 两个黄鹂鸣翠柳，一行白鹭上青天。（对偶）

② 延安的歌声是革命的歌声，战斗的歌声，劳动的歌声。（排比）

①句中，上下两句字数相等，词性相对，结构相同，意思相近，属对偶中的正对。②句是由三个分句构成的排比，“革命的歌声”“战斗的歌声”“劳动的歌声”的结构相似、内容相关，并列充当句子的宾语成分，加强了情感的抒发。

（四）反问和设问

反问和设问都是无疑而问，但是有明显的区别。

1．结构形式不同

反问是“只问不答”，人们可以从问句本身体会出答案。设问是“自问自答”，先以问句的形式提出问题，再给出答案。

2．表达效果不同

反问用强烈的语气明确地表示肯定或否定的内容。设问先问后答，不表示肯定或否定什么，目的是先引起读者的注意与思考，再发表自己的看法。

例 朋友们，当你听到这段英雄事迹的时候，你的感想如何呢？你不觉得我们的战

修辞妙句

【例句】凉飕飕的月光从窗户外泻进来，让人没有睡觉也进入了梦境。

【赏析】睡着以后再做梦是事物发展的正常顺序，这里的“没有睡觉也进入了梦境”是超前夸张，强调月夜的朦朦胧胧，使人迷醉。

士是可爱的吗？你不以我们的祖国有着这样的英雄而自豪吗？

句子连用了设问和反问：首先运用设问，提出问题，从而引人注意，提醒读者思考；接着连用两个反问暗示出答案，即感想是战士是可爱的，为祖国有这样的英雄感到自豪。

【例句】淡黑的起伏的连山，仿佛是踊跃的铁的兽脊似的，都远远地向船尾跑去了。

【赏析】句子用“踊跃的铁的兽脊”来比喻“淡黑的起伏的连山”，生动形象地写出了主人公看社戏途中的奇特感受。

专题七　语言表达

语言表达要求学生在沟通和写作过程中能准确运用字、词、句、段等知识，清晰、准确、连贯、得体地表达自己的意思，具体要做到用词准确、语句简洁、句式合理、文理通顺。本专题主要介绍语言表达要求、变换句式等内容。

知识清单

一、语言表达要求

（一）语言表达连贯

语言表达连贯是指调整语句的顺序，注意前后照应与衔接，使句子和句子连接妥帖、紧密，文意前后一致。保证语言表达连贯需要注意以下几个方面。

1. 保证话题（或陈述对象）一致

话题一致是保证语言连贯的基本要求。一个长句或句群只有话题（或陈述对象）一致，中心意思才会明确，语意才能贯通。如果句子中间转换了话题（或陈述对象），那么这势必会影响到语言的连贯性。

例题 填入下面横线处的语句，衔接最恰当的一项是（　　）。

近年来，外卖行业已成为人们日常生活中不可或缺的行业，伴随行业的发展壮大，“舌尖上的安全”愈益受到关注。无数事实证明，在一个没有规则又监督缺位的市场环境里，商家的良心往往是靠不住的。________________。谁来担此重任？

A. 显然，人们需要给外卖行业找一位尽职尽责的食品安全“守门员”，与任何餐饮行业一样

B. 显然，任何餐饮行业与外卖行业一样，急需一位尽职尽责的食品安全“守门员”

C. 显然，外卖行业与任何餐饮行业一样，急需一位尽职尽责的食品安全“守门员”

D. 显然，不仅任何餐饮行业需要监管，而且外卖行业也需要一位尽职尽责的食品安全“守门员”

【解析】横线处句子承接上文，话题（或陈述对象）应为“外卖行业”，强调外卖行业需要食品安全“守门员”。排除A、B两项，D项，“不仅……而且……”关联的内容顺序颠倒，不符合由浅到深的认知逻辑。因此，正确答案为C项。

墙角的花！你孤芳自赏时，天地便小了。——冰心
【适用话题】谦虚、成长

2. 保证结构、句式一致

结构、句式一致表现在：第一，语言中常有一些排比句、对偶句，这就要求结构上保持统一，破坏了这种统一，也就破坏了连贯性；第二，用陈述句还是疑问句，用主动句还是被动句，合说还是分说，不同的句式或不同的表达方式也会影响连贯性；第三，复句中的分句与分句间有并列、转折、递进、选择、因果、条件等关系，注意不到这一点可能会破坏分句间的逻辑联系，从而影响句意的连贯。

例题 依次填入下面横线处的语句，衔接最恰当的一项是（　　）。

中国艺术家欣赏自然，有非常明显的群体特点。____________________，____________________。____________________，____________________，____________________，陶渊明的“众鸟欣有托，吾亦爱吾庐”句最能代表这种态度。

①觉得彼此尚能默契相安

②中国人对待自然是用乐天知足的态度的

③但不甚浓厚

④所以引以为快

⑤中国人“自然”的观念中虽偶杂有道家的神秘主义

A. ②③④⑤①　　B. ②①⑤③④

C. ⑤③②④①　　D. ⑤③②①④

【解析】⑤句中有“虽”，③句中有“但”，这两句构成转折关系，衔接紧密，故排除A项；②①④三句关系紧密，①句解说②句（①句中的“彼此”照应②句中的“自然”和“中国人”），②①句是④句的原因，再结合句意，当知⑤③句在前，②①④句在后。因此，正确答案为D项。

3. 保证顺序合理

连贯的句子之间具有不可随意更改的逻辑性，它遵循一定的规律：或以空间为序，从上到下、从左到右、从外到内等；或以时间为序，从早到晚、从过去到现在等；或以事物发展过程为序；或以人们的认识规律为序，由易到难、由浅入深、由表及里、由感性认识到理性认识等；或以主次、轻重为序等。

例题 依次填入下面横线处的语句，衔接最恰当的一项是（　　）。

中国人民抗日战争的胜利，充分证明了中国共产党是救亡图存、实现民族复兴的核心力量。今天，我们纪念抗日战争胜利，就是要____________________，____________________，____________________，____________________，____________________。铭记这段历史，是因为它的惨烈悲壮与不屈抗争应当成为中华民族的集体记忆，更是希望从中汲取沉痛的历史教训，获得开创未来的精神力量。

卑鄙是卑鄙者的通行证，高尚是高尚者的墓志铭。——北岛

世界上只有两样东西是值得我们深深景仰的，一个是我们头上的灿烂星空，另一个是我们内心的崇高道德法则。——康德

【适用话题】道德、品质

① 永远铭记参加抗日战争的老战士、抗日将领、爱国人士

② 永远铭记支援和帮助了中国抗战的外国政府和国际友人

③ 永远铭记惨遭日本侵略者杀戮的无辜死难同胞

④ 永远铭记为抗战胜利建立了功勋的海内外中华儿女

⑤ 永远铭记在抗日战争中英勇战斗、为国捐躯的烈士

A. ⑤④③②①　　B. ①②④⑤③

C. ③⑤①④②　　D. ④③②①⑤

【解析】 铭记对象应按照程度从深到浅的顺序进行排列。根据句意，应先说牺牲的人后说活着的人、先说国内的人再说国外的人，然后结合选项进行排除。因此，正确答案为C项。

4. 保证语言的呼应与衔接

行文的语序有时会受到上下文某些词语顺序的影响，这就形成了语句之间、句子内部各个成分之间的呼应。呼应不当，会影响句子的连贯性。此外，出于表达的需要，一篇文章或一个语段里有时会有多个话题。这种情况下，就必须使用恰当的关联词语和比照词语使表达的层次更加清晰，句子前后更加照应，句间关系更加紧密。

例题 填入下面横线处的语句，衔接最恰当的一项是（　　）。

为了实现国家富强、民族振兴、人民幸福的宏伟目标，我们应该____________，________________，________，____________________，____________________，努力成为信念坚定、知识丰厚、脚踏实地、品德高尚的一代新人。

① 把爱国主义作为始终高扬的光辉旗帜

② 把奉献社会作为不懈追求的人生境界

③ 把勤奋学习作为人生进步的重要阶梯

④ 把深入实践作为成长成才的必由之路

A. ①②③④　　B. ③②④①

C. ④③②①　　D. ①③④②

【解析】 结合下文可知，①句中的“爱国主义”对应“信念坚定”，②句中的“奉献社会”对应“品德高尚”，③句中的“勤奋学习”对应“知识丰厚”，④句中的“深入实践”对应“脚踏实地”。因此，正确答案为D项。

5. 保证氛围（意境）协调

语段一般有特定的情调和氛围：或热情奔放，或悲凉伤感，或明丽愉悦，或冷落萧条；在感情上或喜或悲，在态度上有褒有贬。因此，要整体把握语段的情调和氛围，注意景物及其特征的协调性。

话题名言

故乡的歌是一支清远的笛，总在有月亮的晚上响起。故乡的面貌却是一种模糊的怅惘，仿佛雾里的挥手别离。离别后，乡愁是一棵没有年轮的树，永不老去。——席慕蓉

【适用话题】故乡、乡愁

例题 填入下面横线处的语句，衔接最恰当的一项是（ ）。

150千米空山绝谷，一路单骑，我回想着不觉一阵阵阴凉袭向周身。那种山野之静是永恒的：一旦你被它收容过，有生残年便再也无法离开它了。无论后来走到哪里，我总是两眼幻视、满心幻觉，________________。我只有凭着一种茫然的感觉，任那匹伊犁马负着我，一步步远离了背后的雄伟天山。

A. 在干燥的沙漠长出几棵小草，它们用自己的身躯点缀着沙漠，给沙漠带来宝贵的生机

B. 天涯何处都像是那个铁色戈壁，都那么空旷宁寂，四顾无援

C. 苍茫的大漠，宽广而静美，在五千年的晴空下闪着耀眼的光芒

D. 感觉自己置身于波光粼粼的大海，沙子自觉而乖巧地排成鱼鳞状，润泽而光滑

【解析】文中的“空山绝谷”“阴凉”“茫然”等词语尽显荒凉、沉寂、没有生气的情调。A项中的“小草”“点缀”“生机”等，给人一种充满生气和希望之感。C项中的“晴空”“耀眼的光芒”都呈现出明亮而温暖的色调。D项采用拟人的手法赋予沙子以生命，流露出作者对沙漠的喜爱。这些显然与文段的格调不协调。而B项中的“空旷宁寂”“四顾无援”等则可以融入文段的情感氛围中。因此，正确答案为B项。

（二）语言表达得体

语言表达得体是指根据交际的具体语境（如对象、场合和目的等）选用恰当的语句来表情达意。要想做到语言表达得体需要注意以下几个方面。

1. 看准对象，掌握分寸

语言交际是双向的，既有说或写的一方，也有听或读的一方。语言交际必须充分考虑对象的情况，从对象的性别、年龄、身份、职业和文化层次等因素出发，对不同的对象采用不同的表达方式，即所谓的“见什么人说什么话”。

例题 下列对联中，适合悬挂在杜甫草堂的是（ ）。

① 为闻庐岳多真隐　别有天地非人间

② 十年幕府悲秦月　一卷唐诗补蜀风

③ 狂到世人皆欲杀　醉来天子不能呼

④ 秋天一鹄先生骨　春水群鸥野老心

A. ①③　　B. ①④

C. ②③　　D. ②④

【解析】① 联的关键词是“隐”，③ 联说的是“狂”“醉”，均与杜甫本人形象不符。② 联的“悲”与杜甫忧国忧民的情怀相契合；④ 联的“春水群鸥野老心”出自杜诗“舍南舍北皆春水，但见群鸥日日来”和“野老篱前江岸回，柴门不正逐江开”。无论是内容上还是风格上，②④ 两联都符合杜甫的身份。因此，正确答案为D项。

愿中国青年都摆脱冷气，只是向上走，不必听自暴自弃者流的话。能做事的做事，能发声的发声。有一分热，发一分光，就令萤火一般，也可以在黑暗里发一点光，不必等候炬火。——鲁迅

【适用话题】默默奋斗、拒绝冷漠、身体力行

2. 分清场合，巧妙用语

交际的场合涉及时间、地点、人物、氛围等因素，有喜庆、哀伤之分，有庄重、轻松之别等。场合不同，表达用语也必须随之变化，要因地而异，讲究分寸，巧妙用语，以求达到最佳表达效果，即所谓的“到什么山上唱什么歌”。

例题 下列标语中，用语最得体的一项是（　　）。

A.（考场）失败乃成功之母！

B.（医院）欢迎再次光临！

C.（公园）小草也有生命！

D.（图书馆）生命在于运动！

【解析】 A 项，考场上每个人都希望自己能够成功，可以取得一个好成绩，而非期盼失败；B 项，没有人希望自己多去医院；D 项，图书馆是安静读书的地方，如果想要运动，应去体育场。因此，正确答案为 C 项。

3. 注重语体，符合要求

语体一般可以分为两大类：书面语体的口头语体。其中，书面语体具体包括公文语体、科技语体、文艺语体、政论语体；口头语体具体包括谈话语体、演讲语体、辩论语体。

为适应不同语境和交际的需要，不同的语体往往运用不同的语言材料，形成不同的语言特点。例如，文言词语典雅、简洁、庄重，经常使用在书面语体（如公文语体）中；而方言词语、俚词俗语简明、通俗、易懂，经常使用在口头语体（如谈话语体）中。又如，科技语体、政论语体常常使用长句、常式句、完全句等，口头语体、文艺语体则常常使用短句、变式句、省略句等。

例题 下列选项中，措辞得体的一项是（　　）。

A. 鲁迅先生不幸逝世，噩耗传来，举国震悼。

B. 我做毕作业，马上和小张去图书馆看书。

C. 政府历来主张，地区间的矛盾应以和平方式加以解决，不能两句话说不到一块儿，就动刀动枪的。

D. 你既然身体欠佳，那你给老师打个电话，请半天假。

【解析】 B 项中的“做毕”是文言词汇，属于书面语体，用于此处不合适；C 项应使用严肃、庄重的书面语体；D 项，根据内容可知这是家长和孩子的对话，应使用口头语体，而“身体欠佳”是书面语体。因此，正确答案为 A 项。

4. 注意遣词，谦敬得当

许多汉语词汇都具有一定的倾向性，如果把握不好，就会闹出笑话。谦称只能用于称己方，而敬称只能用于称对方。有人把谦敬词语用一句话归纳为“家大舍小令外人”，即称呼比自己大的家属时，用“家”

谦敬顺口溜

话题名言

风可以吹起一大张白纸，却无法吹走一只蝴蝶，因为生命的力量在于不顺从。——冯骥才

【适用话题】有主见、坚定自我

字冠首，如称自己的父亲为“家父”“家严”，称自己的母亲为“家母”“家慈”，称自己的哥哥为“家兄”；称呼比自己小的家属时，用“舍”字冠首，如称自己的弟弟、妹妹为“舍弟”“舍妹”；称呼对方的亲属时，多用“令”字冠首，如称对方的父亲为“令尊”，称对方的母亲为“令堂”，称对方的兄弟为“令兄”“令弟”，称对方的儿女为“令郎”“令爱”。

例题 下列语句中，表达得体的一项是（ ）。

A. 张老师，能否请您抽时间指导我的这篇大作？谢谢！

B. 您好！我想垂询一下本次创新创业大赛报名的截止时间。

C. 李经理，我们衷心希望能与贵公司开展更多的交流合作。

D. 非常感谢惠顾我校！稍事休息后，请各位参观我们的校园。

【解析】A 项，“大作”是敬辞，只能用于称别人的作品，不能用于称自己的作品；B 项，“垂询”是敬辞，用于形容别人对自己的询问；D 项，“惠顾”一般是商店对顾客的敬辞。因此，正确答案为 C 项。

（三）语言表达简明

语言表达简明是指用简洁的语言表情达意，使对方能够明白无误地理解。要做到语言表达简明需要注意以下几个方面。

1. 删繁剔冗，避免啰唆

删繁剔冗就是删掉句子中多余的、不必要的内容，使句子不存在表意功能相同的成分。

例 他年纪很大了，嘴里的牙齿都要掉光了，竟然要和与他体力悬殊很大的小伙子比体力。

牙齿是长在嘴里的，所以“嘴里的”多余，可删去。“悬殊”指“相差很远”，与“很大”语义重复，可删去“很大”，或把“悬殊”改为“相差”。

2. 避免歧义，消除误解

有些句子会因为一词多义、指代不明、重音不明、句读不明等原因出现歧义而造成误解。

例 我看见李明扶着一位盲人过马路，脸上露出了笑容。

句子中，脸上露出了笑容的人是谁呢？这里指代不明使句子出现歧义。

3. 巧用指代，简明表达

合理使用代词或指代性词语代替前文内容，而不再重述，可以使语言表达更加简明。

例 中国象形文字总会使你产生无穷诗情画意的遐想，中国象形文字是我们祖先的一个伟大创造。

此句中后一个“中国象形文字”可用“它”来代替。用代词代替后，语言就简明多了。

梦想无论怎样模糊，总潜伏在我们心底，使我们的心境永远得不到宁静，直到这些梦想成为事实才止；像种子在地下一样，一定要萌芽滋长，伸出地面来，寻找阳光。——林语堂

【适用话题】梦想、追求

二、变换句式

句子是语言表达的基础之一。现代汉语的句子根据结构可以分为单句与复句；根据语气可以分为陈述句、疑问句、祈使句与感叹句；根据句式的构成特点可以分为主动句与被动句、肯定句与否定句、常式句与变式句、长句与短句等。

变换句式指的是根据表达的目的、对象和语言环境的需要，对具有不同表达作用的句式做出选择或调整，从而提升语言表达的效果。变换句式时应遵循以下原则：① 不能改变原意；② 注意语意连贯，语句应通顺且不能有语病。

（一）主动句与被动句的变换

主动句是指主语是谓语所表示的动作、行为的发出者（即施动者）的句子。另外，用介词“把”将谓语所表示的动作、行为的承受者（即受动者），放在谓语前的主动句，叫“把”字句，意义上多表示对受动者加以处置，是主动句的一种特殊形式。

例 我们一定要打扫干净教室。

（我们→施动者；打扫→谓语动词；教室→受动者）

（一般主动句）

我们一定要把教室打扫干净。

（我们→施动者；教室→受动者；打扫→谓语动词）

（“把”字句）

被动句是指主语是谓语所表示的动作、行为的承受者的句子。其常见的形式为“被”字句，即在谓语前，用介词“被”引出施动者的被动句，表示受动者被处置。

例 困难一定会被我们战胜。

（困难→受动者；我们→施动者；战胜→谓语动词）

对于主动句与被动句的变换，首先要分析句子，明确施动者和受动者，然后根据目标句式的结构，调换句中各部分的位置。

例 他用勺子舀着色料，填到这些小格子里。（一般主动句）

色料被他用勺子舀着，填到这些小格子里。（“被”字句）

这些小格子，被他用勺子舀着的色料填着。（“被”字句）

（二）肯定句与否定句的变换

肯定句是指对主语所指的人或事物做出肯定判断的句子。否定句是指对主语所指的人或事物做出否定判断的句子，分为单重否定句和双重否定句。同一个意思，可以用肯定句表达，也可以用否定句表达，但二者表达的语意在强弱上有一定的差别。一般情况下，单重否定句的语意比肯定句的弱，双重否定句的语意比肯定句的强。

例 （弱→强）

他做的菜不难吃。（单重否定句）

他做的菜好吃。（肯定句）

他做的菜没有不好吃的。（双重否定句）

需要明确的是，单重否定句表示否定的意思。所以，肯定句变单重否定句时，为了不使句意变反，通常要遵循“肯定的意思 = 否定词 + 关键词（多为形容词或副

话题名言
少而好学，如日出之阳；壮而好学，如日中之光；老而好学，如炳烛之明。——刘向
【适用话题】学习、读书

词）的反义词”的原则。

例 经过沟通，这些问题是容易解决的。（肯定句）

经过沟通，这些问题是不难解决的。（单重否定句）

双重否定句表示肯定的意思。所以，肯定句变双重否定句时，需要在谓语前的合适位置加双重否定词。常用的双重否定词有“不得不说”“不能不”“非……不可”“没有谁不”等。

例 我们沐浴着新时代的阳光，感到无比自豪。（肯定句）

我们沐浴着新时代的阳光，没有谁不感到无比自豪。（双重否定句）

特别提示

将肯定句变为双重否定句时，千万不要为了强调否定而滥用否定词，否则会导致句子的意思颠倒。

例 ①科学发展到今天，谁也不会否认地球不是围绕太阳转的这个简单的事实。

②老一辈革命家无时无刻都在关心青年一代的成长。

③没有谁能否认《红楼梦》不是一部很好的古典小说。

①句出现三重否定——“不会”“否认”“不是”，整个句子表达了否定的意思，故应去掉第三重否定“不是”。②句中，“无时无刻”是把“无”字嵌进“时刻”一词，只能算单重否定，故应把“都”改成“不”，才能构成双重否定。③句有三重否定——“没有”“否认”“不是”，使句子本来要表达的意思发生了颠倒，故应去掉“不”字。

注意 对于这部分的学习内容，可以结合病句辨析的相关知识进行掌握。

（三）常式句与变式句的变换

常式句是指句子成分按语法规则正常排列的句子。如专题五所述，句子的正常语序为：（定语＋主语）＋（状语＋谓语＋补语）＋（定语＋宾语）。而变式句是指句子成分排列打破了一般次序的句子。常见的变式句有主谓倒置句（即主谓倒装句）、状语后置句、宾语前置句和定语后置句。

1. 主谓倒置句

主语在前、谓语在后是句子的正常语序。有时为了强调主语，会颠倒主语和谓语的语序，后置主语。这种句子常出现在祈使句、感叹句和疑问句中。

例 我们一起去散步吧！（常式句）

一起去散步吧，我们！（主谓倒置句）

2. 状语后置句

状语在谓语前是句子的正常语序。有时为了突出状语，或者为了使句子简洁，会把状语放到谓语的后面，这就是状语后置。

例 一棵棵青松，［仿佛守边战士一般，静静地］伫立在山岗上。（常式句）

一棵棵青松，[静静地]伫立在山岗上，[仿佛守边战士一般]。（状语后置句）

一棵棵青松，[仿佛守边战士一般]伫立在山岗上，[静静地]。（状语后置句）

一棵棵青松，伫立在山岗上，[静静地，仿佛守边战士一般]。（状语后置句）

3．宾语前置句

宾语在谓语后面是句子的正常语序。有时为了突出宾语，会把宾语放到谓语的前面，这就是宾语前置。

例 他不说一句话。（常式句）

他一句话不说。（宾语前置句）

4．定语后置句

定语在它所限制的主语或宾语，即中心语前是句子的正常语序。有时为了突出定语，会把定语放到中心语的后面，这就是定语后置。

例 她长着一头齐腰长的黑发。（常式句）

她长着一头黑发，齐腰长的。（定语后置句）

进行常式句与变式句变换的基础是弄清句子成分，变换的主要方法是找准需要强调的内容并将其推前或置后。

（四）长句与短句的变换

长句和短句是相对而言的。词语较多，结构复杂的句子就是长句；词语较少，结构简单的句子就是短句。长句和短句各有特点，表达效果也不同：长句节奏较舒缓，表意更严密、细致、精确；短句节奏较紧凑，表意更简洁、明快、有力。

例 科学家最近设计出一种外形为不透光的黑色管状物，具有重量轻、能耗小、精确度高、抗干扰能力强的特点和数字摄像、使航天器准确识别方向等功能的新型星际“指南针”。（一个长句）

科学家最近设计出一种新型星际“指南针”。这种新型星际“指南针”外形为不透光的黑色管状物。它具有重量轻、能耗小、精确度高和抗干扰能力强的特点。它还具有数字摄像、使航天器准确识别方向等功能。（四个短句）

1．长句变短句

对于长句变短句，首先要认识到长句的三个特点：一是修饰语（定语、状语）多；二是并列成分多；三是某些成分的结构比较复杂。根据这些特点，可以采用以下方法进行变换。

（1）提取主干法。

提取主干法，就是先把句子的主干提取出来独立成句，然后将修饰成分变为其他短句的方法。如果修饰成分里面还有修饰成分，就依次把它们提取出来独立成句。

例题 把下面这个长句改写成几个较短的句子，可以改变语序，增删词语，但不得改变原意。

他的著作用康德、叔本华的美学思想，就境界的主客体及其对待关系、境界的辩证结构及其内在的矛盾运动、境界美的分类与各自特点，对境界这一中国传统的美学范畴进行了详细的阐释。

话题名言

当我们真正热爱这世界时，我们才真正生活在这世界上。——泰戈尔

我不去想，未来是平坦还是泥泞，只要热爱生命，一切，都在意料之中。——汪国真

【适用话题】热爱生命、热爱生活

【思路】首先，找主干句——“他的著作对境界进行了详细的阐释”。其次，整理句子内部成分，一是对象是什么（对谁阐释）——“境界这一中国传统的美学范畴”；二是运用了什么（阐释的依据）——“康德、叔本华的美学思想”；三是有怎样的内容（阐释的内容）——既有“境界的主客体及其对待关系”，又有“境界的辩证结构及其内在的矛盾运动”，还有“境界美的分类与各自特点”。最后，按照句子内部的顺序（如时间、空间、逻辑等顺序）调整词序、句序，将句子组合成连贯的句群。

【参考答案】他的著作对境界进行了详细的阐释。境界是一个中国传统的美学范畴。阐释的依据是康德、叔本华的美学思想。阐释的内容既有境界的主客体及其对待关系，又有境界的辩证结构及其内在的矛盾运动，还有境界美的分类与各自特点。

（2）拆分组合法。

拆分组合法，就是将句子中的并列成分拆分并重组的将长句变成并列的短句的方法。

例题 将下面的句子变换成四个“是”字句。

书斋外面是阳台，阳台外面有碧湛湛的海和青郁郁的山。

【思路】句子中已有一个“是”字，所以需将其他部分拆分成三个“是”字句。不难发现，“碧湛湛的海和青郁郁的山”有并列成分，共同作谓语“有”的宾语。因此，可以把二者抽出来构成两个短句。

【参考答案】书斋外面是阳台。阳台外面是海和山。海是碧湛湛的。山是青郁郁的。

2. 短句变长句

短句变长句的方法与长句变短句的方法相反，即先找出几个短句陈述的主要内容，并将其共有的部分作为长句的主干，然后把几个短句中的其他内容按一定顺序排列变为长句里的修饰成分，或把短句中分别与中心语搭配的修饰成分合并在一起与中心语搭配。长句变短句和短句变长句，都应注意主体内容不能省略，不能改变原意，不能有语病，只可以调整语序、增删个别词语。

例题 将下面三个句子整合为一个单句。可以调整语序，适当增删词语，不能改变原意。

① 王力先生认为，中国旧体诗以音步、平仄相间构成抑扬美。

② 王力先生认为，中国旧体诗的音乐美分为抑扬美和回环美。

③ 王力先生认为，中国旧体诗以同韵字来来回回的重复构成回环美。

【思路】首先，阅读材料，确定主干句（一般是信息量较大的句子），这里应为第②句，因为该句涵盖了①句和③句中的“抑扬美”和“回环美”。其次，提取和筛选其他句子的主要信息，并将这些信息作为辅助成分添加到主干句中，此时注意将重复的内容适当合并或删减，有时还需要调整辅助成分的语序或适当添加关联词语。这里分别将①句和③句对“抑扬美”和“回环美”的修饰成分整理添加到②句中。最后，检查整合后的句子是否符合单句要求，是不是一个合乎规范、无语病的句子。

【参考答案】王力先生认为，中国旧体诗的音乐美分为以音步、平仄相间构成的抑扬美和以同韵字来来回回的重复构成的回环美。

（五）整句与散句的变换

整句是指结构相同或相似、字数大体相等、形式比较匀称而且排列整齐的一组句子。整句多使用对偶句、排比句、对比句、反复句，也使用具有同一关系的复句，具有形式整齐、音节和谐的修辞效果并富有气势，适用于散文、杂文等文体。散句是指结构不同、句式长短不齐、交错运用的一组句子，具有灵活自然，富于变化的修辞效果。运用散句可避免句式单调呆板。

1. 整句变散句

整句变散句，就是要把“整齐”变为“错落”，变换其中的句式，穿插使用长短句。

例题 把下面的画线部分改为散句。

海之所以为海，是因为本色如一，从不改变自己的特色，在长江面前，大海是蔚蓝的；在黄河面前，大海是蔚蓝的；在其它江河湖泊面前，大海也是蔚蓝的。

【思路】作答时，先找出结构重复的句子，然后将其合并，使相关内容变为小的成分，最后排序整理。

【参考答案】海不管在长江、黄河面前，还是在其它江河湖泊面前，都是蔚蓝的。

2. 散句变整句

散句变整句，就是要使句子的结构相同或相似。变换时可对句子进行分析综合，找出散句间的相似点，从而归类划一，使其变成对偶句、排比句或其他结构一致的句子。

例题 将下面的散句改为整句。

花园里开满了红、黄、白三色鲜花，风儿一吹，犹如跳动的火焰、闪闪发光的金子和即将飘落到地上的雪花。

【思路】作答时，先找出并列结构，然后利用相关内容构建整齐句式；或修整句中不太整齐的并列部分，增加或删除部分词语，分别组合，变为排比句或对偶句等。

【参考答案】花园里开满了鲜花，风一吹，红的像跳动的火焰，黄的像闪光的金子，白的像飘落的雪花。

（六）陈述句、祈使句、疑问句与感叹句之间的变换

语气是说话人根据需要采取的说话方式。句子根据语气可以分为陈述句、祈使句、疑问句与感叹句。

话题名言

所谓自律，是以积极而主动的态度，去解决人生痛苦的重要原则，主要包括四个方面：推迟满足感、承担责任、尊重事实、保持平衡。——M·斯科特·派克

【适用话题】自律、积极

1. 陈述句与疑问句的变换

叙述或说明事实，带有陈述语气的句子叫陈述句。提出问题、带有疑问语气的句子叫疑问句。而疑问句中的反问句是一种用疑问句的形式表达确定意思的句子。一般来说，陈述句与疑问句的变换，就是陈述句与反问句的变换。

陈述句变反问句时，先要把句中表示肯定或否定的词改成表示否定或肯定的词，再在句中添加“难道……吗”“怎么……呢”等反问词，并将原句中的句号改成问号。反问句变陈述句时，需要把句中表示肯定或否定的词改成表示否定或肯定的词，再将原句中的问号改成句号，并去掉反问词。有的句子还可适当加上“很”“都”等词，以使句子表达的意思更准确。

例 你有一件非常时尚的米色衬衣。（陈述句）

你难道没有一件非常时尚的米色衬衣吗？（反问句）

2. 陈述句与感叹句的变换

具有浓厚的感情，带有感叹语气的句子叫感叹句。陈述句变感叹句时，一般在句末加语气词“啊”，并将句末的句号改为叹号，有时还会加上“多么”“很”“真”“太”等程度副词。感叹句变陈述句时，则与之相反——去掉句末语气词，将叹号改为句号，同时去掉句中的某些程度副词。

例 这是一部有趣的电影。（陈述句）

这是一部多么有趣的电影啊！（感叹句）

3. 祈使句与疑问句的变换

要求对方做或不要做某事，带有祈使语气的句子叫祈使句。祈使句变疑问句时，一般是将祈使句的句末标点改为逗号，并在句末加“好不好？”“好吗？”“可以吗？”等，以使语气显得委婉、客气。疑问句变祈使句时，做相反的改动即可。

例 请你把那本书递给我。（祈使句）

请你把那本书递给我，好吗？（疑问句）

没有比漫无目的地徘徊更令人无法忍受的了。如果今天的你还没有任何目标，那么明天的清晨，你用什么理由把自己叫醒呢？——荷马

【适用话题】目标、追求

专题八　语言运用

语言运用能力是指学生在丰富的语言实践中，通过主动地积累、梳理和整合，逐步掌握语言文字特点及其运用规律，形成个体的言语经验，在具体的语言情境中正确有效地运用语言文字进行表达、沟通的能力。本专题主要介绍仿写句子、图（表）文转化、微写作等内容。

知识清单

一、仿写句子

仿写句子是指仿照所给句子的句式写一句话或几句话。仿写句子主要有两种形式：一是根据例句仿写，仿句与例句能衔接构成一个完整的语段；二是根据例句仿写独立的句子，仿句与例句更强调结构上的相似。

扩展语句和压缩语段

（一）仿写句子的注意事项

1．话题相似

仿句在话题上尽量与例句保持一致或相似。尤其对于嵌入式、续写式和命题式仿写，必须以给定的陈述对象为中心，把握例句的主旨，理解其含义，特别是其隐藏含义，在此基础上循旨联想、遵旨选材、按旨索句。对于开放式续写，往往需要另选话题，但要注意仿句与例句的话题在实质上应尽量保持一致。

例题 仿照下面排比句的句式，以“月亮”和“海鸥”开头，写两个句式相同的句子。

什么样的年龄最理想？什么样的心灵最明亮？什么样的人生最美好？什么样的青春最辉煌？

鲜花说，枝头斗艳的年龄最理想；月亮说，＿＿＿＿＿＿＿＿＿＿＿＿；海鸥说，＿＿＿＿＿＿＿＿＿＿＿＿；太阳说，燃烧的青春最辉煌。

【思路】本题为嵌入式仿写。在给出的例句中，前四个问句已明示了下文回答时的陈述对象分别是最理想的年龄、最明亮的心灵、最美好的人生、最辉煌的青春，且在回答的例句中，鲜花回答第一个问题，太阳回答第四个问题，所以月亮和海鸥应分别回答第二和第三个问题，以最明亮的心灵和最美好的人生为陈述对象。

【参考答案】坦荡的心灵最明亮；搏击

写景好句

才是昨儿，本是万里无云的晴天，可是那天，那山，那海，处处都像漫着层热雾，粘粘渍渍的，不大干净。四野的蝉也作怪，越是热，越爱噪闹，噪得人又热又烦。秋风一起，瞧啊：天上有云，云是透明的；山上海上明明罩着层雾，那雾也显得干燥而清爽。——杨朔风雨的人生最美好。

2. 句式一致

句式一致是指仿句与例句的结构要一致。这也是仿写句子的关键。仿写前应仔细观察例句，弄清例句的类型是长句还是短句，是陈述句还是疑问句等。此外，还要弄清句子内部的语意关系，是转折还是递进，是因果还是假设，是总分还是并列等。仿写时，要注意保持句子结构的一致，字数应相等或大致相等。

例题 仿写下面的句子。

村子前面有一条小河，不，那不是小河，那是滋养代代村民的甘露。

____

____

【思路】本题为开放式仿写。不难发现，例句的结构是“事物＋否定＋想象”，所以仿句也应遵循这样的结构。

【参考答案】大山之间有一条公路，不，那不是公路，那是沟通山里山外的纽带。

3. 修辞一致

修辞一致是指仿句与例句要运用一致的修辞手法。仿写前应分析例句所运用的修辞手法，或比喻或比拟，或借代或夸张，或对偶或排比等。仿写时，要注意使句子的修辞手法一致。

例题 请仿照示例拆分汉字，并用富有文采的语言描述它。要求至少运用一种修辞手法。

墨：大地滋养出一个黑色的精灵，在古朴的宣纸上翩翩起舞。

鸿：江边盘旋的那只孤独的鸟啊，每一声哀鸣都在诉说游子的心曲。

尘：____________________________

____

雨：____________________________

____

【思路】本题为续写式仿写。两个例句在拆分汉字、解读含义的时候，都运用了比喻和拟人的修辞手法，将墨比作翩翩起舞的精灵，将鸿比作孤独的鸟，并赋予人的动作。

【参考答案】平地飘起了一小片暖黄色的云，在坦荡的大路上恣意飞翔。

天空洒落了一群晶莹的天使，在辽阔的空中欢快舞蹈。

4. 格调一致

格调一致是指仿句与例句的语境色彩（如雅、俗）和感情色彩（如褒、贬）要和谐、一致。此外还要注意例句的立意是否高远，内容是否有哲理性和启发性。

例题 请以“关爱”开头，仿写两个句子。要求与例句句式一致、字数相等，第二句还要跟后一例句的修辞手法相同。

关爱是一个眼神，给人无声的祝福。

关爱是一缕春风，给人身心的舒畅。

____

____

从未见过开得这样盛的藤萝，只见一片辉煌的淡紫色，像一条瀑布，从空中垂下，不见其发端，也不见其终极。只是深深浅浅的紫，仿佛在流动，在欢笑，在不停地生长。紫色的大条幅上，泛着点点银光，就像迸溅的水花。仔细看时，才知道那是每一朵紫花中的最浅淡的部分，在和阳光互相挑逗。——宗璞

写景好句

【思路】本题为命题式仿写。例句共两句话。第一句是关爱的具体表现及产生的积极效果，由例句中的“眼神”，可以联想到问候、手势、微笑等，产生的效果可以是给人温暖、力量、鼓舞等，如果仿写成惆怅、悲伤等，格调就和例句不一致了。第二句运用了比喻的修辞手法，前半句引出喻体，后半句指出意义、作用。由例句中的“春风”，可以联想到春雨、阳光、鲜花等，与之对应的意义、作用则是带给人温暖、美好的感觉，这样就切合题意了。

【参考答案】关爱是一句问候，给人周身的温暖。关爱是一场春雨，给人心田的滋润。

（二）仿写句子的步骤

仿写句子有一定的步骤，具体如图 1-8-1 所示。

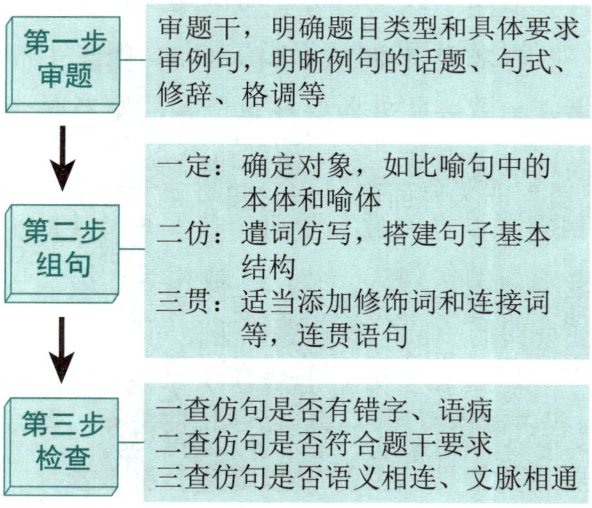

图 1-8-1　仿写句子的步骤

二、图（表）文转换

图（表）文转换是一种综合性、技巧性强，具有创新特色的语言运用。它要求学生分析图或表中的有关内容，辨别或挖掘某些隐含的信息，对材料进行综合性评价或推断，然后用恰当的语言表述出来。

（一）图文转换

图文转换，即把流程图、框架图、数据图等内容转化成文字进行表述。

1. 流程图

流程图转换指将图示的结构关系（尤其是箭头方向所表达的意思）和内容，用恰当的语言完整、流畅地表述出来。

解答此类题目的步骤如下。

（1）仔细阅读题目要求，明确陈述对象，确定叙述顺序。

（2）认真观察流程图的环节构建：① 不能遗漏方框里的词语；② 不能违背箭头走向；③ 不能遗漏横线上的词语。

（3）分析图中的节点在整个事件或行为过程中的地位及作用，找到其中的逻辑关系，即判断其是否属于因果、条件、递进、并列、转折、承接等关系，并适当增补过渡性字词以使语言衔接连贯。

例题 图 1-8-2 为某教师的教学流程图，请把这个图转换成一段文字介绍。要求内容完整，表述准确，语言连贯，不超过 100 字。

写景好句

蜂儿如一朵小雾稳稳地停在半空；蚂蚁摇头晃脑捋着触须，猛然间想透了什么，转身疾行而去；瓢虫爬得不耐烦了，累了祈祷一回便支开翅膀，忽悠一下升空了；树干上留着一只蝉蜕，寂寞如一间空屋；露水在草叶上滚动，聚集，压弯了草叶轰然坠地摔开万道金光。——史铁生

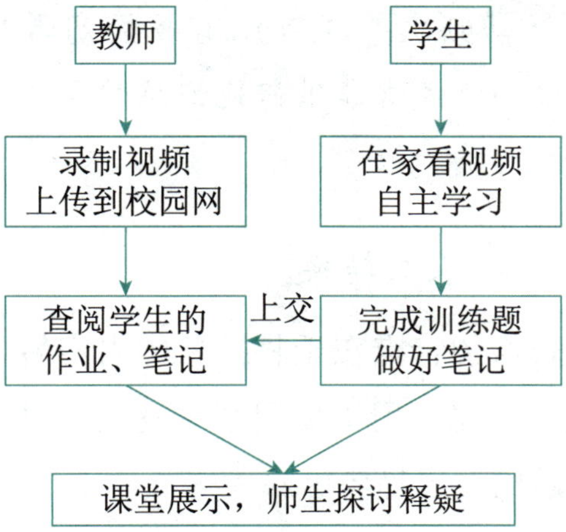

图 1-8-2 某教师的教学流程图

【思路】在解题时，首先要看懂图，明确图中的两条主线（教师线和学生线）；其次理清脉络，其中既有时间顺序也有逻辑关系；最后按题干要求，以图中的文字为基础，适当增减文字，使表达通顺流畅。

【参考答案】教师先录制教学视频，将其上传到校园网。学生在家里观看视频，自主学习，做好笔记，按要求完成相应的训练题，及时上交。老师查阅学生的作业和笔记。最后，进行课堂展示，师生共同探讨释疑。

2. 框架图

框架图与流程图类似。将框架图内容转换成文字能够锻炼学生的思维、想象、创造、语言运用等综合能力。解答此类题目时一要明确题目要求和陈述对象，扣题旨；二要分析层次，找规律；三要按顺序把意思说明白。

例题 图 1-8-3 是某校团委“中国梦”演讲赛工作的初步构思框架图，请把这个构思写成一段话。

要求：内容完整，表述准确，语言连贯，不超过 90 字。

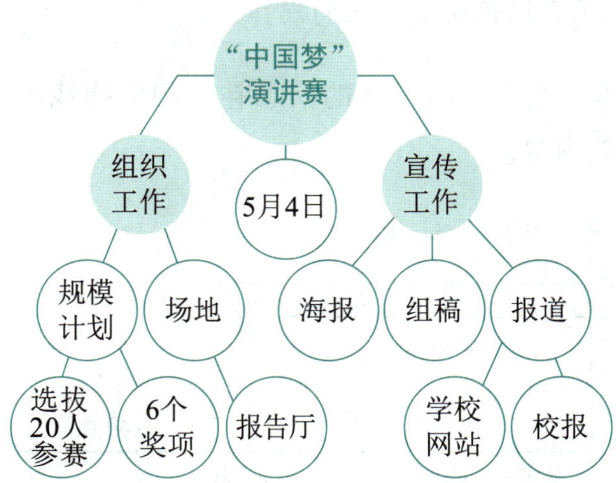

图 1-8-3 “中国梦”演讲赛工作的初步构思框架图

【思路】该框架图主要按照逻辑顺序进行说明和介绍。解答题目时，要注意题干的要求和提示。此外，还要注意字数要求。

【参考答案】“中国梦”演讲赛拟于 5 月 4 日举行，赛事需要组织和宣传。组织工作上，比赛预计选拔 20 名参赛者，设置 6 个奖项；另外需要联系报告厅作为比赛场地。宣传工作上，需要出海报和组稿，并在学校网站和校报上进行报道。

3. 数据图

数据图一般包括柱状图、饼状图、坐标曲线图等。数据图与文字的转换能够培养学生分析材料的能力，它要求学生从原始材料中筛选、提取信息，进行分析、比较、综合，并运用简明的语言概括出图形反映的主要信息或者谈自己的看法、建议等。

绿色是多宝贵的啊！它是生命，它是希望，它是慰安，它是快乐。我怀念着绿色把我的心等焦了。我欢喜看水白，我欢喜看草绿。我疲累于灰暗的都市的天空，和黄漠的平原，我怀念着绿色，如同涸辙的鱼盼等着雨水！我急不暇择的心情即使一枝之绿也视同至宝。——陆蠡

小贴士

分析柱状图、饼状图要抓住各要素的比例分配及变化情况。分析坐标曲线图要抓住曲线变化的规律。

例题 根据图 1-8-4 的信息补全相应横线上的内容。

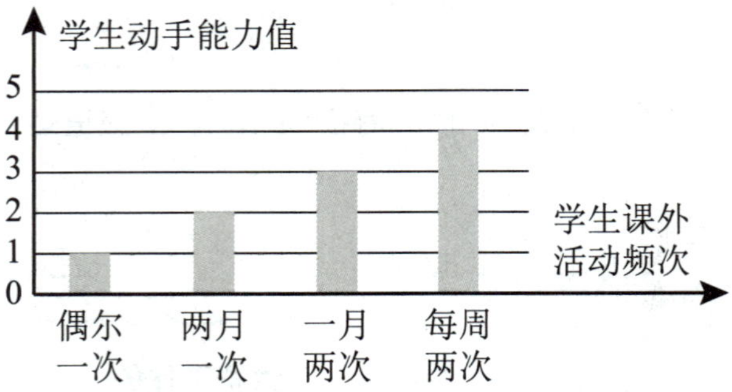

图 1-8-4　某地几所学校课外活动与学生动手能力情况调查图

① 几所学校学生课外活动的________分为：偶尔一次，两月一次，一月两次，每周两次。

② 调查图显示，学生的________与________成正比。

③ 根据调查图可得出结论：经常开展课外活动________________。

【思路】 阅读题目发现，第①小题是对图中信息的概述，学生要仔细观察图中纵、横坐标上标记的数据和代表的内容及其变化。第②③小题则是根据数据得出的总结和推断，学生要注意把握数据变化规律，然后组织语言进行表述。

【参考答案】 ①频次；②动手能力值、课外活动频次；③可以有效提高学生的动手能力（或者能很好地锻炼学生的动手能力）。

（二）表文转换

表格的特点在于将抽象的内容转化为直观的信息，用于展现某种变化、进行比较、总结发展趋势等。

解答此类题目的步骤如下。

（1）解读表格整体内容。

关注表题、表头，把握表格主体内容。解读时要注意表格的数据变化，结合对象、项目等做比较，做好信息提取工作。

（2）根据题目要求，归纳总结出观点或结论。

仔细观察、分析表格，通过归纳概括，用自己的语言将表格的内容表述出来。表述时要忠于表格，不能想象或虚构，语言要流畅、清晰、有逻辑性。表达上，主语一般是调查对象，谓语一般是概括主要数据的变化。用语不能离开调查的对象、目的，可优先选用题目（或表题）中的词语。

例题 在 4 月 23 日“世界读书日”来临之际，为了进一步激发同学们的阅读热情，×× 实验学校准备开展以“我爱读书，营造书香校园”为主题的活动。表 1-8-1 是某同学搜集到的本校学生阅读的情况，请根据相关数据，用简洁的语言写出你的发现。

写景好句

银白的月光洒在地上，到处都有蟋蟀的凄切的叫声。夜的香气弥漫在空中，织成了一个柔软的网，把所有的景物都罩在里面。眼睛所接触到的都是罩上这个柔软的网的东西，任是一草一木，都不是像在白天里那样地现实了，它们都有着模糊、空幻的色彩，每一样都隐藏了它的细致之点，都保守着它的秘密，使人有一种如梦如幻的感觉。——巴金

表 1-8-1 ×× 实验学校学生阅读情况调查表

阅读情况		2021 年	2022 年	2023 年
不喜欢阅读		42%	32%	20%
喜欢阅读	纸质书籍	20%	23%	24%
	用手机、电脑、平板阅读	38%	45%	56%

发现：________________________________

____

____

【思路】观察上面的表格，可知比较项目是不同年份和阅读情况的数据变化，寻找规律，然后组织语言归纳表述。题目要求用简洁的语言写出自己的发现，所以语言表达要准确严密、简洁明了。

【参考答案】×× 实验学校喜欢阅读的学生占比逐年增长（或不喜欢阅读的学生占比逐年减少）。其中，喜欢用手机、电脑、平板阅读的学生占比增长较快（或喜欢阅读纸质书籍的学生占比增长较慢）。

特别提示

图（表）文转换题答题常用词语如表 1-8-2 所示。

表 1-8-2 图（表）文转换题答题常用词语

表程度范围	一小部分、一部分、近一半、大部分、绝大部分、约 ×× 成
表增长趋势	增加了、增长到、增长了 ×× 倍
表减少趋势	减少了、减少到（“减少”后可用百分数、分数，但不能用倍数）

三、微写作

微写作是一种篇幅短小精悍，语言简洁精练，内容明确完整，具有灵活性、交际性、即时性的特点，充满生活化、个性化的写作形式。相较于大作文写作，微写作更注重交际、贴近生活，更有利于描述客观事物，准确表达观点，随时随地抒发真情实感。根据表达方式，微写作分为记叙类、描写类、说明类、抒情类、议论类几种。此外，应用类也是微写作的一种重要类型。

（一）记叙类

记叙类微写作往往要求作者以叙述为主要表达方式，根据一句话、一个细节、一幅图片等展开联想和想象，扩充内容，丰富情节。此类微写作往往以事件的某个情节或人物的某个方面为中心，侧重于叙述一个场景或简述一个故事，进而揭示事件的意义，展示人物的个性。

例题 童年是美丽的。回忆童年，一定有许多人和事给你留下了美好的回忆。请选择令你难忘的人或事，写一段不少于 200 字的短文。

【思路】可抓住童年的人或事这一主题，选取一个片段进行写作。

【参考答案】自我记事起，每年夏天，奶奶都会在门前的那棵老槐树下乘凉。老槐树枝繁叶茂，盘虬卧龙式的枝干伸展着，给门前的小道洒下一大片阴凉。奶奶摇着

北方的果树，到秋天，也是一种奇景。第一是枣子树，屋角，墙头，茅房边上，灶房门口，它都会一株株地长大起来。像橄榄又像鸽蛋似的这枣子颗儿，在小椭圆形的细叶中间，显出淡绿微黄的颜色的时候，正是秋的全盛时期，等枣树叶落，枣子红完，西北风就要起来了。——郁达夫

写景好句

一把蒲扇，坐在小板凳上，给我讲童谣式的民俗故事。故事里有阴险狡诈的狼，有勇敢智慧的农民，虽然故事开始的时候狼伤害了一些人，但它最后还是被勇敢智慧的农民制服了。奶奶的语调平和悠长、有韵味，眼睛里闪着遥望过去的光芒。小时候我不明白故事里的道理，但总是被奶奶的语调和故事的情节深深地吸引着。

（二）描写类

描写类微写作常常要求作者以描写为主要表达方式，对某一人物特征、某一季节时令、某一特定情景等进行细腻的描写。此类微写作需要作者充分调动自己的知识积累与生活经验，或描写人物的肖像、语言、动作、心理，或描写自然风景，或描写具体事物等，使文字生动传神，有韵味，有文采。

例题 春天的大自然生机无限，充满着生命的律动。走进春天的大自然，一景一物，都令人心醉，给人启迪。你眼中的春天的大自然是怎样的呢？请就此写一段 200 字左右的短文。

【思路】写作时要注意写景的顺序，可以按照由下到上、由远到近等顺序进行描写。另外，也要注意虚实结合、点面结合等手法的运用，还要注意围绕一个中心表达感情或体会。

【参考答案】春风轻拂，阳光和煦。坐在爷爷家的小院里，阳光如细沙般从头顶梧桐的枝丫间溢下。桐影稀疏，风起，记录下生命的灵动。抬头发现，天空覆盖着深浅不一的温暖色层，清澈明朗；缕缕云丝，宛如芦花绽开的柔絮，卷来，舒去，一切都显得静谧平和。恍惚记得去年冬天，这株梧桐还是光秃秃的，阳光过处，留下的只是大片大片单调的阴影，而就在不经意间，竟长出了那么多小巧的叶儿，蕴裹着生命初始的方向。春天是一种欣喜。

（三）说明类

说明类微写作常常要求作者根据一个具体的事物（如器物、风俗、艺术作品、时令等），抓住其主要特征，按照一定的顺序，恰当运用说明方法，对其外观、结构、功用等进行介绍。此类微写作要求结构层次明晰，内容具体简明，语言可平实，亦可生动。

例题 笋是一种日常生活中非常受欢迎的食材，其味道清香可口，富含优质的植物蛋白和膳食纤维。那么，你对笋有哪些认识呢？请写一段不少于 150 字的说明性文字。

【思路】写作时要注意按照一定的逻辑顺序行文，即可以先说明是什么，再展开描述怎么样。另外，还要注意灵活使用说明方法，使文章内容具体、生动、简明。

【参考答案】笋是竹的幼体。它生长在地面上或躺在土壤中，外壳呈黄褐色。秋冬时，笋还没有长出地面，这时被挖出来就叫冬笋；春天，笋长出地面就叫春笋。立春过后，雨后春笋破土而出，清新、水灵、明媚。如果剥开它的外壳，就可以见

写景好句 月光如银子，无处不可照及，山上篁竹在月光下皆成为黑色。身边草丛中虫声繁密如落雨。间或不知从什么地方，忽然会有一只草莺“落落落落嘘！”转着它的喉咙，不久之间，这小鸟儿又好像明白这是半夜，不应当那么吵闹，便仍然闭着那小小眼儿安睡了。——沈从文

到乳白色的笋肉，呈卷状，一层套着一层，围绕笋心逐层向上，也逐渐变薄，最后在笋尖合为一体。整个笋看起来宛如玲珑剔透的宝塔。

（四）抒情类

抒情类微写作往往要求作者以浓烈的抒情笔调，直接或间接地表达对某一人物、事件或事理的情思。此类微写作具有主观性强、个性化、诗意化等特征，写作时要注意勿做作，少卖弄，抒真情，发实感。

例题 我国传统节日是在漫长的农耕时代形成的具有独特内涵的日子。它们是世间理想与生活愿望的极致表现，也是传统文化的载体，如端午节、中秋节、重阳节等。请任选一个传统节日，写一段150字左右的抒情文字。要求感情真挚，富有文采。

【思路】写作时要先有一个情感主题，然后围绕主题展开铺叙。另外要注意情感应真切、自然。

【参考答案】重阳节，因为日期在每年的农历九月初九，所以又称双九节，被视为吉祥的日子。重阳节有着深厚的文化内涵，蕴含着人们对生活的热爱和对幸福的追求，是我们民族精神的重要体现。在这个特殊的日子里，人们一起品酒赏菊，一起登高远眺，享受欢聚的快乐和幸福。岁岁重阳，今又重阳，我期待每个欢聚的重阳。

（五）议论类

议论类微写作往往要求作者根据一个事件、一个观点、一篇文章等，选择一个立意角度，由此生发精要的议论，或进行言简意赅的评论。对于此类微写作要细心审读材料，恰当选择立意角度，有条不紊地展开议论，观点要明确，语言要简练。

例题 人们常说，性格决定命运。你是否赞同此观点？请从《红楼梦》人物林黛玉、薛宝钗、香菱、贾惜春中选择一位作为例子加以论述。要求观点明确，理由充分，语言晓畅，不少于100字。

【思路】写作时要先明确论点，然后围绕论点进行论证，做到论据充分、论证合理、具有逻辑性。

【参考答案】我赞同性格决定命运的观点。林黛玉的悲剧是性格决定命运的典型。她的聪慧才情让她独具魅力，也让她与“藏污纳垢”的贾府格格不入；她的怯弱不胜让她独具气质，也让她在面对困难和挫折时容易退缩；她的敏感多疑让她独具灵性，也让她在追求爱情的路上不够勇敢，最终走向悲剧。林黛玉性格上的率性、任性、自尊、敏感等成了她悲剧命运的推手。

（六）应用类

应用类微写作往往要求作者拟写各种应用文，如书信、启事、通知、总结、邀请函、演讲稿、开场白、结束语等。此类微写作更注重培养学生根据具体情境写作对应应用文的能力。

例题 某学校拟举办《红楼梦》读书交流活动，主题是“《红楼梦》人物鉴赏”。学校

有一回从滑雪会走回松雪楼，忽然察觉路上有一层雾，一下子浓了过来，一下子又散了开去，那真是一种奇妙的经验，仿佛走进一个雾帐，雾自发边流过，自耳际流过，自指间流过，都感觉得到；又仿佛行舟在一条雾河，两旁的松涛声鸣不住，轻舟一转，已过了万重山，回首再望，已看不见有雾来过，看不见雾曾在此驻留了。——林清玄

写景好句

聘请你担任主持人，请你设计一篇开场白。要求紧扣主题，表达得体，富有文采，不超过150字。

【思路】撰写开场白的过程中，一要做到紧扣主题，二要做到语言精练优美。开场白要起到宣告活动内容、迅速吸引观众的效果，因此写作时可以运用设置悬念、巧用修辞、引用名言等方法。

内容结构：称谓+问候语+导入语（问题、名言、诗词等）+开展活动的原因、目的或意义+号召大家积极参加活动的话语。

【参考答案】同学们，大家好，欢迎参加"《红楼梦》人物鉴赏"语文综合实践活动。"满纸荒唐言，一把辛酸泪。都云作者痴，谁解其中味？"一部《红楼梦》看透世间冷暖，写尽人生百态，书中塑造的人物形象摇曳多姿、熠熠生辉。今天，让我们走进《红楼梦》，一起欣赏曹雪芹笔下人物的风采吧！

写景好句

夏日的洋槐，巍巍然郁郁葱葱，一派的生机勃发。骄阳下如华盖蔽日，烈焰下送来阵阵清风。夏日常有雨，暴雨如注时，偏爱久久站在窗前看我的槐树——它任凭狂风将树冠刮得东歪西倒，满树的绿叶呼号犹如一头发怒的雄狮，它翻滚，它旋转，它战栗，它呻吟。——张抗抗

专题九　文学常识与诗文名句

文学常识与诗文名句在语文学习中担任着重要角色。学生需要识记一些主要的文学体裁的基本知识，了解诗歌、散文、小说、戏剧的基本特点，识记古今中外文学史上重要作家及其时代（国别）、代表作和作品中的主要人物，熟练掌握一些重要篇目中的诗文名句。

知识清单

一、文学体裁常识

文学体裁简称“文体”，是文学作品的具体样式。诗歌、散文、小说、戏剧并称“四大文学体裁”。

（一）诗歌

诗歌是运用想象和意象，通过有节奏、韵律的语言及高度浓缩、跳跃的结构形式来反映社会生活、抒发情感的一种文学体裁。我国古代称不合乐的为“诗”，称合乐的为“歌”，现代则将它们统称为“诗歌”。

1．诗歌的特点

（1）诗歌的内容是社会生活的集中反映。

（2）诗歌的语言具有精练、形象、音调和谐、节奏鲜明等特点。

（3）诗歌在形式上不是以句子为单位的，而是以行为单位的。

2．中国古典诗歌的主要形式

中国诗歌历史悠久，题材众多，形式多样，大体经历了“《诗经》—楚辞—汉乐府诗—魏晋南北朝诗歌—唐诗—宋词—元散曲—明清诗歌—现代诗歌”的发展历程。古典诗歌的主要形式有诗、词和曲。

（1）诗。

现代诗之前的诗被统称为“古典诗”，它从形式上可分为古体诗和近体诗。

古体诗，指的是隋唐以前的诗及后人的仿制之作等。从诗每句的字数看，古体诗有四言诗、五言诗、七言诗和杂言诗等形式。古体诗不讲究对仗和平仄，押韵较自由，句数也没有严格的限制。

近体诗，指的是隋唐时期出现的比较讲究音韵格律的诗，其对句数、字数、押韵等都有严格的要求，而且讲究平仄对仗，因此又称“格律诗”。近体诗又可分为绝

宝玉诞生——《红楼梦》　贾宝玉自出生之日起就带有神秘色彩——一落胎胞，嘴里便衔下一块五彩晶莹的通灵宝玉来，故取名贾宝玉。

句和律诗两种。绝句只有四句，根据每句的字数，分为五言绝句和七言绝句。律诗通常为八句，每两句组成一联，共四联，分别为首联、颔联、颈联、尾联，其中颔联和颈联都要求对仗。根据每句的字数，律诗分为五言律诗和七言律诗。具体如图 1-9-1 所示。

- 古体诗
  - 四言诗：古体诗最早的形式之一（如《诗经·关雎》）
  - 杂言诗：古体诗最早的形式之一（如《诗经·扬之水》）
  - 五言诗：成熟于汉代（如《行行重行行》）
  - 七言诗：成熟于唐代（如白居易的《琵琶行》）
- 近体诗
  - 绝句（四句）
    - 五言绝句（如王之涣的《登鹳雀楼》）
    - 七言绝句（如王昌龄的《出塞》）
  - 律诗（四联八句）
    - 五言律诗（如王维的《山居秋暝》）
    - 七言律诗（如杜甫的《登高》）

图 1-9-1　古体诗和近体诗

（2）词。

词，又称“曲子词”“诗余”，由于句子长短不一，也被称为“长短句”。它最初是配合乐曲而填写的歌诗。词起源于唐，定型于五代，盛于两宋。宋词是我国古典文学继唐诗之后的又一高峰。

每首词都有词调（又称“词牌”），后期词曲分离，词开始像诗一样单独吟诵，因此，词调便成了词韵律、句式和结构的规定格式。根据字数，词可分为小令（58 字及以内）、中调（59～90 字）、长调（91 字及以上）。有的词有题目，如苏轼的《念奴娇·赤壁怀古》，“念奴娇”是词调，“赤壁怀古”是题目；有的词没有题目，如李清照的《声声慢》。

（3）散曲。

散曲是一种配上乐曲演唱的唱词，既有诗、词的韵味，又有自己独特的风格。从句式上看，散曲虽与词一样，采用长短句，但句式更加灵活多变；从语言风格上看，散曲的语言崇尚通俗和口语化；从审美取向上看，散曲追求明快显豁、自然酣畅。著名的散曲作家有张养浩、张可久等人。

（二）散文

广义的散文指除了诗歌、小说、戏剧以外的所有具有文学性的散行文章。狭义的散文指文艺性散文，是一种以记叙或抒情为主，取材广泛、笔法灵活、篇幅短小、情文并茂的文学样式。

现代散文的分类

1. 散文的特点

（1）形散而神不散。

（2）意境深远，情感真挚。

（3）语言优美凝练，富于文采。

2. 先秦散文

作为一个文体概念，散文在文学史上经历了漫长的演变。在中国古代，凡是与韵文相对的散行单句的文章均被看作散文。

名著情节

宝黛初会——《红楼梦》　林黛玉因为丧母而入住贾府，与贾宝玉在荣国府初次相遇。“好生奇怪，倒像在那里见过一般”“这个妹妹我曾见过的”，两人初见就产生了一种相互熟识的心灵感应。

春秋战国之际，史学家用散文记事，哲学家用散文说理，形成了蔚为大观、绚丽多姿的历史散文和诸子散文。前者有《春秋》《左传》《国语》《战国策》等，后者有《论语》《孟子》《庄子》《韩非子》等，它们开创了我国散文的基本形式。

（1）历史散文。

历史散文可分为以记述事件为主的散文和以记述言论为主的散文，前者以《左传》为代表，后者以《国语》《战国策》为代表。

（2）诸子散文。

先秦诸子散文的发展可分为三个阶段，具体如图 1-9-2 所示。

	历史时期	代表作	文章特点
第一阶段	春秋末、战国初期	《论语》《老子》《墨子》	多为语录体或简明的议论断章
第二阶段	战国中期	《孟子》《庄子》	逐渐由语录体发展为对话式的论辩文与专题论文
第三阶段	战国后期	《荀子》《韩非子》	摆脱了语录体，基本上都是以正面说理为主的专题论文

图 1-9-2 先秦诸子散文的发展

（三）小说

小说是一种以塑造人物形象为核心，通过完整的故事情节和具体的环境描写，反映社会生活的文学体裁。作为四大文学体裁之一，小说可以从多方面刻画人物性格，描摹人物心理，具体生动地再现人物生活的环境，完整地表现人物之间的矛盾冲突。因此，它在反映复杂的社会生活方面具有独特的优势。

小说的分类

1. 小说的三要素

人物、情节、环境是小说的三要素。其中，人物是小说的核心，情节是小说的骨架，环境是小说的背景。

（1）人物。

塑造人物形象是小说反映社会生活的重要手段。小说中的人物形象是作者根据现实生活创作出来的，具有典型性，也更能反映生活的本质。

（2）情节。

小说通过情节展示人物形象，表现作品主题。作者往往根据人物的性格，人物与人物之间的关系和矛盾冲突来编排或虚构事件，进而组成完整的故事情节。情节一般包括开端、发展、高潮、结局四部分，有的还包括序幕和尾声。

（3）环境。

环境包括自然环境和社会环境。其中，社会环境是重点，它揭示了种种复杂的社会背景和社会关系，如人物的身份、地位、成长的历史背景等。自然环境包括地点、时间、季节、气候及景物等。

2. 中国古典小说的发展

中国古典小说历经了先秦两汉的神话传说、寓言故事，魏晋南北朝的志怪、志

黛玉葬花——《红楼梦》 林黛玉在荣国府的花园中看到落花，不禁感伤，于是将花用锦囊装好后埋在土里。这一幕不仅揭示了黛玉的性格，也预示了她的命运。

人小说，隋唐的传奇小说，宋元的话本小说，明清的章回体小说共两千多个春秋的洗礼。

（1）萌芽阶段。

中国古典小说在先秦两汉开始萌芽，有神话传说、寓言故事、史传文学等，内容以幻想、叙事为主，代表作有《山海经》《燕丹子》。

（2）发展阶段。

中国古典小说在魏晋南北朝有了较大的发展，其中志怪小说内容以神仙鬼怪为主，代表作有干宝的《搜神记》；志人小说内容以人物的琐闻逸事为主，代表作有刘义庆的《世说新语》。

（3）成熟阶段。

中国古典小说在唐代发展成熟，出现了内容以才子佳人和帝王将相的故事为主的传奇小说，代表作有白行简的《李娃传》等。

（4）飞跃阶段。

中国古典小说的发展在宋元有了飞跃——出现了话本小说，即以平民为写作对象的白话小说，代表作有《三国志平话》等。

（5）鼎盛阶段。

明清两代是中国古典小说创作的鼎盛时期，分别出现了以白话为主，以市井小民为写作对象的短篇小说（如《聊斋志异》）和以章回体、白话为主，题材众多的长篇小说（如《三国演义》《西游记》）。

明代小说作家的主体意识增强，开始走上独立创作之路，以反映市民生活为主要内容的白话短篇小说日益蓬勃地发展起来。最有代表性的小说集是洪楩的《清平山堂话本》、冯梦龙的“三言”及凌濛初的“二拍”。另外，这一时期章回体小说的出现，使中国古典小说发展到了一个新阶段，即从以短篇小说为主转入以长篇小说为主。代表作是被称为“明代四大奇书”的《三国演义》《西游记》《水浒传》《金瓶梅》。

清代文言短篇小说代表作为《聊斋志异》，而《儒林外史》和《红楼梦》的问世，把长篇小说的创作再一次推向高潮。《红楼梦》之后，由于时代的原因，小说创作进入低谷，至晚清才又繁荣起来。据粗略估计，晚清创作的长篇小说有一千部以上，著名的有“四大谴责小说”——李伯元的《官场现形记》、吴趼人的《二十年目睹之怪现状》、刘鹗的《老残游记》、曾朴的《孽海花》。

（四）戏剧

戏剧是一种综合的舞台艺术。它借助文学、音乐、舞蹈、美术等艺术手段塑造舞台艺术形象，揭示社会矛盾，反映现实生活。

1. 戏剧的分类

按不同的分类标准，戏剧可分为不同的类型，具体如下。

【按表现形式】按表现形式来划分，戏剧可分为以对话为主的话剧（如《雷雨》），以歌唱和音乐为主的歌剧（如《白毛女》），以舞蹈为主的舞剧（如《丝路花雨》）和以

名著情节

宝玉挨打——《红楼梦》　忠顺王府遣人来见贾政，说宝玉私藏了戏子蒋玉涵，引得贾政大怒。又赶上贾环向贾政告状，说宝玉逼死了金钏儿，贾政气急，便打了宝玉。这不仅是贾宝玉的一次人生转折，也凸显了封建礼教对个体的束缚和压迫。

演员的表演为中心，综合了文学、音乐、舞蹈、美术、武术、杂技等各种艺术，具有综合性、虚拟性、程式性的戏曲（如《智取威虎山》）。

【按剧情的复杂程度和结构】按剧情的复杂程度和结构来划分，戏剧可分为独幕剧和多幕剧。独幕剧是剧情在一幕（舞台上的大幕启闭一次为一幕）内完成的小型戏剧，如《可笑的女才子》；多幕剧是剧情复杂，大幕启闭两次及以上的戏剧，如《雷雨》。

【按题材所反映的时代】按题材所反映的时代来划分，戏剧可分为历史剧和现代剧。历史剧取材于历史事件和历史人物，如《屈原》；现代剧取材于现代生活和现实人物，如《雷雨》。

【按矛盾冲突的性质】按矛盾冲突的性质来划分，戏剧可分为悲剧、喜剧和正剧。悲剧以剧中主人公与现实之间不可调和的冲突及其悲惨的结局为基本内容，利用主人公悲惨的结局来揭示生活中的罪恶，如《屈原》；喜剧以幽默诙谐、轻松可笑的形式来讥嘲恶习，劝谕善良，表现人物性格，其结局总是愉快的、圆满的，如《威尼斯商人》；正剧介于悲剧和喜剧之间，既有对正面人物的歌颂赞扬，也有对反面人物的讽刺批判，兼有悲剧和喜剧的因素，如《白毛女》。

2．剧本

剧本是戏剧演出的依据，具有独立的欣赏价值，主要由戏剧冲突和戏剧语言构成。

（1）戏剧冲突。

戏剧冲突是戏剧的基本元素，贯串于整个情节，主要通过人与人之间、人与社会之间、人与环境之间及人物内心的矛盾加以表现。

（2）戏剧语言。

戏剧语言包括人物语言和舞台说明。人物语言即台词，包括对话、独白、旁白等，是人物心理活动与行为动作的展现。舞台说明是写在剧本每一幕的开端、结尾和对话中间的说明性文字，内容包括人物、时间、地点、服装、道具、布景及人物的表情、动作、上下场等，具有增强舞台气氛、烘托人物心情、展示人物性格、推动情节展开等作用。

3．戏曲

戏曲是中国传统戏剧的独特称谓。它起源于原始歌舞，先后出现了宋元南戏、元杂剧、明清传奇、清代地方戏及近现代戏曲等类别。其中，元杂剧和明清传奇代表了我国古代戏曲的最高成就，是中国古典戏曲的双峰。

（1）元杂剧。

元杂剧是广泛融合了诸宫调等多种说唱、音乐、舞蹈形式而形成的一种成熟的、综合性的戏剧样式，其发展大致分为前后两个时期：前期的创作中心在大都（今北京市），该时期是元杂剧发展的鼎盛时期，

宝钗扑蝶——《红楼梦》 薛宝钗为避免与贾宝玉同时出现从而在潇湘馆引起误会，欲寻其他姊妹，忽见一双玉色蝴蝶，大如团扇，十分有趣，便用扇子扑来玩耍。这表现出她活泼的一面，也预示着她的人生将会如蝴蝶般多变。

作品数量很多，大多反映现实生活；后期的创作中心在杭州一带，该时期元杂剧的创作呈下降趋势，成就较高的剧作家有郑光祖、乔吉、秦简夫等人。元杂剧的代表作有关汉卿的《窦娥冤》《单刀会》、白朴的《墙头马上》、马致远的《汉宫秋》、王实甫的《西厢记》等。

（2）明清传奇。

明清时期，以演唱南曲为主并加入大量北曲曲牌的戏曲形式被称为“传奇”。它本源于宋元南戏，但与南戏相比，其结构更加紧凑完整，情节更加复杂，人物刻画也更加细致，曲调、表演艺术及角色行当等趋于成熟。明清传奇的代表作有汤显祖的《牡丹亭》、孔尚任的《桃花扇》、洪昇的《长生殿》等。

二、中国重要作家、作品

相关核心积累 ☞ 126 页

（一）中国古代重要作家、作品

1. 先秦时期

【《诗经》】《诗经》原名《诗》，是中国第一部诗歌总集，也是第一部现实主义诗歌总集。它收录了311篇（其中6篇为笙诗，即只有标题没有内容）西周初年至春秋中叶500多年间的诗歌，故又名《诗三百》，在西汉时被尊为儒家经典，统称《诗经》。《诗经》根据作品内容的不同分为风（160篇）、雅（105篇）、颂（40篇）三部分。风最具文学性，是周王朝15个地区的民歌；雅分大雅（31篇）和小雅（74篇），是朝廷正乐，用于宴会的典礼；颂是统治者宗庙祭祀的乐歌。《诗经》以四言为主，亦有杂言，常用重章叠句，在表现手法上主要为赋、比、兴，这三者与风、雅、颂合称“六义”。

小贴士

公元前221年，秦始皇统一六国，结束了诸侯纷争的局面。在此之前我国漫长的历史时期，包括原始社会、奴隶社会和封建社会的初期，一般统称为“先秦时期”。

【《左传》】《左传》又名《春秋左氏传》《左氏春秋》，是中国第一部形式完备、叙事详赡的编年体通史，相传为春秋末年鲁国史官左丘明所著，主要记载了自鲁隐公元年（公元前722年）至鲁哀公二十七年（公元前468年）250多年间各诸侯国的政治、军事、外交活动和言论，以及天道、鬼神、灾祥、占卜之事。

【《国语》】《国语》为中国第一部国别体史书，是一部春秋时期历史资料的汇编。全书共21卷，分别记载了周、鲁、齐、晋、郑、楚、吴、越八国史事。它以记言为主，善于通过言辞来反映人物的精神风貌。

【孔子】孔子，名丘，字仲尼，春秋时期著名的思想家、教育家，儒家学派的创始人，被后世尊为“孔圣人”“至圣”。孔子的思想核心是“礼”与“仁”，在教育方面主张有教无类、因材施教。记录孔子

名著情节

黛玉焚稿——《红楼梦》 林黛玉得知贾宝玉和薛宝钗订婚的消息后病重，心知将不久于人世，为了表达自己对于爱情的遗憾和无奈，她烧了自己的诗稿。这些诗稿中满含她对贾宝玉的情感和自己的青春岁月。

及其弟子言行的《论语》是一部语录体散文集，由孔子的弟子及再传弟子记录编纂而成，是儒家经典著作。

【老子】老子，姓李，名耳，字伯阳，春秋末期思想家、哲学家、文学家和史学家，道家学派的创始人和主要代表人物。他的思想核心是“道法自然”，在政治上主张无为而治、不言之教。《老子》又名《道德经》，是先秦道家学派的代表性著作，相传为老子所著。全书共81章，多为韵文，分道经和德经两部分，内容涉及宇宙、自然、社会人生的各个方面。

【孟子】孟子，名轲，字子舆，战国中期著名哲学家、思想家、政治家和教育家，是孔子之后儒家学派的代表人物，被誉为“亚圣”，与孔子并称“孔孟”。在政治方面，他宣扬施仁政、行王道，反对暴政虐民和掠夺战争；在人性方面，他主张人性本善，同时重视环境、后天教化对人的影响。孟子与弟子所编的《孟子》一书，记载了他和弟子在政治、教育、哲学、伦理等方面的思想观点和政治活动。

【庄子】庄子，名周，战国中期著名思想家、哲学家、文学家，老子之后道家的主要代表人物，与老子并称“老庄”。庄子主张顺应自然，提倡“无为而无不为”。他及其后学的著作《庄子》，亦称《南华经》，是道家学派的经典。

【荀子】荀子，名况，字卿，战国末期著名的思想家、文学家、政治家，儒家学派的代表人物。荀子主张“性恶论”，强调后天的环境与教育可以改变人恶的本性。成书于战国后期的《荀子》主要是荀子本人所作。该书是我国古代专题论文成熟的标志。

【屈原】屈原，名平，字原，战国时期楚国的爱国诗人。他是中国历史上第一位伟大的诗人，也是第一位浪漫主义诗人。在楚地地方民歌的基础上，以屈原为代表的楚地诗人创立了一种新的诗歌形式——楚辞。楚辞大量采用神话传说，句式参差不齐，构思奇特、想象丰富、文辞华丽，充满了积极浪漫主义精神。屈原创作了《离骚》《天问》《九歌》《山鬼》《九章》等不朽的作品。

《离骚》是一首带有自传性质的长篇抒情诗。屈原全篇自述身世遭遇，反映了他对楚国黑暗腐朽政治的愤慨，以及愿为祖国效劳而不能的悲痛心情，也抒发了他对自己遭受不公平待遇的哀怨。

2. 两汉时期

【汉乐府】乐府原为音乐机关，其主要任务是采集民间歌谣及文人歌功颂德之诗并制谱配乐，以供统治者祭祀和朝会宴饮时演奏。后代将乐府所唱的诗歌直接称作“乐府诗”或“乐府”。汉乐府便是汉代的乐府诗。

汉乐府是继《诗经》之后，古代民歌的又一次大汇集，开创了诗歌现实主义的新风。在形式上，汉乐府打破了《诗经》的四言格式，由杂言逐渐趋向五言，并具

查抄贾府——《红楼梦》 西平王带领锦衣军突然查抄贾府，贾府得到北静王出面力保，但锦衣军仍拘拿了贾赦、贾政，抄检了贾府资产。虽最后资产被返还，但贾府辉煌不再，逐渐走向没落和衰败。

有口语化的特色；在内容上，汉乐府以叙事为主，是叙事诗发展并走向成熟的新标志。汉乐府《孔雀东南飞》是我国古代最长的叙事诗，被誉为“长诗之圣”。

【司马迁】司马迁，字子长，别称“太史公”，西汉史学家、文学家、思想家，其主要作品为《史记》（原名《太史公书》）。该书记叙了上自传说中的黄帝、下至汉武帝太初年间共 3 000 多年的历史，是我国第一部纪传体通史。全书共 130 篇，包括本纪 12 篇，表 10 篇，书 8 篇，世家 30 篇，列传 70 篇。《史记》在我国文学史上具有重要地位，被鲁迅誉为“史家之绝唱，无韵之《离骚》”。

【贾谊】贾谊，世称“贾生”“贾长沙”“贾太傅”，西汉著名政论家、文学家。贾谊的著作主要有散文和辞赋两类：散文朴实峻拔，代表作有《过秦论》《论积贮疏》《陈政事疏》等；辞赋皆为骚体，形式趋于散体化，是汉赋发展的先声，代表作有《吊屈原赋》《鹏鸟赋》等。

【刘向】刘向，字子政，西汉经学家、文学家、目录学家。他整理修订的《战国策》是一部国别体史书，主要记载了上继春秋、下至秦汉约 240 年的许多重大事件和著名人物的活动。

【班固】班固，字孟坚，东汉史学家、文学家。班固一生著述颇丰：作为史学家，他修撰了我国第一部纪传体断代史《汉书》；作为辞赋家，他是“汉赋四大家”之一，代表作有《两都赋》等。

3. 魏晋南北朝时期

【陶渊明】陶渊明，名潜，字元亮，号靖节先生，东晋著名诗人。他是我国最早大量创作田园诗的诗人，开创了田园诗派，其代表作有散文《桃花源记》《五柳先生传》，诗歌《归园田居》《饮酒》等。

【王羲之】王羲之，字逸少，东晋琅琊临沂（今属山东省）人，著名书法家，有“书圣”之称。其代表作《兰亭集序》被誉为“天下第一行书”。

4. 隋唐时期

【王勃】王勃，字子安，唐代文学家，“初唐四杰”之一。王勃擅长五律、五绝和辞赋，著有《王子安集》，其作品以《滕王阁序》和《送杜少府之任蜀州》最为有名。

【孟浩然】孟浩然，字浩然，号孟山人，世称“孟襄阳”，唐代著名的山水田园诗派作家。他的诗绝大部分为五言短篇，风格清新、淡雅，多写山水田园和隐居的逸兴，以及羁旅行役的心情。其代表作有《过故人庄》。

【王维】王维，字摩诘，盛唐杰出诗人、画家，有“诗佛”之称。他与孟浩然同为盛唐山水田园诗派的代表作家。王维的诗明净清新、精美雅致，充溢着诗情画意，以“诗中有画”著称。其代表作有《使至塞上》《鹿柴》《山中》《终南别业》等。

【李白】李白，字太白，号青莲居士，唐代最伟大的诗人之一，被誉为“诗仙”。

名著情节

贾母逝世——《红楼梦》 作为贾府的精神支柱，贾母因病去世。她的离世宣告了贾府的彻底衰败。曾经辉煌无比的贾府，最终不过是尘世的昙花一现。

李白是继屈原之后我国最伟大的浪漫主义诗人，他的诗感情奔放豪迈，想象奇特丰富，词彩瑰玮绚丽，风格雄奇飘逸、自然洒脱。其作品集有《李太白集》，代表作有《行路难》《将进酒》《黄鹤楼送孟浩然之广陵》《梦游天姥吟留别》《静夜思》等。

【杜甫】杜甫，字子美，唐代伟大的现实主义诗人，被誉为“诗圣”。他的众多作品都深刻地反映了唐王朝由盛转衰过程中的社会风貌和时代苦难，风格沉郁顿挫，被后人誉为“诗史”。其代表作有“三吏三别”《望岳》《春望》等，作品集有《杜少陵集》。

【韩愈】韩愈，字退之，唐代著名哲学家、文学家，世称“韩昌黎”。韩愈倡导了有革新意义的古文运动，强调文学要为儒学道统服务。韩愈在诗、文上都有很高的成就，尤以文章著称，名列“唐宋八大家”之首。其代表作有《师说》《马说》《进学解》《送孟东野序》等，作品集有《昌黎先生集》。

【白居易】白居易，字乐天，号香山居士，中唐杰出诗人。他主张“文章合为时而著，歌诗合为事而作”，与元稹一起倡导旨在揭露时弊的新乐府运动，其间的众多作品都对当时社会的黑暗现实作了深刻批判。其代表作有《长恨歌》《琵琶行》等，作品集有《白氏长庆集》。

【柳宗元】柳宗元，字子厚，世称“柳河东”“河东先生”，唐代著名政治家、文学家。他的散文以山水游记和讽刺寓言最为出色，诗歌也风貌独特，在中唐诗坛自成一家。其代表作有《江雪》《捕蛇者说》《种树郭橐驼传》等，作品集有《柳河东集》。

【杜牧】杜牧，字牧之，世称“杜樊川”。杜牧的诗、赋、古文并工，诗歌成就尤高。他与李商隐同为晚唐诗坛翘楚，代表作有《泊秦淮》《过华清宫绝句》《题乌江亭》等，作品集有《樊川集》。

【李商隐】李商隐，字义山，号玉谿生，晚唐著名诗人。他的诗各体皆工，成就斐然，尤以七律最为突出，代表作有《无题》《锦瑟》，作品集有《李义山诗集》和《樊南文集》。

5. 两宋时期

【柳永】柳永，原名三变，世称“柳屯田”，北宋著名词人，婉约词派代表人物。他精通音律，善以俗语入词，工于铺叙，通过制作大量的慢词推动了词体的发展。其作品影响广泛，曾赢得“凡有井水饮处，即能歌柳词”的声誉。代表作有《雨霖铃》(寒蝉凄切)、《蝶恋花》(伫倚危楼风细细)等，作品集有《乐章集》。

【范仲淹】范仲淹，字希文，北宋杰出政治家、文学家。其著名词作《渔家傲·秋思》反映了边塞生活，晚年所作的《岳阳楼记》中“先天下之忧而忧，后天下之乐而乐”一句，广为传诵。其作品集有《范文正公集》。

【欧阳修】欧阳修，字永叔，自号醉

凤姐托孤——《红楼梦》 贾府被抄，贾母去世，刘姥姥三进贾府。此时凤姐病重，临终前含泪把女儿巧姐托付给刘姥姥照顾，刘姥姥最终答应照顾巧姐。

翁、六一居士，北宋著名文学家、史学家，“唐宋八大家”之一，北宋诗文革新运动的领袖。欧阳修在散文、诗、词、评论等方面均有很高成就，尤以散文著称。他曾与宋祁等人合修《新唐书》，独撰《新五代史》，另有《欧阳文忠公集》传世。其代表作有《醉翁亭记》、《朋党论》、《蝶恋花》（庭院深深深几许）等。

【王安石】王安石，字介甫，号半山，世称“王荆公”，北宋著名政治家、文学家、思想家。王安石的散文简洁峻切，论点鲜明，逻辑严密，有很强的说服力，代表作有《伤仲永》《游褒禅山记》《答司马谏议书》等。此外，他在诗歌方面也有很大成就，代表作有《登飞来峰》《泊船瓜洲》《元日》等。

【司马光】司马光，字君实，世称“涑水先生”，北宋著名的政治家、史学家、文学家，与汉代史学家司马迁并称“史界两司马”。司马光治学勤苦，一生主要致力于编撰《资治通鉴》。《资治通鉴》是一部编年体通史，主要记载了上起战国初期韩、赵、魏三家分晋，下迄五代末年赵匡胤灭后周前一年的历史。

特别提示

史书体例汇总

★ 编年体：按年、月、日的顺序记载史实，代表史书有《春秋》《左传》《资治通鉴》。

★ 纪传体：以人物传记为中心叙述史实，代表史书为《史记》。

★ 国别体：以国家为单位分别记叙史实，代表史书有《国语》《战国策》。

★ 通史：连贯叙述各个时代史实的史书，如《史记》《资治通鉴》。

★ 断代史：记叙某一个朝代或某一个历史阶段的史书，如《汉书》。

【苏轼】苏轼，字子瞻，号东坡居士，北宋著名文学家。苏轼一生宦海浮沉、历经坎坷，在思想上常有出世与入世的矛盾，在失意时能达观自解，始终保持积极进取、欲有所为的精神。他在文艺创作的各方面都有突出的成就：散文自然畅达，随物赋形，如行云流水；词首开豪放一派，突破了唐五代以来的艳词藩篱；在诗歌、绘画、书法上亦有很高的造诣。其代表作有《念奴娇·赤壁怀古》《题西林壁》等，作品集有《东坡全集》《东坡乐府》等。

【李清照】李清照，号易安居士，宋代杰出女词人，婉约词派的代表，有“千古第一才女”之称。她的词作以 1126 年宋室南迁为界，前期多为闺情相思之作，清丽婉转；后期大多抒写对个人身世的哀痛和河山破碎的感慨，沉哀凄苦。她善于通过具体生动的艺术形象表达思想感情，代表作有《夏日绝句》《醉花阴》《永遇乐·元宵》等，作品集有《漱玉词》。

【陆游】陆游，字务观，号放翁，南宋杰出爱国诗人。他的诗题材广阔，风格多

名著情节

宝玉出家——《红楼梦》 贾宝玉在经历了种种悲欢离合后，对红尘世事有了更深的理解，对自己内心的情感纠葛无法释怀。在会试结束后，他没有回家，而是选择出家为僧。

样，以雄浑豪放为主，代表作有《关山月》《书愤》《十一月四日风雨大作》《示儿》《沈园二首》等，作品集有《渭南文集》《剑南诗稿》《老学庵笔记》。

【辛弃疾】辛弃疾，字幼安，号稼轩，南宋杰出爱国词人，豪放词派的代表人物。他的作品风格以热情洋溢、慷慨悲壮、笔力雄厚为主，偶尔明快清丽、妩媚妖娆。其代表作有《青玉案·元夕》《水龙吟·登建康赏心亭》，作品集有《稼轩长短句》。

6. 元明清时期

【关汉卿】关汉卿，号已斋叟，元杂剧的奠基人，“元曲四大家”之首，我国戏剧史上一位伟大的开拓者，代表作有《窦娥冤》《救风尘》《望江亭》《拜月亭》《单刀会》等。其中，《窦娥冤》全称《感天动地窦娥冤》，表现了普通妇女窦娥蒙冤屈死的悲剧命运，猛烈抨击了封建社会的黑暗统治，表达了劳动人民的反抗精神。

【王实甫】王实甫，名德信，元代著名杂剧作家。他创作的《西厢记》和关汉卿创作的《窦娥冤》代表了元杂剧的最高成就。《西厢记》叙写了书生张生在普救寺遇见崔相国的女儿莺莺，两人产生爱情，后通过丫鬟红娘的协助，冲破封建礼教约束终成眷属的故事。

【马致远】马致远，号东篱，被誉为“曲状元”，代表作有《汉宫秋》《青衫泪》《天净沙·秋思》等。其中，《汉宫秋》改编自汉元帝时期的昭君出塞的故事，曲折表达了王昭君对祖国的热爱之情。

【汤显祖】汤显祖，字义仍，号海若、若士、清远道人，明代杰出戏曲家、文学家，被誉为“东方的莎士比亚”。其作品《牡丹亭》(又名《还魂记》)、《紫钗记》、《南柯记》和《邯郸记》并称“临川四梦”，又称“玉茗堂四梦”。作为明清传奇的经典之作，《牡丹亭》讲述了长期深居闺阁的少女杜丽娘，由情而梦，梦中与书生柳梦梅相爱，后因梦而死，死而复生，并最终与柳梦梅在人间结成夫妇的故事。

【蒲松龄】蒲松龄，字留仙，号柳泉居士，清代杰出文学家、短篇小说家。其作品《聊斋志异》综合六朝志怪与唐传奇之长，借谈鬼说狐，曲折地批判社会、表达理想，是中国古代短篇文言小说的顶峰之作。

【吴敬梓】吴敬梓，字敏轩，号粒民，晚号文木老人。他创作的现实主义章回体长篇小说《儒林外史》，揭露科举制度的弊病，刻画士大夫的各种丑态，反映了当时的政治腐败和道德沦丧，代表了中国古代讽刺小说的高峰。

【《红楼梦》】《红楼梦》又名《石头记》，是清代曹雪芹创作的一部具有世界影响力的人情小说，是中国封建社会的百科全书、传统文化的集大成者。无论是思想性还是艺术性，《红楼梦》均堪称中国古代长篇小说的高峰。全书以贾宝玉、林黛玉、薛宝钗的恋爱婚姻故事为线索，把众多的人物和复杂的事件联系在一起，有条

桃园三结义——《三国演义》 刘备、关羽、张飞三人志趣相投，一见如故，在桃园里举行了结义仪式，三人发誓要同生共死，共同寻求天下未定之事。

不紊而又纵横交织。

（二）中国现当代重要作家、作品

【鲁迅】鲁迅，原名周樟寿，后改名周树人，字豫才，著名的文学家、思想家和革命家，中国现代文学的奠基人之一。1918年，他以“鲁迅”为笔名发表了中国现代文学史上第一篇白话小说《狂人日记》。他的代表作有小说《孔乙己》《祝福》《风波》《故乡》《药》《阿Q正传》，散文诗《秋夜》等。其作品集有小说集《呐喊》《彷徨》《故事新编》，杂文集《南腔北调集》《坟》《且介亭杂文》《热风》《华盖集》，散文集《朝花夕拾》，散文诗集《野草》等。鲁迅以笔为武器，战斗了一生，被誉为“民族魂”。

【郭沫若】郭沫若，原名郭开贞，号尚武，中国现代杰出的作家、诗人和剧作家。他的戏剧代表作有历史剧本《屈原》《虎符》《高渐离》等，诗歌代表作有《炉中煤——眷念祖国的情绪》《凤凰涅槃》《地球，我的母亲》等，诗集有《女神》《前茅》《恢复》等。其中，《女神》是中国现代第一部具有“五四精神”的诗集。

【徐志摩】徐志摩，原名徐章垿，曾留学于英国剑桥大学，中国现代著名诗人，新月派代表诗人。他的代表作有《再别康桥》，诗集有《志摩的诗》《猛虎集》《翡冷翠的一夜》，另有散文集《爱眉小札》等。

【朱自清】朱自清，原名自华，字佩弦，中国现代散文家、诗人、学者、民主战士。他的主要著作有长诗《毁灭》，诗文集《踪迹》，散文集《背影》《欧游杂记》《伦敦杂记》等。

【老舍】老舍，原名舒庆春，字舍予，中国现代著名作家，于1951年获得“人民艺术家”的称号。他的代表作有长篇小说《骆驼祥子》《四世同堂》，中篇小说《月牙儿》《我这一辈子》，短篇小说《断魂枪》，剧本《茶馆》《龙须沟》等。

【茅盾】茅盾，原名沈德鸿，字雁冰，中国现代著名作家、文学评论家。他的长篇小说《子夜》是中国现代文学史上一部光辉的革命现实主义巨著。他的代表作还有长篇小说《虹》《霜叶红似二月花》，中篇小说《幻灭》《动摇》《追求》（合称“《蚀》三部曲”），短篇小说《林家铺子》《春蚕》《秋收》《残冬》（后三部合称“农村三部曲”），散文《白杨礼赞》《风景谈》等。

【巴金】巴金，原名李尧棠，字芾甘，中国现代文学家、翻译家。他的代表作有长篇小说“激流三部曲”（《家》《春》《秋》）、“爱情三部曲”（《雾》《雨》《电》），日记体小说《第四病室》等。其作品集有短篇小说集《复仇》《光明》《神·鬼·人》，杂文集《随想录》等。此外，巴金还有《生之忏悔》《旅途随笔》《静夜的悲剧》等多部散文集。

【曹禺】曹禺，原名万家宝，字小石，中国现代话剧史上成就最高的剧作家，代表作有《雷雨》《日出》《原野》《北京人》等。其中，《雷雨》是一部杰出的现实主义剧作，描写了一个带有浓厚封建色彩的资

名著情节

曹操刺董卓——《三国演义》 王允和曹操定下刺杀董卓之计。曹操从王允处借来七星刀刺杀董卓，不料却因镜子反光而被发现，后曹操随机应变，以献七星刀为名糊弄了过去，后便匆匆逃出董相府，得以保住性命。

产阶级家庭的悲剧，被公认是中国现代话剧成熟的标志。

【戴望舒】戴望舒，20世纪30年代现代派的代表诗人，因代表作《雨巷》被称为“雨巷诗人”。他的诗集有《我的记忆》《望舒草》《望舒诗稿》《灾难的岁月》等，另有多部译著。

【沈从文】沈从文，原名沈岳焕，中国现代著名作家、历史文物研究者，被称为“乡土文学之父”。他的小说具有鲜明的湘西地域色彩，代表作有长篇小说《长河》，中篇小说《边城》等。其中，《边城》讲述了船家少女翠翠哀婉而凄美的爱情故事。沈从文的作品集有短篇小说集《蜜柑》《石子船》，散文集《湘行散记》《湘西》《从文自传》等。

【艾青】艾青，原名蒋海澄，中国现代著名诗人，被誉为“现代诗坛泰斗”。艾青的诗歌与现实结合紧密，充满战斗精神。他的代表作有《雪落在中国的土地上》《大堰河——我的保姆》《向太阳》《我爱这土地》《雪莲》等。其中，《我爱这土地》借由一只鸟表达了他对土地至死不渝的感情。

【孙犁】孙犁，原名孙树勋，中国当代小说家、散文家，荷花淀派的创始人。他的“诗体小说”独具风格，代表作有短篇小说《荷花淀》，长篇小说《风云初记》等。

【史铁生】史铁生，中国当代作家，代表作有随笔散文《我与地坛》《合欢树》，中短篇小说《我的遥远的清平湾》《奶奶的星星》《命若琴弦》，长篇小说《务虚笔记》等。

【舒婷】舒婷，原名龚佩瑜，中国当代朦胧诗派的代表作家，代表作有诗歌《致橡树》（用内心独白的方式表达新型爱情观的诗歌）。

【铁凝】铁凝，中国当代女作家，代表作有短篇小说《哦，香雪》《孕妇和牛》，长篇小说《玫瑰门》《大浴女》，以及散文、电影文学剧本等百余篇（部）。

三、外国重要作家、作品

相关核心积累 ☞ 127 页

1．英国

【莎士比亚】莎士比亚是英国文艺复兴时期伟大的剧作家、诗人。他一生创作了2首长诗、37部戏剧、154首十四行诗和一些杂诗，主要成就在戏剧。莎士比亚的作品提倡个性解放，反对封建束缚和神权桎梏，反映了资本主义萌芽时期的人文思想。其代表作有“四大悲剧”“四大喜剧”，正剧《罗密欧与朱丽叶》，历史剧《理查二世》《亨利四世》等。

【拜伦】拜伦是英国19世纪杰出的浪漫主义诗人。他的诗歌充满了愤怒、激情和斗争精神，并塑造了反抗社会的叛逆者“拜伦式英雄”的群像。其代表作有《唐璜》《审判的幻景》等。

【狄更斯】狄更斯是英国19世纪伟大的批判现实主义作家。他的小说气势宏伟，通俗流畅，幽默中又带有感伤的情调，

温酒斩华雄——《三国演义》 华雄是董卓手下的一名猛将，他在与诸侯联军的战斗中接连斩杀了潘凤等多位名将。关羽主动请缨，在温酒未冷的极短时间内便斩下了华雄的首级，从此名震诸侯。

着力于通过描写生活在社会底层的小人物来深刻反映复杂的社会现实。其代表作有《雾都孤儿》《双城记》《远大前程》《大卫·科波菲尔》《艰难时世》等。

2. 法国

【莫里哀】莫里哀是法国17世纪著名喜剧作家、演员、戏剧活动家，法国芭蕾舞喜剧的创始人。他是古典主义文学的杰出代表，代表作有《无病呻吟》《伪君子》《吝啬鬼》等。其中，《吝啬鬼》塑造了著名的吝啬鬼形象阿巴贡。

小贴士

世界文学四大吝啬鬼：夏洛克（出自莎士比亚的《威尼斯商人》）、葛朗台（出自巴尔扎克的《欧也妮·葛朗台》）、泼留希金（出自果戈理的《死魂灵》）、阿巴贡（出自莫里哀的《吝啬鬼》）。

【巴尔扎克】巴尔扎克是法国19世纪批判现实主义文学的代表作家，被誉为"现代法国小说之父"。他的作品深刻地批判了资本主义社会中人与人之间赤裸裸的金钱关系。著作《人间喜剧》被誉为"资本主义社会的百科全书"，包括《高老头》《欧也妮·葛朗台》《贝姨》《邦斯舅舅》等小说作品。

【雨果】雨果是法国19世纪浪漫主义文学运动的领袖，一生创作颇丰，代表作有长篇小说《巴黎圣母院》《悲惨世界》《九三年》等。

【莫泊桑】莫泊桑是法国19世纪后半期优秀的批判现实主义作家。他的代表作有长篇小说《一生》《漂亮朋友》，短篇小说《羊脂球》《我的叔叔于勒》《项链》等。

3. 德国

【歌德】歌德是德国18世纪末至19世纪初伟大的诗人、作家和思想家。他的代表作有书信体小说《少年维特之烦恼》，诗体悲剧《浮士德》等。《浮士德》是歌德以毕生心血完成的一部杰作，被文学史家认为是史诗性的巨著。

4. 俄国

【普希金】普希金是俄国19世纪浪漫主义文学的重要代表作家，俄国现实主义文学的奠基人，被誉为"俄国文学之父""俄国诗歌的太阳"。他的代表作有诗歌《自由颂》《假如生活欺骗了你》，长篇诗体小说《叶甫盖尼·奥涅金》，中篇小说《上尉的女儿》《埃及之夜》等。

【列夫·托尔斯泰】列夫·托尔斯泰是俄国19世纪伟大的批判现实主义作家。他的作品概括了农奴制改革后至1905年俄国社会的全部生活，被列宁称为"俄国革命的镜子"。其代表作有长篇小说《战争与和平》《安娜·卡列尼娜》《复活》等。

【契诃夫】契诃夫是俄国19世纪杰出的批判现实主义作家，以剧作、短篇小说著称。他的代表作有短篇小说《小公务员之死》《变色龙》《套中人》，中篇小说《第六病室》，戏剧《海鸥》《万尼亚舅舅》《三姊妹》等。

名著情节

三英战吕布——《三国演义》 刘备、关羽、张飞三人在虎牢关下与吕布展开了一场惊心动魄的战斗。尽管吕布勇猛无敌，但刘、关、张三人凭借着团结协作和不屈不挠的精神，成功地击败了吕布。

5. 美国

【马克·吐温】 马克·吐温是美国19世纪杰出的批判现实主义文学大师，著名的幽默讽刺作家。他的代表作有长篇小说《镀金时代》《哈克贝利·费恩历险记》《汤姆·索亚历险记》，中短篇小说《竞选州长》《百万英镑》等。

【欧·亨利】 欧·亨利是美国19世纪著名的短篇小说家。他的小说以诙谐幽默见长，寓悲于喜，形成"含泪的微笑"这一独特风格。其代表作有《麦琪的礼物》《警察与赞美诗》《最后一片藤叶》等。

【海明威】 海明威是美国20世纪杰出作家，美国"迷惘的一代"作家的代表。他的代表作有长篇小说《太阳照常升起》《永别了，武器》《丧钟为谁而鸣》，中篇小说《老人与海》等。

6. 匈牙利

【裴多菲】 裴多菲是匈牙利19世纪杰出的爱国诗人，匈牙利民族文学的奠基人。他的代表作有诗歌《自由与爱情》《我愿意是急流》《民族之歌》等。

7. 印度

【泰戈尔】 泰戈尔是印度19世纪末至20世纪初著名的诗人、作家、社会活动家，代表作有长篇小说《沉船》《戈拉》，诗集有《飞鸟集》《新月集》《园丁集》《吉檀迦利》等。他的作品表现出对人生的热爱、对祖国命运的关切及对殖民统治的愤怒，对印度现代文学的发展有着深远的影响。

四、中外文学流派、运动、思潮

（一）中国部分

【田园诗派】 田园诗派是中国古代的一个诗歌流派，其作品以描写田园生活为主题，语言风格平淡而自然，朴实但又不缺乏色彩，对后世的创作产生了很大影响。代表人物是陶渊明。

【山水诗派】 山水诗派是中国文学史上第一个以山水为描写对象的文学流派，创始于南北朝，盛于唐代。诗人们描绘自然山水，追求人与自然的和谐，从中寻求精神寄托。山水诗派的出现使诗歌创作的面貌焕然一新。代表人物有谢灵运、王维、孟浩然等。

【边塞诗派】 边塞诗派起源于汉魏六朝，隋代开始兴盛，到盛唐时期全面成熟。其作品多以边塞战争和边塞风土人情为主题，描写战争的激烈和悲壮及战争带来的各种矛盾，情辞慷慨，意境雄浑。代表人物有高适、岑参、李颀、王昌龄等。

【新乐府运动】 新乐府运动是唐代以创作新题乐府诗为中心的诗歌革新运动，由白居易、元稹等人倡导。与魏晋以来的古题乐府诗相对，新题乐府诗以自立新题新意为特点，关注时代和现实问题，语言通俗易懂，风格朴实平易，对当时和后世产生了积极的影响。代表作有《新乐府》《秦中吟》《田家词》《织妇词》等。

【古文运动】 古文运动是唐代中期至宋代进行的一场文体改革运动，旨在提倡古

借东风——《三国演义》 在曹操率军进攻荆州的时候，刘备、孙权两家结成了抗曹联盟。隆冬时节，多刮西北风，周瑜的火攻计划无法实施，诸葛亮便让周瑜建起七星坛，他上坛做法"借东风"，最终周瑜成功对曹军实施了火攻计划。

文、反对骈文。这里的古文是一种散文文体，语言质朴自由，以散行单句为主，不受格式拘束，利于思想感情的表达；骈文与之相对，以双句（即俪句、偶句）为主，讲究对仗、声律和藻饰，后经发展，其文风较为浮艳，影响表情达意。古文运动强调文章应该以内容为主，以形式为次，还提倡要有创新和个性，不要人云亦云，具有很高的文学价值和社会意义。代表人物有唐代的韩愈、柳宗元，以及宋代的欧阳修、王安石、曾巩、苏洵、苏轼、苏辙等。

【婉约词派】婉约词派是中国宋词流派之一，侧重于描写儿女风情，结构缜密、音律和谐、语言清丽，以婉转含蓄为特点，感情细腻、真挚。代表人物有李煜、柳永、欧阳修、李清照等。

【豪放词派】豪放词派是中国宋词流派之一，具有创作视野广阔、气象恢宏雄放的特点，喜用诗文的手法、句法写词，表达直接，用事较多，不拘守音律。代表人物有苏轼、辛弃疾等。

【桐城派】桐城派是清代的散文流派，因代表人物方苞、刘大櫆、姚鼐均为安徽桐城人，故名。该派作家以雅洁为尚，反对俚俗和繁芜，强调“义理、考据、辞章”三者合一。他们的文章论点鲜明，条理清晰，清真雅正。

【七月诗派】七月诗派是抗日战争和解放战争时期以胡风主编的《七月》杂志为中心形成的诗歌流派。该派诗人把诗作为战斗的武器，充满爱国热情和革命激情。七月诗派的作品形式自由，语言朴实，对中国现代文学的发展影响甚大。代表人物有艾青、田间、鲁藜、绿原等。

【山药蛋派】山药蛋派是20世纪50年代兴起的当代文学流派，因以赵树理为代表，且作品大都发表在山西文艺刊物《火花》上故又称“赵树理派”“山西派”“火花派”。该派作者秉持现实主义态度，以大众化、民间化的艺术手法描绘乡间故事，他们的作品有着较浓郁的乡土气息。代表人物有赵树理、马烽、孙谦等。

（二）外国部分

【文艺复兴】文艺复兴是14世纪中叶至17世纪初在欧洲发生的思想文化运动。它的核心是人文主义，对欧洲产生了深远影响。在思想内容上，这一时期的文学作品以人文主义为核心，对封建制度、道德和宗教禁欲主义进行了批判，积极传播了个性解放、现世幸福等新的思想观念。在文学形式上，这一时期的文学作品丰富多彩，戏剧成为最完美的艺术形式，长篇小说成为人文主义作家运用的主要体裁，十四行诗成为欧洲重要的诗体。此外，文艺复兴时期的文学作品还具有民族风格，展现了不同民族的文化传统和特点。代表人物有但丁、彼特拉克、薄伽丘等。

【启蒙运动】启蒙运动是17至18世纪欧洲继文艺复兴运动之后又一次资产阶级反封建、反教会的思想文化运动，启迪人们崇尚理性，反对愚昧。启蒙运动将文学

水淹七军——《三国演义》 关羽在攻打樊城期间顺应天时，趁汉水暴涨之机在堤坝蓄水，之后又放水淹了曹操的七军军营，取得了重大胜利。这个情节展现了关羽的勇猛和智谋，也凸显了战争的残酷和复杂。

创作视为宣传教育的有力工具，旨在唤醒人们反对封建制度和宗教迷信的意识，弘扬人的价值和尊严，宣传自由、平等和博爱的核心价值观，树立天赋人权的原则。代表人物有斯威夫特、菲尔丁、伏尔泰、卢梭、孟德斯鸠等。

【浪漫主义】浪漫主义诞生于18世纪后半叶的欧洲，并在19世纪30年代达到顶峰，与现实主义并称为“文学艺术上的两大主要思潮”。浪漫主义侧重从主观内心世界出发，抒发对理想世界的热烈追求，语言热情奔放，常用瑰丽的想象和夸张的手法来塑造形象。浪漫主义的宗旨与“理”相对立，主要特征是注重个人感情的表达，形式自由不受拘束。许多学者和历史学家将浪漫主义视为对于启蒙运动的反弹，是一种对启蒙运动的反思。代表人物有布莱克、柯勒律治、拜伦、雪莱、济慈等。

【批判现实主义】批判现实主义特指一种19世纪在欧洲形成的文艺思潮和创作方法，它用现实主义的方法来揭露和批判当时资本主义社会的现实，具有强烈的批判性。批判现实主义作品较为广阔、真实地展示了社会生活的各个方面，揭露了封建制度和资本主义社会的罪恶现象，塑造了很多具有典型意义的贵族、资产阶级人物形象，描写了资产阶级兴起与没落的过程。代表人物有法国的司汤达、巴尔扎克，英国的狄更斯，俄国的托尔斯泰等。

【意识流派】意识流派，产生于20世纪初期，后风行于欧美。在文学领域，它是一种以意识流为思想内涵的文学流派。该流派以表现意识流动、展示内心世界为特点，通过颠倒时序、自由联想、内心独白、描述梦境等手法，刻画人物形象，展现人物意识流动的状态和过程，从而揭示人性的真实和心理的复杂性。代表人物有普鲁斯特、福克纳等。

【魔幻现实主义】魔幻现实主义是20世纪60年代拉丁美洲的主流文学流派，对欧亚许多国家的文学发展也产生了重要影响。其作品以神奇或魔幻的手法反映现实，充满神奇、怪诞的情节和人物，带有浓厚的神话色彩和象征意味。哥伦比亚作家马尔克斯于1967年出版的长篇小说《百年孤独》是魔幻现实主义文学的代表作之一。代表作家还有阿斯图里亚斯、鲁尔福等。

【黑色幽默】黑色幽默是20世纪60年代在美国广为流传的文学流派，其名称源于1965年弗里德曼所编的小说集《黑色幽默》，意为“苦闷、绝望中的幽默”。该流派作品主要描述的是社会对个人的压迫及环境和人之间的不协调，常常将社会的不合理现象放大，以荒谬可笑的形态呈现出来，结构松散，情节怪诞。黑色幽默往往以喜剧形式来表达作者对人类社会不合理之处的愤懑和无可奈何。代表人物有海勒、冯内古特等。

七擒孟获——《三国演义》　三国中期，蜀国占据西蜀一带，这时南方孟获作乱。诸葛亮为了稳定后方，七次擒住孟获而又七次将其释放，以德服人，最终使其真心归顺蜀汉。这展现了诸葛亮的足智多谋。

核心积累

一、中外并称的作家、作品

（一）中国并称的作家、作品

1. 中国并称的作家

【屈宋】战国时期楚国诗人屈原和宋玉。

【两司马（文章西汉两司马）】西汉辞赋家司马相如和史学家、散文家司马迁。

【班马（马班）】汉代历史学家、文学家司马迁和班固。

【班张】东汉历史学家、文学家班固和天文学家、文学家张衡。

【汉赋四大家】西汉的司马相如、扬雄和东汉的班固、张衡。

【三曹】汉魏时期的政治家、文学家曹操与其子曹丕、曹植。

【建安七子】东汉建安时期的文学家孔融、陈琳、王粲、徐干、阮瑀、应玚、刘桢。

【潘陆】西晋诗人潘岳和陆机。

【陶谢】东晋诗人陶渊明和南朝宋诗人谢灵运。

【元嘉三大家】南朝宋时期诗人谢灵运、颜延之、鲍照。

【初唐四杰】初唐文学家王勃、杨炯、卢照邻、骆宾王。

【王孟】唐代诗人王维和孟浩然。

【高岑】唐代诗人高适和岑参。

【李杜】唐代诗人李白和杜甫。

【韩柳】唐代散文家韩愈和柳宗元。

【元白】唐代诗人元稹和白居易。

【温李】唐代诗人温庭筠和李商隐。

【小李杜】唐代诗人李商隐和杜牧。

【唐宋八大家】唐宋两代八大散文家，即唐代的韩愈、柳宗元，宋代的欧阳修、苏洵、苏轼、苏辙、王安石、曾巩。

【三苏】北宋文学家苏洵与其子苏轼、苏辙。苏洵称老苏，苏轼称大苏，苏辙称小苏。

【苏黄】北宋文学家及书法家苏轼和黄庭坚。

【苏辛】宋代豪放词派词人苏轼和辛弃疾。

【二安】宋代词人李清照和辛弃疾。因李清照号易安居士、辛弃疾字幼安，故名。

【周柳】北宋词人周邦彦和柳永。

【周姜】宋代词人周邦彦和姜夔。

【晏欧】北宋词人晏殊和欧阳修。

【二晏】北宋词人晏殊与其子晏几道。

【苏门四学士】北宋文学家黄庭坚、秦观、晁补之、张耒。

【南宋四大家】南宋诗人杨万里、尤袤、范成大、陆游。

【元曲四大家】元代著名杂剧和散曲作家关汉卿、郑光祖、马致远、白朴。

名著情节

空城计——《三国演义》 司马懿大军兵临城下，城中没有兵马可以应对，诸葛亮命令士兵打开城门，派人打扫道路，自己在城楼上弹琴饮酒。司马懿见状，怕城中布置了伏兵，于是退兵而去。诸葛亮成功保卫了西城。

【公安三袁】明代文学家袁宗道、袁宏道、袁中道三兄弟。

【前七子】明代文学家李梦阳、何景明、徐祯卿、边贡、康海、王九思、王廷相。

【后七子】明代文学家李攀龙、王世贞、谢榛、宗臣、梁有誉、徐中行、吴国伦。

2. 中国并称的作品

【春秋三传】《春秋左氏传》《春秋公羊传》《春秋穀梁传》。

【乐府双璧】《木兰诗》和《孔雀东南飞》。

【史学双璧】《史记》和《资治通鉴》。

【三戒】唐代文学家柳宗元的三篇寓言《临江之麋》《黔之驴》《永某氏之鼠》。

【三吏三别】《石壕吏》《潼关吏》《新安吏》和《新婚别》《垂老别》《无家别》。

【元杂剧四大爱情剧】《西厢记》《拜月亭》《墙头马上》《倩女离魂》。

【元杂剧四大悲剧】《窦娥冤》《汉宫秋》《梧桐雨》《赵氏孤儿》。

【三言二拍】“三言”是明代冯梦龙纂辑的三部短篇小说集《喻世明言》《警世通言》《醒世恒言》的合称;“二拍”是中国明代凌濛初的拟话本小说集《初刻拍案惊奇》和《二刻拍案惊奇》的合称。

【明代四大奇书】《三国演义》《水浒传》《西游记》《金瓶梅》。

【晚清四大谴责小说】《官场现形记》《二年目睹之怪现状》《老残游记》《孽海花》。

【四大名著】《三国演义》《水浒传》《西游记》《红楼梦》。

【前四史】《史记》《汉书》《后汉书》《三国志》。

【二十四史】《史记》《汉书》《后汉书》《三国志》《晋书》《宋书》《南齐书》《梁书》《陈书》《魏书》《北齐书》《周书》《隋书》《南史》《北史》《旧唐书》《新唐书》《旧五代史》《新五代史》《宋史》《辽史》《金史》《元史》《明史》。

(二)外国并称的作家、作品

1. 外国并称的作家

【世界三大短篇小说之王】莫泊桑、契诃夫、欧·亨利。

【文坛三杰】但丁、彼特拉克、薄伽丘。

【古希腊三大悲剧诗人】埃斯库罗斯、索福克勒斯、欧里庇得斯。

【古希腊三大喜剧诗人】克拉提诺斯、欧波利斯、阿里斯托芬。

【英国现代小说三大奠基人】菲尔丁、笛福、理查逊。

2. 外国并称的作品

【世界文学两大史诗】《伊利亚特》《奥德赛》。

【古希腊三大悲剧】《被缚的普罗米修斯》《俄狄浦斯王》《美狄亚》。

草船借箭——《三国演义》 周瑜忌妒诸葛亮的才能,设计陷害诸葛亮——要求他三天内造出十万支箭。诸葛亮趁漫天大雾调用二十条草船驶向曹营,曹军以乱箭射之。随后,诸葛亮收回扎满箭的草船,完成了任务。

【但丁《神曲》三部曲】《地狱》《炼狱》《天堂》。

【莎士比亚四大悲剧】《哈姆雷特》《李尔王》《麦克白》《奥赛罗》。

【莎士比亚四大喜剧】《威尼斯商人》《皆大欢喜》《仲夏夜之梦》《第十二夜》。

二、诗文名句

（一）教材重要篇目中的诗文名句

《语文基础模块（上册）》（教育部组织编写，高等教育出版社2023年出版，后同）重要篇目中的诗文名句如表1-9-1所示。

注意 表1-9-1至表1-9-4中变色的字为易错字。

表1-9-1 《语文基础模块（上册）》重要篇目中的诗文名句

篇　目	作　者	名　句
《沁园春·长沙》	毛泽东	独立寒秋，湘江北去，橘子洲头。看万山红遍，层林尽染；漫江碧透，百舸争流。鹰击长空，鱼翔浅底，万类霜天竞自由。怅寥廓，问苍茫大地，谁主沉浮？ 携来百侣曾游。忆往昔峥嵘岁月稠。恰同学少年，风华正茂；书生意气，挥斥方遒。指点江山，激扬文字，粪土当年万户侯。曾记否，到中流击水，浪遏飞舟？
《雨巷》	戴望舒	① 她彷徨在这寂寥的雨巷，撑着油纸伞像我一样，像我一样地默默彳亍着，冷漠，凄清，又惆怅。 ② 像梦中飘过一枝丁香的，我身旁飘过这女郎；她静默地远了，远了，到了颓圮的篱墙，走尽这雨巷
《我愿意是急流》	裴多菲	① 只要我的爱人是一只小鸟，在我的稠密的树枝间做窠，鸣叫。 ② 我愿意是废墟，在峻峭的山岩上，这静默的毁灭并不使我懊丧……只要我的爱人是青青的常春藤，沿着我荒凉的额，亲密地攀缘上升
《伐檀》	《诗经》	坎坎伐檀兮，寘之河之干兮，河水清且涟猗。不稼不穑，胡取禾三百廛兮？不狩不猎，胡瞻尔庭有县貆兮？彼君子兮，不素餐兮！ 坎坎伐辐兮，寘之河之侧兮，河水清且直猗。不稼不穑，胡取禾三百亿兮？不狩不猎，胡瞻尔庭有县特兮？彼君子兮，不素食兮！ 坎坎伐轮兮，寘之河之漘兮，河水清且沦猗。不稼不穑，胡取禾三百囷兮？不狩不猎，胡瞻尔庭有县鹑兮？彼君子兮，不素飧兮！

赤壁之战——《三国演义》 曹操统一北方后，率领十万大军南下与刘备孙权盟军隔江对峙。曹军不擅长水战，将战船连着锁在一起。黄盖假称降曹，带领十艘装满油和柴草的舰船顺风驶向曹军，临近时点火，着火的船迅速向曹军冲去，火烈风猛，曹军的水寨一时化成火海。

续表

篇目	作者	名句
《念奴娇·赤壁怀古》	苏轼	大江东去，浪淘尽，千古风流人物。故垒西边，人道是，三国周郎赤壁。乱石穿空，惊涛拍岸，卷起千堆雪。江山如画，一时多少豪杰。 遥想公瑾当年，小乔初嫁了，雄姿英发。羽扇纶巾，谈笑间，樯橹灰飞烟灭。故国神游，多情应笑我，早生华发。人生如梦，一尊还酹江月
《寡人之于国也》	孟子	填然鼓之，兵刃既接，弃甲曳兵而走，或百步而后止，或五十步而后止。以五十步笑百步，则何如？
《劝学》	荀子	①青，取之于蓝，而青于蓝；冰，水为之，而寒于水。 ②故木受绳则直，金就砺则利，君子博学而日参省乎己，则知明而行无过矣。 ③吾尝终日而思矣，不如须臾之所学也；吾尝跂而望矣，不如登高之博见也。登高而招，臂非加长也，而见者远；顺风而呼，声非加疾也，而闻者彰。假舆马者，非利足也，而致千里；假舟楫者，非能水也，而绝江河。 ④积土成山，风雨兴焉；积水成渊，蛟龙生焉；积善成德，而神明自得，圣心备焉。故不积跬步，无以至千里；不积小流，无以成江海。骐骥一跃，不能十步；驽马十驾，功在不舍。锲而舍之，朽木不折；锲而不舍，金石可镂
《公输》	《墨子》	①今有人于此，舍其文轩，邻有敝舆而欲窃之；舍其锦绣，邻有短褐而欲窃之；舍其粱肉，邻有糠糟而欲窃之。此为何若人？ ②荆之地，方五千里，宋之地，方五百里，此犹文轩之与敝舆也；荆有云梦，犀兕麋鹿满之，江汉之鱼鳖鼋鼍为天下富，宋所为无雉兔鲋鱼者也，此犹粱肉之与糠糟也；荆有长松、文梓、楩楠、豫章，宋无长木，此犹锦绣之与短褐也
《师说》	韩愈	①师者，所以传道受业解惑也。 ②是故无贵无贱，无长无少，道之所存，师之所存也。 ③句读之不知，惑之不解，或师焉，或不焉，小学而大遗，吾未见其明也。 ④孔子曰：三人行，则必有我师。是故弟子不必不如师，师不必贤于弟子，闻道有先后，术业有专攻，如是而已
《静女》	《诗经》	静女其姝，俟我于城隅。爱而不见，搔首踟蹰。静女其娈，贻我彤管。彤管有炜，说怿女美。自牧归荑，洵美且异。匪女之为美，美人之贻

武松打虎——《水浒传》 武松回家探望兄长，途经景阳冈时豪饮十八碗酒，酒后遇到一只老虎。尽管酒力发作，昏昏欲睡，但他在危急时刻奋起神力，最终用拳头打死了老虎。

续表

篇　目	作　者	名　句
《短歌行》	曹操	对酒当歌，人生几何！譬如朝露，去日苦多。慨当以慷，忧思难忘。何以解忧？唯有杜康。青青子衿，悠悠我心。但为君故，沉吟至今。呦呦鹿鸣，食野之苹。我有嘉宾，鼓瑟吹笙。明明如月，何时可掇？忧从中来，不可断绝。越陌度阡，枉用相存。契阔谈讌，心念旧恩。月明星稀，乌鹊南飞。绕树三匝，何枝可依？山不厌高，海不厌深。周公吐哺，天下归心
《春江花月夜》	张若虚	① 春江潮水连海平，海上明月共潮生。 ② 白云一片去悠悠，青枫浦上不胜愁。 ③ 鸿雁长飞光不度，鱼龙潜跃水成文。 ④ 昨夜闲潭梦落花，可怜春半不还家
《燕歌行》	高适	汉家烟尘在东北，汉将辞家破残贼。男儿本自重横行，天子非常赐颜色。摐金伐鼓下榆关，旌旆逶迤碣石间。校尉羽书飞瀚海，单于猎火照狼山。山川萧条极边土，胡骑凭陵杂风雨。战士军前半死生，美人帐下犹歌舞。大漠穷秋塞草腓，孤城落日斗兵稀。身当恩遇常轻敌，力尽关山未解围。铁衣远戍辛勤久，玉箸应啼别离后。少妇城南欲断肠，征人蓟北空回首。边庭飘飖那可度，绝域苍茫无所有！杀气三时作阵云，寒声一夜传刁斗。相看白刃血纷纷，死节从来岂顾勋！君不见沙场征战苦，至今犹忆李将军
《李凭箜篌引》	李贺	吴丝蜀桐张高秋，空山凝云颓不流。江娥啼竹素女愁，李凭中国弹箜篌。昆山玉碎凤凰叫，芙蓉泣露香兰笑。十二门前融冷光，二十三丝动紫皇。女娲炼石补天处，石破天惊逗秋雨。梦入神山教神妪，老鱼跳波瘦蛟舞。吴质不眠倚桂树，露脚斜飞湿寒兔

《语文基础模块（下册）》（教育部组织编写，高等教育出版社 2023 年出版，后同）重要篇目中的诗文名句如表 1-9-2 所示。

表 1-9-2 《语文基础模块（下册）》重要篇目中的诗文名句

篇　目	作　者	名　句
《国殇》	屈原	操吴戈兮被犀甲，车错毂兮短兵接。旌蔽日兮敌若云，矢交坠兮士争先。凌余阵兮躐余行，左骖殪兮右刃伤。霾两轮兮絷四马，援玉枹兮击鸣鼓。天时坠兮威灵怒，严杀尽兮弃原野。出不入兮往不反，平原忽兮路超远。带长剑兮挟秦弓，首身离兮心不惩。诚既勇兮又以武，终刚强兮不可凌。身既死兮神以灵，子魂魄兮为鬼雄

名著情节

武松血溅鸳鸯楼——《水浒传》 武松被张都监等人诬陷成贼，遭到二次流放，途经飞云浦时得知自己是遭了蒋门神、张都监等人的奸计，遂杀回张都监家，直杀到后花园鸳鸯楼，不多时，便将恶人变为刀下鬼。武松在墙上写下“杀人者，打虎武松也”八个字后出城，落发换服，远避他乡。

续表

篇目	作者	名句
《永遇乐·京口北固亭怀古》	辛弃疾	千古江山，英雄无觅，孙仲谋处。舞榭歌台，风流总被，雨打风吹去。斜阳草树，寻常巷陌，人道寄奴曾住。想当年，金戈铁马，气吞万里如虎。 元嘉草草，封狼居胥，赢得仓皇北顾。四十三年，望中犹记，烽火扬州路。可堪回首，佛狸祠下，一片神鸦社鼓。凭谁问：廉颇老矣，尚能饭否？
《声声慢》	李清照	寻寻觅觅，冷冷清清，凄凄惨惨戚戚。乍暖还寒时候，最难将息。三杯两盏淡酒，怎敌他、晚来风急！雁过也，正伤心，却是旧时相识。 满地黄花堆积，憔悴损，如今有谁堪摘？守着窗儿，独自怎生得黑！梧桐更兼细雨，到黄昏、点点滴滴。这次第，怎一个愁字了得！
《归园田居（其一）》	陶渊明	少无适俗韵，性本爱丘山。误落尘网中，一去三十年。羁鸟恋旧林，池鱼思故渊。开荒南野际，守拙归园田。方宅十余亩，草屋八九间。榆柳荫后檐，桃李罗堂前。暧暧远人村，依依墟里烟。狗吠深巷中，鸡鸣桑树颠。户庭无尘杂，虚室有余闲。久在樊笼里，复得返自然
《将进酒》	李白	① 君不见黄河之水天上来，奔流到海不复回。 ② 君不见高堂明镜悲白发，朝如青丝暮成雪。 ③ 人生得意须尽欢，莫使金樽空对月。 ④ 天生我材必有用，千金散尽还复来
《登高》	杜甫	风急天高猿啸哀，渚清沙白鸟飞回。无边落木萧萧下，不尽长江滚滚来。万里悲秋常作客，百年多病独登台。艰难苦恨繁霜鬓，潦倒新停浊酒杯
《赤壁赋》	苏轼	① 白露横江，水光接天。纵一苇之所如，凌万顷之茫然。浩浩乎如冯虚御风，而不知其所止；飘飘乎如遗世独立，羽化而登仙。 ② 其声呜呜然，如怨如慕，如泣如诉，余音袅袅，不绝如缕。舞幽壑之潜蛟，泣孤舟之嫠妇。 ③ 寄蜉蝣于天地，渺沧海之一粟。 ④ 惟江上之清风，与山间之明月，耳得之而为声，目遇之而成色，取之无禁，用之不竭
《过华清宫绝句三首（其一）》	杜牧	长安回望绣成堆，山顶千门次第开。一骑红尘妃子笑，无人知是荔枝来

吴用智取生辰纲——《水浒传》 杨志押送生辰纲去往东京，因天气酷热停下休息。吴用、晁盖、白胜等人扮成贩枣商人和卖酒汉子，趁机在杨志买的酒中下毒，将生辰纲劫走。

续表

篇　目	作　者	名　句
《锦瑟》	李商隐	锦瑟无端五十弦，一弦一柱思华年。庄生晓梦迷蝴蝶，望帝春心托杜鹃。沧海月明珠有泪，蓝田日暖玉生烟。此情可待成追忆，只是当时已惘然
《虞美人》	李煜	春花秋月何时了，往事知多少。小楼昨夜又东风，故国不堪回首月明中。 雕栏玉砌应犹在，只是朱颜改。问君能有几多愁，恰似一江春水向东流
《破阵子·春景》	晏殊	燕子来时新社，梨花落后清明。池上碧苔三四点，叶底黄鹂一两声。日长飞絮轻。 巧笑东邻女伴，采桑径里逢迎。疑怪昨宵春梦好，元是今朝斗草赢。笑从双脸生
《苏幕遮》	范仲淹	碧云天，黄叶地。秋色连波，波上寒烟翠。山映斜阳天接水。芳草无情，更在斜阳外。 黯乡魂，追旅思。夜夜除非，好梦留人睡。明月楼高休独倚。酒入愁肠，化作相思泪

《语文职业模块》（教育部组织编写，高等教育出版社 2023 年出版，后同）重要篇目中的诗文名句如表 1-9-3 所示。

表 1-9-3　《语文职业模块》重要篇目中的诗文名句

篇　目	作　者	名　句
《七律二首·送瘟神》	毛泽东	**【其一】**绿水青山枉自多，华佗无奈小虫何！千村薜荔人遗矢，万户萧疏鬼唱歌。坐地日行八万里，巡天遥看一千河。牛郎欲问瘟神事，一样悲欢逐逝波。 **【其二】**春风杨柳万千条，六亿神州尽舜尧。红雨随心翻作浪，青山着意化为桥。天连五岭银锄落，地动三河铁臂摇。借问瘟君欲何往，纸船明烛照天烧
《雨霖铃》	柳永	寒蝉凄切，对长亭晚，骤雨初歇。都门帐饮无绪，留恋处，兰舟催发。执手相看泪眼，竟无语凝噎。念去去，千里烟波，暮霭沉沉楚天阔。 多情自古伤离别，更那堪，冷落清秋节！今宵酒醒何处？杨柳岸，晓风残月。此去经年，应是良辰好景虚设。便纵有千种风情，更与何人说？

名著情节

宋江怒杀阎婆惜——《水浒传》　晁盖等七个好汉智取生辰纲事发，被官府缉拿，幸得宋江事先告知。晁盖派刘唐送酬金和书信给宋江，被宋江外室阎婆惜发现，阎婆惜趁机要挟宋江。宋江怒杀阎婆惜，逃往沧州，被迫上梁山。

续表

篇目	作者	名句
《桂枝香·金陵怀古》	王安石	登临送目，正故国晚秋，天气初肃。千里澄江似练，翠峰如簇。归帆去棹残阳里，背西风，酒旗斜矗。彩舟云淡，星河鹭起，画图难足。 念往昔，繁华竞逐，叹门外楼头，悲恨相续。千古凭高对此，谩嗟荣辱。六朝旧事随流水，但寒烟衰草凝绿。至今商女，时时犹唱，后庭遗曲
《苏幕遮》	周邦彦	燎沉香，消溽暑。鸟雀呼晴，侵晓窥檐语。叶上初阳干宿雨，水面清圆，一一风荷举。 故乡遥，何日去？家住吴门，久作长安旅。五月渔郎相忆否？小楫轻舟，梦入芙蓉浦
《书愤》	陆游	早岁那知世事艰，中原北望气如山。楼船夜雪瓜洲渡，铁马秋风大散关。塞上长城空自许，镜中衰鬓已先斑。出师一表真名世，千载谁堪伯仲间！
《扬州慢》	姜夔	淮左名都，竹西佳处，解鞍少驻初程。过春风十里，尽荠麦青青。自胡马窥江去后，废池乔木，犹厌言兵。渐黄昏，清角吹寒，都在空城。 杜郎俊赏，算而今，重到须惊。纵豆蔻词工，青楼梦好，难赋深情。二十四桥仍在，波心荡，冷月无声。念桥边红药，年年知为谁生？

（二）其他常见诗文名句

其他常见诗文名句如表 1-9-4 所示。

表 1-9-4　其他常见诗文名句

篇目	作者 / 出处	名句
《再别康桥》	徐志摩	但我不能放歌，悄悄是别离的笙箫；夏虫也为我沉默，沉默是今晚的康桥！
《我爱这土地》	艾青	为什么我的眼里常含泪水？因为我对这土地爱得深沉……
《致橡树》	舒婷	① 我必须是你近旁的一株木棉，作为树的形象和你站在一起。 ② 你有你的铜枝铁干，像刀，像剑，也像戟；我有我红硕的花朵，像沉重的叹息，又像英勇的火炬。 ③ 我们分担寒潮、风雷、霹雳；我们共享雾霭、流岚、虹霓。仿佛永远分离，却又终身相依

鲁智深拳打镇关西——《水浒传》 鲁智深在酒楼听闻金家之女被镇关西郑屠强娶后抛弃，十分气愤，当即赠送银两，第二天亲自保护金家父女逃出虎口，后径自到状元桥郑屠肉案前，先借买肉之名故意刁难郑屠，激怒他，后挑起打斗，继而三拳打死郑屠。

续表

篇　目	作者 / 出处	名　句
《关雎》	《诗经》	关关雎鸠，在河之洲。窈窕淑女，君子好逑。参差荇菜，左右流之。窈窕淑女，寤寐求之。求之不得，寤寐思服。悠哉悠哉，辗转反侧。参差荇菜，左右采之。窈窕淑女，琴瑟友之。参差荇菜，左右芼之。窈窕淑女，钟鼓乐之
《采薇》	《诗经》	昔我往矣，杨柳依依。今我来思，雨雪霏霏。行道迟迟，载渴载饥。我心伤悲，莫知我哀
《孔雀东南飞》	《玉台新咏》	① 妾有绣腰襦，葳蕤自生光；红罗复斗帐，四角垂香囊；箱帘六七十，绿碧青丝绳，物物各自异，种种在其中。 ② 鸡鸣外欲曙，新妇起严妆。著我绣夹裙，事事四五通。足下蹑丝履，头上玳瑁光。腰若流纨素，耳著明月珰。指如削葱根，口如含朱丹。纤纤作细步，精妙世无双。 ③ 君当作磐石，妾当作蒲苇，蒲苇纫如丝，磐石无转移。 ④ 东西植松柏，左右种梧桐。枝枝相覆盖，叶叶相交通。中有双飞鸟，自名为鸳鸯，仰头相向鸣，夜夜达五更
《从军行七首（其四）》	王昌龄	青海长云暗雪山，孤城遥望玉门关。黄沙百战穿金甲，不破楼兰终不还
《山居秋暝》	王维	空山新雨后，天气晚来秋。明月松间照，清泉石上流。竹喧归浣女，莲动下渔舟。随意春芳歇，王孙自可留
《蜀道难》	李白	① 上有六龙回日之高标，下有冲波逆折之回川。黄鹤之飞尚不得过，猿猱欲度愁攀援。青泥何盘盘，百步九折萦岩峦。扪参历井仰胁息，以手抚膺坐长叹。 ② 连峰去天不盈尺，枯松倒挂倚绝壁。飞湍瀑流争喧豗，砯崖转石万壑雷。 ③ 剑阁峥嵘而崔嵬，一夫当关，万夫莫开
《兵车行》	杜甫	① 车辚辚，马萧萧，行人弓箭各在腰。耶娘妻子走相送，尘埃不见咸阳桥。 ② 君不闻汉家山东二百州，千村万落生荆杞。纵有健妇把锄犁，禾生陇亩无东西。 ③ 君不见青海头，古来白骨无人收。新鬼烦冤旧鬼哭，天阴雨湿声啾啾

鲁智深大闹五台山——《水浒传》　鲁智深三拳打死镇关西后，亡命于代州雁门县，为了安身避难，在五台山文殊院出家。鲁智深不守清规，酒肉照吃，醉打山门，智真长老只得举荐他往东京大相国寺做职事僧。

续表

篇　目	作者 / 出处	名　句
《琵琶行（并序）》	白居易	① 千呼万唤始出来，犹抱琵琶半遮面。 ② 转轴拨弦三两声，未成曲调先有情。 ③ 大弦嘈嘈如急雨，小弦切切如私语。 ④ 嘈嘈切切错杂弹，大珠小珠落玉盘。 ⑤ 别有幽愁暗恨生，此时无声胜有声。 ⑥ 同是天涯沦落人，相逢何必曾相识！ ⑦ 感我此言良久立，却坐促弦弦转急
《窦娥冤》	关汉卿	① 地也，你不分好歹何为地！天也，你错勘贤愚枉做天！哎，只落得两泪涟涟。 ② 浮云为我阴，悲风为我旋，三桩儿誓愿明题遍
《长亭送别》	王实甫	碧云天，黄花地，西风紧，北雁南飞。晓来谁染霜林醉？总是离人泪
《鸿门宴》	司马迁	① 项庄舞剑，意在沛公。 ② 大行不顾细谨，大礼不辞小让
《过秦论》	贾谊	① 及至始皇，奋六世之余烈，振长策而御宇内，吞二周而亡诸侯，履至尊而制六合，执敲扑而鞭笞天下，威振四海。 ② 斩木为兵，揭竿为旗，天下云集响应，赢粮而景从。 ③ 一夫作难而七庙隳，身死人手，为天下笑者，何也？仁义不施而攻守之势异也
《兰亭集序》	王羲之	① 此地有崇山峻岭，茂林修竹，又有清流激湍，映带左右，引以为流觞曲水，列坐其次。虽无丝竹管弦之盛，一觞一咏，亦足以畅叙幽情。 ② 仰观宇宙之大，俯察品类之盛，所以游目骋怀，足以极视听之娱，信可乐也。 ③ 夫人之相与，俯仰一世。或取诸怀抱，悟言一室之内；或因寄所托，放浪形骸之外。虽趣舍万殊，静躁不同，当其欣于所遇，暂得于己，快然自足，不知老之将至。 ④ 固知一死生为虚诞，齐彭殇为妄作
《陈情表》	李密	① 既无伯叔，终鲜兄弟，门衰祚薄，晚有儿息。外无期功强近之亲，内无应门五尺之僮，茕茕孑立，形影相吊。 ② 但以刘日薄西山，气息奄奄，人命危浅，朝不虑夕。臣无祖母，无以至今日；祖母无臣，无以终余年。母、孙二人，更相为命，是以区区不能废远

第一部分

鲁智深倒拔垂杨柳——《水浒传》 鲁智深在东京大相国寺看守菜园时结识了一帮泼皮无赖。一次他们在院子里喝酒，由于树上的乌鸦叫个不停，众人心里烦躁，泼皮们说要拿个梯子把鸟窝拆了。鲁智深走到杨柳树前，竟徒手将树连根拔起，惊得众泼皮目瞪口呆，直呼师父真神人也！

续表

篇　目	作者 / 出处	名　句
《游褒禅山记》	王安石	① 余与四人拥火以入，入之愈深，其进愈难，而其见愈奇。 ② 夫夷以近，则游者众；险以远，则至者少。 ③ 而世之奇伟、瑰怪、非常之观，常在于险远，而人之所罕至焉，故非有志者不能至也。 ④ 然力足以至焉，于人为可讥，而在己为有悔；尽吾志也而不能至者，可以无悔矣，其孰能讥之乎？
《六国论》	苏洵	① 六国破灭，非兵不利，战不善，弊在赂秦。 ② 古人云："以地事秦，犹抱薪救火，薪不尽，火不灭。" ③ 齐人未尝赂秦，终继五国迁灭，何哉？与嬴而不助五国也。 ④ 向使三国各爱其地，齐人勿附于秦，刺客不行，良将犹在，则胜负之数，存亡之理，当与秦相较，或未易量
《客至》	杜甫	舍南舍北皆春水，但见群鸥日日来。花径不曾缘客扫，蓬门今始为君开。盘飧市远无兼味，樽酒家贫只旧醅。肯与邻翁相对饮，隔篱呼取尽余杯
《定风波》	苏轼	莫听穿林打叶声，何妨吟啸且徐行。竹杖芒鞋轻胜马，谁怕？一蓑烟雨任平生。 料峭春风吹酒醒，微冷，山头斜照却相迎。回首向来萧瑟处，归去，也无风雨也无晴
《一剪梅》	李清照	红藕香残玉簟秋。轻解罗裳，独上兰舟。云中谁寄锦书来？雁字回时，月满西楼。 花自飘零水自流。一种相思，两处闲愁。此情无计可消除，才下眉头，却上心头

晁盖劫法场——《水浒传》　宋江在浔阳楼题诗，遭黄文炳构陷入狱，戴宗欲救之而不得，反将自己也搭了进去，二人被押解到法场等候处斩。晁盖率众人劫法场，救出宋江和戴宗。后晁盖、宋江等人放火烧了黄文炳家，活捉了黄文炳。

专题十　古代文化常识

我国作为四大文明古国之一，很多文化成果都曾处于世界领先地位，了解和学习我国古代文化常识有助于弘扬我国传统文化，增强我们的文化自信和民族自豪感。本专题主要介绍我国古代的称谓、官职及选官制度、天文历法、礼仪和地理常识等知识。

古代文化常识也是古诗文的一个有机组成部分，学习这方面知识对于理解和学习古诗文具有极为重要的作用。学习时可以从古诗文的字、词、句、段中来捕捉隐藏在语言背后的文化，也可以通过古代文化知识、文化现象来疏通古诗文的语意，深入理解文本主旨。

知识清单

一、古代称谓

（一）姓氏、名、字、号

1. 姓氏

古代常见称谓

上古有姓有氏，姓是一种族号，氏是姓的分支。秦汉后，姓与氏合而为一，统称为姓。上古时，贵族有姓氏，一般平民无姓亦无氏；贵族中妇人称姓，男子称氏；姓用来“别婚姻”，氏用来“明贵贱”。

2. 名

名是人与人之间相区别的符号。在古代社会，婴儿出生几个月后一般由父亲取名，唤作小名（乳名、奶名），如阿瞒。而后孩子到了入学年龄，要另起个名，用于对外称呼，即大名（学名、官名），如曹操。在古代，名一般用作自称、谦称、卑称，或上对下、长对少的称呼。平辈之间，只有在很熟悉的情况下才相互称名。直呼其名常被认为是一种不礼貌的行为。

3. 字

古人幼时命名，成年（男二十岁、女十五岁）取字。字是对名的解释和补充，对名有表述、阐明的作用，因此又叫“表字”。下级对上级，晚辈对长辈，后人对前人，可尊称其字，表示敬重；平辈之间也可以彼此称字，表示礼貌。古代名和字连起来称呼，也是为了表示尊敬。

字和名一般在意义上存在着一定的关联，主要有以下三种情况。

（1）意义相近，如：诸葛亮，名亮，

石猴出世——《西游记》　东胜神洲傲来国海中有座花果山，山中的一块石头因受天地之灵气，享日月之精华，忽有一日崩开，里面出现一只石猴。该石猴与群猴玩耍时，发现了水帘洞，因其他猴都不敢跳进去，而它是第一个敢于跳进水帘洞的，故被群猴拜为猴王。

字孔明，“亮”和“明”意义相近。

（2）意义相反，如：韩愈，名愈，字退之，“愈”即超越，与“退”意义相反。

（3）意义相关，如：苏轼，名轼，字子瞻，“轼”指车前的横木，“瞻”有登轼而望之意。

4. 号

号又叫“别号”“表号”，有自取的，也有他人赠予的。号不受名字规则的约束，往往跟一个人的兴趣、专长、志向、经历、爱好等有关，如陶渊明号五柳先生、李白号青莲居士、杜甫号少陵野老、白居易号香山居士、苏轼号东坡居士、陆游号放翁。

（二）年号、谥号、庙号、尊号

1. 年号

年号多指帝王用的纪年名称，现在也指公元纪年。汉武帝即位后首创年号，后每个朝代的每一位新君即位，一般都要改变年号，即改元。明代以前，皇帝每遇军国大事或重大祥瑞灾异，也常常改元。一位皇帝所用年号少则一个，多则十几个，如汉武帝先后用了十一个年号。明清两代，一般一位皇帝一个年号，如清高宗的年号是乾隆，清高宗就被称为乾隆皇帝。

2. 谥号

谥号是指君主时代帝王、贵族、大臣等死后，依其生前事迹所给予的称号。皇帝的谥号在唐代之前大多为一个字，如齐宣王的“宣”、汉武帝的“武”；唐代开始，字数逐渐变多，如唐太宗的谥号为“文武大圣大广孝”。除皇帝外，其他人的谥号大多为两个字，如诸葛亮谥号“忠武”，岳飞谥号“武穆”。谥号一般分为以下三类。

（1）美谥：庄、文、武、景、惠、宣、明等。

（2）平谥：怀、悼、哀、闵、思、愍、殇等。

（3）恶谥：厉、灵、幽、炀等。

3. 庙号

庙号是指皇帝死后在太庙立室奉祀时特起的名号。庙号的选定有着严格的规定，如有功者称“祖”，有德者称“宗”，创立基业者称“太”，功勋卓著者称“高”等。开国皇帝一般称为“高祖”或“太祖”（刘邦的庙号为“太祖”，自此“太祖”便成为开国皇帝惯用的庙号），如唐高祖李渊、宋太祖赵匡胤等。庙号并不唯一，有的君主死后会有多个庙号。

4. 尊号

尊号别名“徽号”，是尊崇帝后或其先王及宗庙等的称号，如开元二十七年唐玄宗获尊号“开元圣文神武皇帝”，清代同治帝曾尊生母叶赫那拉氏为圣母皇太后，尊号为“慈禧”。

（三）谦称、敬称

相关核心积累 ☞ 143 页

谦称自己，敬称对方，是我国古代文明在语言方面的具体体现。

名著情节

石猴拜师——《西游记》 石猴为寻找长生不老的仙方，独自驾筏出门求学，师承菩提祖师，得名孙悟空。孙悟空从祖师处学得长生之道、七十二般变化及“筋斗云”。一日，孙悟空受众人挑唆，变为松树，引祖师不快被逐出洞。孙悟空回到花果山，自称美猴王。

古人常用的谦称大多带有“愚”“鄙”“敝”“卑”等字。这些字都含有愚笨、无知、阅历较浅的意思，人们使用这些字谦称自己以提高对方的身份。读书人或文人常使用“后学”“晚生”等词表示自己是后进之辈，使用“不才”“不佞”等词谦称自己没有才能或才识平庸。官吏一般自谦为“下官”“小吏”等。老人自谦时，常使用“老朽”“老汉”等词以示自己已进入暮年，衰老无用。

古人以谦称称呼自己的同时，还以敬称来称呼对方。敬称多带有敬重、颂扬之意。古人常把品德高尚、智慧超群的人称为“圣”，如称孔子为“孔圣人”，称皇帝为“圣上”“圣驾”，甚至与他相关的事物，均被冠以“圣”字。在我国古代社会的诸多敬称中，“阁下”“先生”“足下”“君”等词使用较为普遍。

（四）年龄称谓

古人的年龄有时候不用具体的数字表示，而是用与年龄有关的称谓代替。

【襁褓】未满周岁。如“受襁褓之托，任汉室之寄”（《霍光传》）。

【孩提】开始会笑、可提抱的幼儿时期。如“孩提之童，无不知爱其亲者”（《孟子》）。

【垂髫】小孩子头发扎起来下垂着，借指幼年。如“黄发垂髫，并怡然自乐”（《桃花源记》）。

【总角】古代未成年人把头发扎成的左右两个髻，借指幼年。如“总角之宴，言笑晏晏”（《氓》）。

【豆蔻】女子十三四岁。如“纵豆蔻词工，青楼梦好，难赋深情”（《扬州慢》）。

【及笄】女子十五岁。如“年已及笄，不得早成佳配”（《牡丹亭》）。

【束发】男子十五岁。如“余自束发读书轩中”（《项脊轩志》）。

【弱冠（加冠）】男子二十岁。如“无路请缨，等终军之弱冠”（《滕王阁序》）。

【而立】人三十岁。出自“三十而立”（《论语》）。

【不惑】人四十岁。出自“四十而不惑”（《论语》）。

【知天命（知命）】人五十岁。出自“五十而知天命”（《论语》）。

【耳顺（花甲）】人六十岁。出自“六十而耳顺”（《论语》）。

【古稀】人七十岁。出自“人生七十古来稀”（《曲江》）。

【耄耋】老年，高龄。“耄”指人八九十岁，“耋”指人七八十岁。如“人耄耋，皆得以寿终”（《对酒歌》）。

【期颐】人一百岁。出自“百年曰期颐”（《礼记》）。

二、古代官职及选官制度

（一）官职设置

我国古代的官职随着各朝代行政制度的变化而

古代中央官制

官封弼马温——《西游记》 孙悟空向东海龙王讨得定海神针（即如意金箍棒），又在幽冥界勾掉了猴属在生死簿上的姓名。龙王和阎王表奏玉帝，请伏妖猴。玉帝知其厉害，便派太白金星招安孙悟空，封其为弼马温。

不断变化，总体上可以分为文官和武官两大类。文官主要掌管朝廷行政内务事宜，武官主要负责军事，即制订作战策略和带兵作战。其中，根据分管内容的不同，文官和武官内部还可以再进行划分，如文官有分管政务的官职，分管司法的官职，分管教育的官职；武官有分管参谋的官职，分管教练武艺的官职等。

我国古代用于表示官职变动的词也各有不同，如表示授予官职常用“封”“赐”“拜”等词，表示提升官职常用“拔擢”“加”“进”等词。了解这些内容对于我们理解古文有着重要的意义。

相关核心积累 ☞ 145 页

（二）选官制度

1. 汉代——察举制和征辟制

察举制是一种自下而上选拔官吏的制度。察举有考察、推举的意思，又叫“荐举”，是由各郡国的地方长官在辖区内考察、选取人才，推荐给上级或中央，经过试用考核，再任命官职的选官制度。察举的对象既有平民，也有现任的吏员，重点考察的是他们在乡里的舆论评价和为官能力。

察举分常科和特科。常科为岁举，有人数规定、具体标准和固定时间，如孝廉、秀才（汉代避刘秀讳，称秀才为“茂才”）等；特科有具体标准但无固定时间，如贤良方正、贤良文学、明经、有道等。察举制为汉代政权选拔了大批人才。

孝廉、秀才

征辟制是汉武帝时开始推行的一种自上而下选拔官吏的制度。征是指皇帝下诏聘召，有时也称“特诏”或“特征”；辟是指公卿或地方长官征调某人为掾属，再向朝廷推荐，也称“辟召”或“辟除”。被征辟者可以应聘，也可托词不就。在汉代的选官制度中，征辟制的地位仅次于察举制。

2. 魏晋南北朝——九品中正制

九品中正制又称“九品官人法”，是魏晋南北朝时期的官吏选拔制度。它的主要内容是，在各州郡选择有见识、有名望、善识人才的官员任中正，查访评定州郡人士，将他们分成上上、上中、上下、中上、中中、中下、下上、下中、下下九等，作为吏部授官的依据。

九品中正制将选官权收归中央，加强了中央集权。随着门阀士族势力的发展，中正选人只看家世，不看道德才能，逐渐形成“上品无寒门，下品无势族”的局面。

3. 隋唐到清代——科举制

隋文帝废除九品中正制，开始采用分科考试的方式选拔官员，于开皇年间设志行修谨、清平干济二科。隋炀帝时始置进士科，科举制形成。唐代于进士外，复置秀才、明法、明经、明算诸科，又有一史、三史、开元礼、童子、道举等科。诸科之中，进士和明经最为重要。武则天时还首创了武举和殿试。宋神宗熙宁四年（1071 年），

名著情节

大闹天宫——《西游记》 孙悟空嫌弼马温官职小，回花果山树起“齐天大圣”旗号。玉帝派十万天兵天将捉拿他均告失败，过程中他不仅毫发无损，还炼成了火眼金睛。无奈之下，玉帝只好请来佛祖如来，才将其压在五行山下。

废明经，专以进士一科取士。唐宋进士科主要考诗赋，宋神宗熙宁时，王安石改为考经义，元明清均用其法。明清两代的经义以“四书”“五经”的文句为题，规定文章的格式为八股文，解释须依朱熹的《四书集注》等书。光绪三十一年（1905 年）推行新学，科举制度即被废除。

明清时期是科举制的鼎盛时期，科举考试分为童生试、乡试、会试和殿试四级，主要内容如表 1-10-1 所示。

表 1-10-1 明清时期科举考试简表

项 目	童生试	乡试（秋闱）	会试（春闱）	殿 试
周期 / 时间	三年之内两次	子、卯、午、酉年八月	乡试次年三月	会试同年四月
考场	学政巡回案临考场（府、县）	京城和各省城贡院	京城贡院（礼部）	皇宫
主考人	知县、知府、各省学政	皇帝特派官员	礼部侍郎或钦差大臣	皇帝或委派大臣
参加者	童生（儒童）	生员及监生	举人	贡士
公告榜	—	桂榜	杏榜	金榜
中者称谓	生员（秀才）	举人	贡士	进士
第一名称谓	案首	解元	会元	状元

【殿试】殿试是科举制最高级别的考试，皇帝在殿廷上对会试录取的贡士亲自策问，以定甲第。殿试录取分为三甲：一甲三名，赐“进士及第”的称号，第一名为状元（鼎元），第二名为榜眼，第三名为探花；二甲若干名，赐“进士出身”的称号，二甲第一名为传胪；三甲若干名，赐“同进士出身”的称号。

古代人才培养机构

【及第】及第指科举考试应试中选。应试未中的称“落第”“下第”。

【连中三元】科举考试以名列第一者为“元”，接连在乡试、会试、殿试中考中第一名，称“连中三元”。

【鼎甲】鼎甲指殿试一甲三名——状元、榜眼、探花。他们如一鼎之三足，故称“鼎甲”。

三、天文历法

（一）天文

【星宿】古代把星座称作星宿，又叫二十八宿或二十八星，是古人为观测日、月、五星运行而划分的二十八个星区，用来说明日、月、五星运行所到的位置。

【参商】“参”指参宿，“商”指商宿。参宿在西，商宿在东，二者在星空中此出彼没，彼出此没，因此常被用来形容人分离不得相见。

【流火】流火是说心宿的位置已由中天逐渐西降，表明暑气渐退。

【文曲星】星宿名之一。旧时认为文曲星是主管文运的星宿。

【天罡】星宿名之一，指北斗七星的

柄，道教认为北斗丛星中有三十六颗天罡星、七十二颗地煞星。

（二）历法

相关核心积累 ☞ 150 页

1. 农历

农历是我国长期采用的一种传统历法，它以朔望的周期来定月，用置闰的方式使年平均长度接近太阳回归年。因这种历法安排了二十四节气以指导农业生产活动，故称农历，又叫夏历。

【二十四节气】古人根据太阳一年内的位置变化及所引起的地面气候的演变次序，把一年三百六十五又四分之一的天数分成二十四段，分列在农历十二个月中，以反映四季气温、物候等情况。其名称和顺序如表 1-10-2 所示。

表 1-10-2　二十四节气

月　份	节　气	月　份	节　气
一月	立春、雨水	七月	立秋、处暑
二月	惊蛰、春分	八月	白露、秋分
三月	清明、谷雨	九月	寒露、霜降
四月	立夏、小满	十月	立冬、小雪
五月	芒种、夏至	十一月	大雪、冬至
六月	小暑、大暑	十二月	小寒、大寒

【闰月】历法置闰方式的一种。农历逢闰年所加的一个月叫闰月。闰月加在某月之后就称闰某月。

2. 干支纪年

十天干和十二地支依次相配，组成六十个基本单位，古人以此作为年的序号，叫“干支纪年”。

【天干】甲、乙、丙、丁、戊、己、庚、辛、壬、癸。

【地支】子、丑、寅、卯、辰、巳、午、未、申、酉、戌、亥。

四、古代礼仪

相关核心积累 ☞ 151 页

中国素有“礼仪之邦”之称，创造了多姿多彩的礼仪文化，自古有“经礼三百，曲礼三千”之说。中国人也以彬彬有礼的风貌而著称于世。礼仪作为中国传统文化的重要组成部分，对中国社会历史发展具有广泛深远的影响，其内容十分丰富。

中国礼仪有“三礼”“五礼”之说。“三礼”是指祭祀天、地、宗庙之礼，也是儒家经典《周礼》《仪礼》《礼记》的合称。《周礼》又名《周官》，是“三礼”之首，共分六篇，包括“天官冢宰”“地官司徒”“春官宗伯”“夏官司马”“秋官司寇”“冬官考工记”。《仪礼》又称《礼经》，内容主要是冠、婚、丧、祭、朝、聘等典礼的详细仪式，阐述了春秋战国时期士大夫阶层的礼仪。《礼记》主要记载和论述了先秦的礼制、礼仪，记述修身做人的准则。“三礼”的出现标志着我国古代礼仪发展到了成熟阶段。“五礼”包括吉礼、嘉礼、宾礼、军礼、凶礼，分别指祭祀之事、冠婚之事、宾客之事、军旅之事、丧葬之事各方面的礼仪。

在古代，日常下级拜见上级要行拜见

名著情节

大闹黑风山——《西游记》　观音院老住持为谋占唐僧袈裟，纵火欲烧死唐僧师徒。黑风山黑熊怪则趁乱偷走了袈裟。孙悟空为追寻袈裟，大闹黑风山，不能取胜，后请观音菩萨收服黑熊怪，帮助自己夺回了袈裟。

礼，官员之间行揖拜礼，公、侯、驸马相见行两拜礼，下级居西先行拜礼，上级居东答拜；平民相见，依长幼行礼。座次礼仪也很有讲究，古时官场座次尊卑有别，十分严格：官高为尊，居上位；官低为卑，处下位。在堂上举行的礼节活动以南向为尊。皇帝聚会群臣时，皇帝的座位坐北向南，因此，古人有“南面称王，北面称臣”的说法。室内最尊的座次是坐西向东，其次是坐北向南，再次是坐南向北，最卑是坐东向西，《鸿门宴》中“项王、项伯东向坐；亚父南向坐，……沛公北向坐；张良西向侍”便体现了每个人的地位高低。

核心积累

一、谦称和敬称

（一）谦称

古代常用谦称如表 1-10-3 所示。

表 1-10-3 古代常用谦称

称谓		含义	示例
王侯自称	朕	从秦始皇起，为皇帝专用的自称	自今以来，朕为始皇帝（《秦始皇本纪》）
	寡人	古代国君对自己的谦称	若寡人者，可以保民乎哉？（《齐桓晋文之事》）
	孤	王侯的谦称，汉代后盛行	诸人持议，甚失孤望（《赤壁之战》）
	寡君	臣子对别国人称呼自己国君的谦称	寡君闻吾子将步师出于敝邑，敢犒从者（《秦晋殽之战》）
	不穀、不善	先秦天子或古代诸侯的谦称	齐侯曰：“岂不穀是为？先君之好是继，与不穀同好，何如？”（《齐桓公伐楚盟屈完》）
一般人自称	仆	谦称自己是对方的仆人，含有为对方效劳之意	仆非敢如此也（《报任安书》）
	愚	对自己的谦称	愚谓大计不如迎之（《赤壁之战》）
	某		则非某之所敢知（《答司马谏议书》）
	贱子		贱子因阵败，归来寻旧蹊（《无家别》）
	小人	用于地位低的人对上谦称自己	小人有母，皆尝小人之食矣（《郑伯克段于鄢》）
	鄙人	表示自己地位不高、见识浅薄	鄙人不慧，将有志于世（《中山狼传》）

计收猪八戒——《西游记》 高老庄高小姐被妖怪猪悟能锁在后花园。孙悟空与唐僧来庄投宿，高太公请求帮忙降妖，孙悟空变为高小姐迷惑妖怪，弄清了妖怪原是天蓬元帅，他因调戏嫦娥被贬下界错投了猪胎，经观音点化，在此等候取经人。后唐僧收猪悟能为徒，赐号八戒。

续表

称谓		含义	示例
读书人自称	不才、不佞	谦称自己没有才能	不佞寝疾，不能趋走（《赵武灵王平昼闲居》）
	不肖	即“不贤”，谦称自己没有本事，不能继承祖辈德行	愈不肖，行能诚无可取（《上考功崔虞部书》）
	不敏	谦称自己不聪明，不敏捷	回虽不敏，请事斯语矣（《论语》）
	小生、晚生、后学	学者或读书人对自己的谦称	宜为章句，以悟后学（《徐防传》）
称自己的亲眷	家严	用于对别人谦称自己的父亲	家严出，以婉词相讽（《绝交书》）
	家慈	用于对别人谦称自己的母亲	家慈恒乐为之劳（《小螺庵病榻忆语跋》）
	舍弟	用于对别人谦称自己的弟弟	舍弟见操僭越，故不觉发怒耳（《三国演义》）
	拙荆	用于对别人谦称自己的妻子	恰才与拙荆一道来间壁岳庙里还乡愿（《水浒传》）
	贱息	用于对别人谦称自己的子女	老臣贱息舒祺，最少，不肖（《触龙说赵太后》）
	犬子	用于对别人谦称自己的儿子	犬子冒渎虎威，深感将军恩恕（《三国演义》）
	息女、小女	用于对别人谦称自己的女儿	臣有息女，愿为季箕帚妾（《高祖本纪》）

（二）敬称

古代常用敬称如表 1-10-4 所示。

表 1-10-4 古代常用敬称

称谓		含义	示例
称臣子	麾下	对将帅的敬称	愿麾下重天授之姿，副四海之望（《张纮传》）
	足下	下称上或同辈相称所用的敬辞，表示尊敬对方	秦兵旦暮渡易水，则虽欲长侍足下，岂可得哉？（《荆轲刺秦王》）
	执事	对办事的官员的敬称	若亡郑而有益于君，敢以烦执事（《烛之武退秦师》）
	阁下	对对方的敬称	侧闻阁下抱不世之才，特立而独行（《与于襄阳书》）
	君		今君有一窟，未得高枕而卧也（《冯谖客孟尝君》）
	左右		是仆终已不得舒愤懑以晓左右（《报任安书》）

名著情节

大战流沙河——《西游记》　唐僧师徒三人来到流沙河畔，流沙河中妖怪径抢唐僧，猪八戒、孙悟空去战，妖怪钻入水中，不肯上岸。孙悟空去见观音，观音让木叉与孙悟空同去处理，原来妖怪是经观音点化在此等候取经人的，法号悟净。后唐僧收其为徒，沙悟净以颈下骷髅结成法船，渡唐僧过河。

续表

称谓		含义	示例
称老师、长辈	夫子	敬称，译为“老师”或“您”	夫子焉不学？而亦何常师之有？（《论语》）
	丈人	对老年男子的敬称	至江上，欲涉，见一丈人（《吕氏春秋》）
	父	对男子的美称或对老年男子的敬称	迷失道，问一田父（《垓下之围》）
	亚父	对年长者的敬称，表示仅次于父亲	亚父南向坐，——亚父者，范增也（《鸿门宴》）
	长者	对年纪大、辈分高、德高望重的人的敬称	长者虽有问，役夫敢申恨？（《兵车行》）
	大母	对祖母的敬称	一日，大母过余曰（《项脊轩志》）
	先考	对已故父亲的敬称	—
	先妣	对已故母亲的敬称	先妣抚之甚厚（《项脊轩志》）
称朋友、同辈	先生	敬称，译为“您”	十九人谓毛遂曰：“先生上。”（《平原君虞卿列传》）
	卿		卿东来，故应有此物，可以一领及我（《世说新语》）
	子		子路曰：“愿闻子之志。”（《论语》）
	公		公亦尝闻天子之怒乎？（《唐雎不辱使命》）
	吾子	敬称，比“子”更亲切，译为“您”	寡君闻吾子将步师出于敝邑，敢犒从者（《秦晋殽之战》）
称对方的亲眷	令尊	对别人父亲的敬称	令尊令堂待小生如骨肉，小生怎敢胡行（《初刻拍案惊奇》）
	令堂	对别人母亲的敬称	
	令兄	对别人哥哥的敬称	令兄此来为何？（《三国演义》）
	令弟	对别人弟弟的敬称	末路值令弟，开颜披心胸（《酬从弟惠连》）
	令妹	对别人妹妹的敬称	只是令妹引人捉了我王矮虎（《水浒传》）
	令坦	对别人女婿的敬称	宋江不得已愿借重令坦并令爱之尊首祭旗（《荡寇志》）
	令郎	对别人儿子的敬称	并前书送令郎处，寻便附致（《答徐彦章书》）
	令爱	对别人女儿的敬称	适来叫出来看郡王轿子的人，是令爱么？（《警世通言》）

二、古代的官职

（一）文官官职

古代主要文官官职如表 1-10-5 所示。

四圣试禅心——《西游记》 骊山老母与观音、普贤、文殊菩萨变成母女四人，欲招唐僧为夫，并要将三个女儿嫁给孙悟空、猪八戒和沙悟净，意在试探师徒四人禅心是否坚定。四人中唯猪八戒意动神摇，溜进后堂去撞天婚，最终被捉弄而捆于树上。

表 1-10-5　古代主要文官官职

分管内容	官职名称	简　介
政务	丞相	辅佐君主的最高行政长官。丞相之名起源于战国，为百官之长，秦从武王开始，设左、右丞相。秦代后各代时废时设，后为明太祖所废，以内阁大学士行丞相职权，迄清末未予恢复
	三公	中央执掌军、政、监察的最高官职的合称。西汉初年用来称丞相、御史大夫等高级官员；东汉至魏晋用来称太尉、司徒、司空；唐宋虽沿用此称，却无实际职务，政和二年（1112 年）开始，以太师、太傅、太保为三公
	司徒	掌管民户、土地、徒役的辅政大臣
	司空	掌管土木水利工程的辅政大臣
	尚书	始置于战国，是掌管文书的官，后来权势渐大。汉成帝时设尚书五人，分曹治事；隋代始分六部，是中央行政机构，以尚书为各部长官，后历代相承；元代废尚书省，六部改隶中书省；明洪武十三年（1380 年）废中书省，六部尚书直接听命于皇帝
	太守	本为战国时郡守的尊称。西汉景帝时，改郡守为太守，为一郡最高行政长官
	参知政事	简称“参政”，唐宋时期最高政务长官之一，与同平章事、枢密使、枢密副使合称“宰执”
	枢密使	枢密院的长官。枢密院是管理军国要政的最高国家机构之一
	太史	先秦时为地位很高的朝廷大臣，掌管起草文书、策命诸侯卿大夫、记载史事，兼管国家典籍、天文历法、祭祀等事。秦汉改设太史令后，其职权范围渐小，职位渐低
	中书令	帮助皇帝在宫廷处理政务的官员，负责直接向皇帝密奏“封事”，责任重大
	侍郎	初为宫廷近侍，东汉后成为尚书的属官，唐代后，三省所属各部均以侍郎为副长官
	知府	也称太守，是府一级最高行政长官，总管州县事务
	巡抚	地方长官。清代以巡抚为省级地方政府长官，总揽一省军事、吏治、刑狱等事宜，别称“抚台”“抚军”
	主簿	各级主管下属掌管文书的佐吏。隋唐后，主簿是部分官署与地方政府的事务官
	县令	县一级的最高行政长官，元代称“县尹”，明清称“知县”
	县丞	协助县令治理一县之事的官员
	里正	乡官名，即一里之长（一里包括几十甚至上百户人家），明代称“里长”
司法	司寇	掌管刑狱、纠察的官员，秦汉时废除，后世以“大司寇”为刑部尚书的别称，刑部侍郎称“少司寇”

名著情节

偷吃人参果——《西游记》　唐僧师徒到五庄观投宿，两位道童奉师父镇元大仙之命以人参果款待唐僧。因果型酷似婴儿，唐僧不敢食用。猪八戒怂恿孙悟空偷果，最终遭到二道童怒骂。孙悟空大怒，推倒果树匆匆逃离，却被捉了回去。后孙悟空求得观音医活果树，与镇元大仙结为兄弟。

续表

分管内容	官职名称	简　介
司法	廷尉	掌管刑狱司法的官员，为九卿之一，汉景帝曾将其改称“大理”，北齐后称“大理寺卿”
教育	学官	掌管学校教育的官员
	教授	讲解经义、掌管课试的官员
	教谕	负责教育生员的官员
	祭酒	主管国子监或太学的教育行政长官
	博士	秦汉时是掌管书籍文典、通晓史事的官职，后成为学术上专通一经或精通一艺、教授生徒的官职
讽谏	光禄大夫	汉武帝时设置的中央官职，掌顾问应对，隶属九卿之一的光禄勋
	拾遗	唐代官名，掌供奉讽谏。唐垂拱元年（685 年）武则天始置，分左、右拾遗：左拾遗属门下省，右拾遗属中书省。北宋时改为左、右正言，后随设随罢
	补阙	唐垂拱元年（685 年）置左、右补阙，分属门下省与中书省，掌供奉讽谏。宋端拱元年（988 年）改为左、右司谏
人事监察	御史大夫	秦时为最高的监察官，官位次于左、右丞相。隋唐后所设御史大夫，除宋代为虚衔外均为御史台长官。明改御史大夫为都御史，自此其官遂废
	吏部尚书	掌管全国官吏的任免考课、升降、调动等事务，是吏部的最高长官
	监察御史	隋始置，掌出使巡察州县、监察百官，唐代时隶属御史台三院中的察院，品秩低而权限广
	巡按御史	明清督查院专差御史，负责在地方考察民情、监督吏治，大事奏裁、小事立断，系差遣，事毕还京

（二）武官官职

古代主要武官官职如表 1-10-6 所示。

表 1-10-6　古代主要武官官职

官职名称	简　介
刺史	原为巡察之职，东汉后成为州郡最高军政长官，有时称太守
太尉	秦汉时中央掌管军政的最高官员
参军	“参谋军务”的简称。最初是丞相的军事参谋，晋代后地位逐渐降低，成为诸王、将军的幕僚，唐代后逐渐成为地方官员
都督	军政长官或领兵将帅的官名
节度使	唐代总揽数州军政事务的总管
都尉	秦汉时重要的中高级武官，至东汉时仅临时设置

三打白骨精——《西游记》　白骨精想吃唐僧肉以长生不老，一变美女，二变老妇，三变老翁来迷惑唐僧，均被孙悟空的火眼金睛识破并打“死”。唐僧以为孙悟空滥杀无辜，逐走了他，于是白骨精轻而易举地抓走了唐僧。后孙悟空不计前嫌救出唐僧，师徒四人重又踏上征途。

续表

官职名称	简　介
校尉	秦汉时次于将军的官职，唐代后地位渐低
司马	各个朝代所指官位不尽相同，如战国时为掌管军政、军赋的副官，隋唐时是州郡刺史的属官
大将军	先秦、两汉时将军的最高称号，如汉高祖以韩信为大将军，汉武帝以卫青为大将军。魏晋后渐成虚衔而无实权。明清两代于战争时设大将军官职，战后即废除
车骑将军	高级将军官名，汉制，位次于大将军及骠骑将军，主要掌管征伐背叛，有战事时拜官出征，事成之后便罢官。东汉末年开始成为常设的将军官名，唐之后废除
教头	宋代军中教练武艺的军官

（三）官职的变动

古代常用于表示官职变动的词语如表 1-10-7 所示。

表 1-10-7　古代常用于表示官职变动的词语

类　型	词　语	含　义	示　例
授予官职	辟	帝王召见并任以官职	连辟公府不就（《张衡传》）
	举	由地方官向中央举荐品行端正的人任职	后刺史臣荣举臣秀才（《陈情表》）
	荐		韩琦镇长安，荐知泾阳县（《侯可传》）
	选	通过推荐或科举选拔任以官职	选丞相东曹掾（《贾鲁传》）
	拜	授予官职	诏书特下，拜臣郎中（《陈情表》）
	除		寻蒙国恩，除臣洗马（《陈情表》）
	授		泰定初，恩授东平路儒学教授（《贾鲁传》）
	赏	帝王特意赐以官衔或爵位	上召见袁世凯，特赏侍郎（《谭嗣同传》）
	封	帝王将爵位、土地、名号赐人	劳苦而功高如此，未有封侯之赏（《鸿门宴》）
	起	重新起用，任以官职	鲁居丧服阕，起为太医院都事（《贾鲁传》）
	赠	追封已故者以爵位	步夫人卒，追赠皇后（《吴主传》）
	赐	赏赐有功之臣以爵位	武以故二千石与计谋立宣帝，赐爵关内侯（《苏武传》）
提升官职	升	提拔，晋升	升台都事（《贾鲁传》）
	擢		擢为后将军（《赵充国传》）
	拔擢		至微至陋，过蒙拔擢（《陈情表》）
	陟		陟罚臧否，不宜异同（《出师表》）

名著情节

大战红孩儿——《西游记》　红孩儿用苦肉计骗取了唐僧的信任，纵风将其抓走，并口喷三昧真火烧得孙悟空、猪八戒落荒而逃。孙悟空请来龙王洒下雨水，反被烧伤。猪八戒去请观音，却被红孩儿假扮的观音捉去，最终真观音用莲花宝座降伏红孩儿，并收他做了善财童子。

续表

类型	词语	含义	示例
提升官职	超擢	破格提拔	圣私殊甚，特加超擢（《辞监察御史表》）
	迁	晋升或调动官职	稍迁至栘中厩监（《苏武传》）
	加	加封，即在原官衔上增加荣衔	平剧盗赖文政有功，加秘阁修撰（《辛弃疾传》）
	进	用于较高职务的提拔	二十一年进右都御史，总督漕运（《马文升传》）
降低官职	谪	因罪被降职或流放	滕子京谪守巴陵郡（《岳阳楼记》）
	贬	降职	坐贬连州刺史（《刘禹锡传》）
	左迁		予左迁九江郡司马［《琵琶行（并序）》］
	左降		一旦失恩先左降，三年随例未量移（《自题》）
	左除		帝怒，乃罢贽宰相，左除滂等官（《裴延龄传》）
	窜	放逐，贬谪	暂为御史，遂窜南夷（《进学解》）
调动官职	徙	一般的官职调动	徙齐王信为楚王（《淮阴侯列传》）
	调		调为陇西都尉（《袁盎晁错列传》）
	转		再转复为太史令（《张衡传》）
	移		知颍昌府，移大名（《许将传》）
	补	填补空缺官职	而太守察尊廉，补辽西盐官长（《王尊传》）
	改	改任官职	改刑部详覆官（《王济传》）
	出	调离京城任职	永和初，出为河间相（《张衡传》）
	入	调入京城任职	由和州刺史入为主客郎，复作《游玄都》诗（《刘禹锡传》）
罢免官职	罢	免去、解除官职	窦太后大怒，乃罢逐赵绾、王臧等（《魏其武安侯列传》）
	黜		何以黜朱于朝？（《左传》）
	免		免官削爵（《贡禹传》）
	夺		使者遂逮守，胁服，夺其官（《书博鸡者事》）
	废	废黜，放逐	及留侯策，太子得毋废（《吕太后本纪》）
辞去官职	悬车	辞官居家	时年已七十，遂隐丘山，悬车告老（《陈寔碑》）
	解官	辞去官职	得监和州税，父母又不欲行，拯即解官归养（《包拯传》）
	致仕	交还官职，即退休。一般致仕年龄为七十岁	永宁元年，称病上书致仕（《刘恺传》）
	乞骸骨	自请退职，意为请求使骸骨归葬故乡	上书乞骸骨，征拜尚书（《张衡传》）

车迟国斗法——《西游记》 车迟国国王兴道灭佛，宠信三位道士——虎力大仙、鹿力大仙和羊力大仙，封他们为国师。他们作威作福，欺压僧人，孙悟空大为不平，设计戏耍国师。三大仙欲报受辱之仇，与唐僧斗法。孙悟空使计，三大仙皆输。最后孙悟空使出降妖手段，三大仙现出原形，死于非命。

续表

类　型	词　语	含　义	示　例
辞去官职	告老	因年老辞去官职	冬十月，晋韩献子告老（《左传》）
	请老		祁奚请老，晋侯问嗣焉（《左传》）
	移病	上书称病，为官者请求隐退的委婉语	弘乃移病免归（《公孙弘传》）
	移疾		以久次当擢京卿，累寝不下，遂移疾归（《陈登云传》）
兼任官职	兼	兼任官职	予除右丞相兼枢密使（《指南录后序》）
	领		复引为司马，领广陵相（《袁乔传》）
	行		憙年未二十，既引见，即除为郎中，行偏将军事（《赵憙传》）
	判	高位兼低职	除镇安武胜军节度使、司徒兼侍中、判相州（《韩琦传》）
代理官职	权	暂代官职	时韩愈吏部权京兆（《题李凝幽居》）
	假		武与副中郎将张胜及假吏常惠等募士斥候百余人俱（《苏武传》）
	署		太守奇之，除补书佐，署守属监狱（《王尊传》）
	摄		俄检校侍中，摄吏部尚书（《杜如晦传》）
	守	暂代官职，多指低位代高职	初平中，北海孔融召以为主簿，守高密令（《王脩传》）

三、古代历法中的主要节日

古代历法中的主要节日如表 1-10-8 所示。

表 1-10-8　古代历法中的主要节日

节　日	简　介
春节	农历正月初一，又称“元日”，是农历新年
人日节	农历正月初七，传说这一天是人类的诞辰
三元节	上元节（元宵节），农历正月十五；中元节，农历七月十五日；下元节，农历十月十五日
社日节	古代祭祀土地神的日子，分春秋两次，一般在立春、立秋后的第五个戊日
上巳节	农历三月初三，这一天人们到水边洗濯、嬉游，以祈福消灾
寒食节	农历清明的前一两天，禁烟火，只吃冷食
清明节	阳历四月五日前后，民间习惯在这天扫墓

名著情节

趣经女儿国——《西游记》　师徒四人途经女儿国，唐僧、猪八戒误饮子母河水怀胎。孙悟空取来落胎泉水，唐僧、猪八戒饮水解胎。女儿国国王倾慕唐僧，欲招其为夫，但唐僧谢绝了她的心意。此时，藏匿宫中的琵琶妖女趁机将唐僧抓入琵琶洞，孙悟空、猪八戒与妖女酣斗被刺伤。后经昴日星君相助，才收伏了妖女（即蝎子精）。

续表

节日	简介
端午节	农历五月初五，又称“端阳节”“端五节”。习俗有喝雄黄酒、挂香袋、吃粽子、插艾草菖蒲、斗百草、驱“五毒”等
下九	农历每月十九日，汉时，下九是妇女欢聚的日子
七夕节	农历七月初七，在这一天，妇女们趁织女与牛郎团圆之际，摆设香案，穿针引线，向织女乞求织布绣花的技巧，故七夕节又被称为“乞巧节”
中秋节	农历八月十五，古人认为这时月亮最亮，是赏月的佳节
重阳节	农历九月初九，古人认为九是阳数，日、月都逢九，所以该日被称为“重阳节”，民间习惯在这天登高祈福
冬至节	阳历十二月二十二日前后，民间习惯在这天祭祖宴饮，有“冬至大如年”的说法
腊八	农历十二月初八，有吃腊八粥的习俗
除夕	农历一年最后一天晚上。“除”有“除旧布新”之意。农历一年的最后一天称“岁除”“除日”，所以那天晚上称“除夕”

四、古代礼仪

古代礼仪相关词汇如表 1-10-9 所示。

表 1-10-9 古代礼仪相关词汇

词汇	简介
朝觐	周代各国的诸侯按规定的时间朝见周天子称“朝觐”，“春见曰朝，秋见曰觐”。每次朝见天子，都要带着玉帛、兽皮、珍玩、土产等贡品，即朝贡。如果不按时朝见天子，就被认为是不尊敬天子，天子就可以出兵讨伐
聘	诸侯之间、诸侯与天子之间派使者问候致意称“聘”
揖	拱手行礼，属于相见礼的一种。根据对象的不同，作揖有各种类别，其中，长揖为拱手高举，自上而下行礼
九拜	《周礼》谓“九拜”：“一曰稽首，二曰顿首，三曰空首，四曰振动，五曰吉拜，六曰凶拜，七曰奇拜，八曰褒拜，九曰肃拜。”其中： 稽首：常为臣子拜见君王时所用。行礼时，施礼者屈膝跪地，左手按右手，拱手于地，头也缓缓至于地。头至地须停留一段时间，手在膝前，头点在手背 顿首：俗称“叩头”。行礼时，头碰地即起。通常用于下对上及平辈间的敬礼，如官僚间的拜迎、拜送，民间的拜贺、拜望、拜别等，也常用于书信中的开头或末尾 空首：用于国君回礼臣下之拜。行礼时，双膝着地，两手拱合，俯头至手，与心平而不至地
九宾	也称“九仪”，古代外交上最隆重的一种礼仪，由傧者九人依次传呼，接引宾客上殿

真假美猴王——《西游记》 孙悟空因打死强盗被唐僧赶走，去见观音被留。六耳猕猴乘机假冒孙悟空打倒唐僧，抢走文牒，沙悟净无奈求助观音。观音与孙悟空、沙悟净同去花果山，真假孙悟空恶战，一时分辨不出谁是真的孙悟空。后佛祖如来出面，使六耳猕猴现了原身，被孙悟空一棒打死。

续表

词汇	简介
坐	古代席地而坐，坐时两膝着地臀部贴于脚跟上
跪	两膝着地，大腿伸直，臀不沾脚跟，以示庄重
跽	两膝着地，上身挺直。因与“跪”的动作相似，故也称“长跪”
箕踞	坐在地上，两腿张开，形状像箕。这是一种轻慢傲视对方的姿态
冠礼	古代男子成年时（二十岁）加冠的礼节。由指定的贵宾给行冠礼的青年加冠三次，先后加布冠、皮弁、爵弁，分别表示有治人、为国出力、参加祭祀的权力
笄礼	古代女子到了成年时举行的盘发插笄（即簪子）的礼仪，举行笄礼的年龄一般在十五岁，表示年届成人，可以结婚。因此，女孩子到了成年便称“及笄”“笄年”
祖道	古代为出行者祭祀路神和设宴送行的礼仪
斋戒	古代有祭祀或重大事件，事先要沐浴、更衣、独居，戒其嗜欲，以示心地诚敬，这些活动叫“斋戒”
六礼	古代婚姻的六种手续和礼仪，包括纳采、问名、纳吉、纳征、请期、亲迎
举案齐眉	古代妻子为丈夫捧膳食时举案于眉，表示相敬
以文会友	古代文人交往、交友的礼俗。文人相交轻财物而重情谊、才学，故多以诗文相赠答，以表心意
盟	两国以上或两人以上互相宣誓约定来协同办事的活动称“盟”。会盟时杀牲、献血，并且宣读盟书，誓于神，这些活动称“盟礼”
免胄	胄是指盔。按古代礼法，诸侯的军队过天子门，战车上的左右卫士必须脱胄卷甲，收好兵器，下车步行而过，以示对天子的尊敬
牺牲	古代祭祀时用的色纯体全的牲畜。祭祀用的毛色纯一的牲畜称“牺”，体全的牲畜称“牲”
虚左	古代乘车以左为尊，空着左边的位置以待宾客表示恭敬的行为称“虚左”，今人有“虚左以待”之语

五、古代地理常识

（一）地区名

常见古代地区名如表 1-10-10 所示。

表 1-10-10　常见古代地区名

名称	含义	名称	含义
阴阳	阴，指山岭的北面、河流的南面；阳，指山岭的南面、河流的北面	三都	东汉：东都雒阳、西都长安、南都宛 唐代：东都洛阳、北都晋阳、京都长安

名著情节

盘丝洞斗妖——《西游记》　盘丝洞七女妖（即蜘蛛精）用蛛丝把前来化斋的唐僧缠住。孙悟空打死小妖，救下师父，但七女妖逃脱。后师徒来到黄花观，观主正是女妖的道兄——多目怪，他欲用毒茶加害唐僧师徒，被孙悟空识破。打斗中，多目怪胁下千眼齐放金光，罩住孙悟空。孙悟空请来毗蓝婆菩萨，用金针破金光才收伏多目怪（即蜈蚣精）及众女妖。

续表

名 称	含 义	名 称	含 义
江表、江南	长江以南的地区	三秦	潼关以西的关中地区。秦被灭以后，项羽把秦地分为雍、塞、翟三部分，总称“三秦”
江东	自汉至隋唐称安徽芜湖以下的长江下游南岸地区为“江东”，也称“江左”	河北、河南	分别指黄河以北和黄河以南的地区
江外	江南。在中原人看来，其地在长江以外，故称“江外”	河内	今河南境内黄河以北的地区
淮左	淮水东面的地区	河东	今山西境内黄河以东的地区
关东	函谷关或潼关以东的地区	中国、赤县	我国中原地区或在中原地区华夏族、汉族活动及其文化影响所及的地区。此外也指京城、国都
关西	函谷关或潼关以西的地区	中华	上古时期华夏族、汉族居四夷之中的黄河流域一带，故其地称“中华”。后常用来泛指中原地区
关中	函谷关以西一带	西域	汉以来对玉门关、阳关以西的地区的总称
山东	战国、秦、汉时称崤山或华山以东的地区为“山东”。战国时期除秦外，六国都在崤山、函谷关以东，故称六国领土为“山东”	朔漠	北方的沙漠地区，泛指北方地区
京畿	国都及其附近的地区	四海、八荒	天下

（二）政区名

常见古代政区名如表 1-10-11 所示。

表 1-10-11　常见古代政区名

名 称	含 义
九州	传说中我国上古时期划分了九个行政区域，《尚书》作冀州、兖州、青州、徐州、扬州、荆州、豫州、梁州、雍州。后九州成为中国的别称
神州	京都所在之州
郡	行政区域，秦分天下为三十六郡
国	周代的诸侯国及汉代侯王的封地，也是行政区。国的区域略大于郡，西汉时，朝廷削藩，以至于国的区域约等于郡的，所以“郡国”连称

天竺收玉兔——《西游记》 天竺国公主骑象择亲，一箭射中唐僧之帽，国王欲为公主和唐僧举行盛大婚礼。园中一女子在喜庆的乐声中欲投河自尽，孙悟空救起该女子，问明女子原是天竺国真公主。孙悟空揭破秘密与假公主打斗，嫦娥下界收伏假公主——月宫捣药的玉兔，真公主得以与父母团聚。

续表

名称	含义
府	唐至清代行政区划。唐自开元元年（713 年）起先后升京师、陪都和皇帝驻跸所在地的州为府；宋时隶属于路；明清时为主要的二级行政区划，隶属于省
州	地方行政区划。春秋时为乡属行政单位；秦汉时为监察郡国行政而置，汉武帝时于司隶校尉之外分全国为十三州；明代以天下为二百三十四州；清代于府下置，以知州一人掌州务
道	汉代在少数民族聚居郡下设道，唐代曾分全国为十五道，清代在省与府之间设道
省	元代始设行省，后来成为正式的行政名称，简称“省”
路	宋代的路最初是征收赋税、转运漕粮的，后来带有行政区和军区的性质
县	地方行政区域。春秋时期大国常于新兼并得地置县，秦统一后确立郡县制，以郡统县，为后代因袭

（三）山川关隘名

常见古代山川关隘名如表 1-10-12 所示。

表 1-10-12　常见古代山川关隘名

名称	含义	名称	含义
江、河	长江、黄河	五岳	东岳泰山、西岳华山、南岳衡山、北岳恒山、中岳嵩山
殽	崤山	四渎	长江、黄河、淮河、济水
函	函谷关	五湖	泛指太湖区域的湖泊
岱宗	泰山	云梦泽	湖北江汉平原上古代湖泊的总称
玉门关	汉代置关，是古代出塞的必经之路	阳关	汉代置关，因在玉门关的南边，故称“阳关”

（四）城市名

部分城市古代名称与现代名称对应关系如表 1-10-13 所示。

表 1-10-13　部分城市古代名称与现代名称对应关系

古代名称	现代名称	古代名称	现代名称
建康、建业、金陵、江宁、白下、石头城等	南京	东京、大梁、汴梁	开封
临安、钱塘、武林	杭州	广陵、江都、维扬	扬州
三山	福州	姑苏、吴郡	苏州
京口	镇江	夏口、江夏	武汉

名著情节

波生极乐天——《西游记》　唐僧师徒过凌云渡，乘无底船，终达彼岸，得以脱胎换骨，来到灵山。佛祖命摩诃迦叶和阿难陀引他们选经。不料二尊者却向他们索取“人事”。孙悟空不肯行贿，结果取来的竟是无字经。他们重返灵山把紫金钵盂送给尊者，才取得有字真经，并一一受封佛号。

2

第二部分

阅读与鉴赏

专题一　文言文阅读

文言文一直是语文学习的重难点，主要涉及实词、虚词、句式、断句、翻译等知识。具体来说，实词学习侧重于通假字、一词多义、古今异义、词类活用等文言现象的学习；虚词学习侧重于常见虚词，如之、而、以、于、其、乃的用法的学习；句式学习侧重于特殊句式的学习；文言文断句与翻译学习则侧重于实词、虚词和句式的整体理解和运用。此外，学生还应锻炼对文言文的文意分析与概括能力。在学习文言文时，学生一定要注意多诵读、多思考、多积累，将知识与方法及时地进行归纳与总结。

知识清单

一、通假字

通假是指文言文中借用音同或音近的字代替原来的字的现象。“通”是通用，“假”是借用，借用的字叫“通假字”，被代替的字叫“本字”。例如，“君子生非异也，善假于物也”（《劝学》）的“生”通“性”，意为“天性”。

相关核心积累 ☞ 169 页

名师点睛

通假字的判定技巧

当按该字的本义或引申义翻译其所在的句子不合理时，可考虑该字有通假现象。

例　在翻译“寡助之至，亲戚畔之”一句时，用“畔”的本义或引申义（田界、水边、疆界等）显然翻译不通，考虑该字有通假现象。这里的“畔”通“叛”，是背叛的意思。

需要注意的是，通假字是约定俗成的，并不能随意指定，所以在日常学习中要多积累。

二、一词多义

一词多义，即一个词具有多个义项。一般来说，这个词的诸多义项中有一个是本义，其他则是它的引申义或假借义。图 2-1-1 便展示了“亡”的多义现象。该例子还说明，尽管一个词有多个义项，但在具体语境中它只表示某一种含义。

相关核心积累 ☞ 171 页

文言译句

橐驼非能使木寿且孳也，能顺木之天，以致其性焉尔。（《种树郭橐驼传》）

【译文】我郭橐驼不能使树木活得长久而且生长茂盛啊，只不过能够顺应树木的天性，来使其本性充分发展罢了。

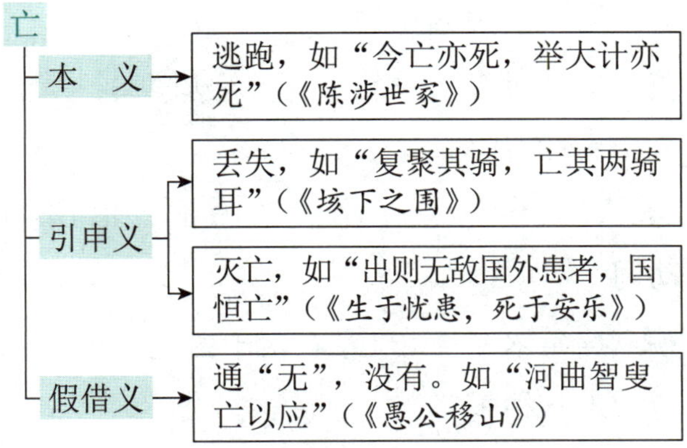

图 2-1-1　“亡”的多义现象

三、古今异义

古今异义是指由于语言的演变，一个词在文言文中的意义（古义）和在现代文中的意义（今义）不同或不完全相同的现象。它具体可以分为以下几种情况。

相关核心积累 ☞ 192 页

（一）古今词义范围的变化

1. 词义扩大

词义扩大是指一个词在文言文中意义的范围比较狭小，在现代文中意义的范围有所扩展的现象。其特点是今义的范围大于古义的，古义包含在今义之中。

例 “假舟楫者，非能水也，而绝江河”（《劝学》）的“江”，古义特指长江，今义泛指一切河流。

2. 词义缩小

词义缩小是指文言文中一个词意义的范围随着时代的发展逐渐变得狭小的现象。其特点是今义的范围小于古义的，今义包含在古义之中。

例 “锲而不舍，金石可镂”（《劝学》）的“金”，古义泛指一切金属，今义专指黄金。

3. 词义转移

词义转移是指文言文中一个词的意义随着时代的发展由表示甲事物转移为表示乙事物的现象。

例 “非我也，兵也”（《寡人之于国也》）的“兵”，古义指兵器，今义指战士、士兵。

（二）古今词义程度的变化

1. 词义弱化

词义弱化是指一个词在文言文中意义的程度较强，而在现代文中意义的程度减弱了的现象。

例 “秦父兄怨此三人”（《淮阴侯列传》）的“怨”，古义指仇恨、痛恨，今义指埋怨、抱怨。

2. 词义强化

词义强化是指一个词在文言文中意义的程度较弱，而在现代文中意义的程度增强了的现象。

例 “未尝不叹息痛恨于桓、灵也”（《出师表》）的“恨”，古义指遗憾，今义指仇恨。

（三）古今词义感情色彩的变化

古今词义感情色彩的变化是指词义在演变的过程中，褒贬发生变化的现象。

例 “能谤讥于市朝”（《邹忌讽齐王纳

其莳也若子，其置也若弃，则其天者全而其性得矣。（《种树郭橐驼传》）

【译文】栽种时要像对待孩子那样，种完后就像丢弃了一样不再管它，那么它的天性得到保全，本性得以发展。

谏》）的“谤”，古义指公开议论、指责（中性词），今义指诽谤（贬义词）。

四、词类活用

一般情况下，实词在句子中充当的句法成分是相对固定的，如名词经常用作主语、宾语、定语，动词经常用作谓语，形容词经常用作定语、谓语和状语等。但是，在文言文中，某些词在一定的语言环境下会临时具有另一类词的语法功能。词的这种临时用法，叫作“词类活用”，它主要有以下几种情况。

相关核心积累 ☞ 196 页

小贴士

词类活用强调的是词的临时用法，即某词在语境中临时具有某一意义，如果脱离语境，该词义就会消失；而一词多义强调的是词的固定用法。

（一）名词的活用

这里的“动词”只限于一般的动词。

1．名词用作动词

名词用作动词是指因为语境所提供的某种条件，名词在具体的语法结构中临时改变了词性，具有动词的语法功能。名词用作动词的活用条件主要有以下几种。

（1）两个名词连用，如果不是并列或偏正关系，则必有一个名词活用为动词。

例 赵王鼓瑟（《廉颇蔺相如列传》）

鼓：弹奏。

（2）名词放在“能”“欲”等能愿动词的后面，活用为动词。

例 假舟楫者，非能水也（《劝学》）

水：游泳。

（3）名词放在副词的后面，活用为动词。

例 然而不王者（《寡人之于国也》）

王：称王。

（4）名词放在“之”“我”等代词的前面，活用为动词。

例 以故其后名之曰褒禅（《游褒禅山记》）

名：命名。

（5）名词后面有介词结构作补语，活用为动词。

例 唐浮图慧褒始舍于其址（《游褒禅山记》）

舍：建舍定居。

（6）名词用“而”同动词或动词性词组连接时，活用为动词。

例 儿涕而出（《促织》）

涕：流着泪，哭着。

2．名词用作状语

名词用作状语是指名词放在谓语动词的前面充当句中的状语，对这个动词起着修饰或限制的作用。其具体用法主要有以下几种。

（1）表示动作行为使用的工具或发生的依据。

例 辇来于秦（《阿房宫赋》）

辇：乘辇车。

文言译句

故吾不害其长而已，非有能硕茂之也；不抑耗其实而已，非有能早而蕃之也。（《种树郭橐驼传》）

【译文】所以我（只不过）不妨碍它的生长罢了，并不是有能使它长得高大茂盛的办法；（只不过）不损伤它的果实罢了，并不是有能使它果实结得早且多的办法。

（2）表示动作行为所处的方位、处所或发生的时间。

例 而相如廷叱之（《廉颇蔺相如列传》）

廷：在朝廷上。

（3）表示对待人的态度。

例 吾得兄事之（《鸿门宴》）

兄：像对待兄长那样。

（4）表示比喻。

例 天下云集响应（《过秦论》）

云：像云彩那样。　响：像回声那样。

3. 名词的使动用法

名词的使动用法是指名词用作动词后，使宾语成为该名词所表示的人或事物。此时名词具有“使（宾语）……”的含义。

例 夫子所谓生死而肉骨也（《左传·襄公二十二年》）

肉：使……长肉。

4. 名词的意动用法

名词的意动用法是指名词用作动词后，主语主观上把宾语所代表的人或事物看作是这个名词所代表的人或事物。此时名词具有“以（宾语）为……”“认为（宾语）……”或“把（宾语）当作……”的含义。

例 吾从而师之（《师说》）

师：以……为师。

（二）动词的活用

1. 动词用作名词

动词用作名词是指动词具有了名词的语法功能，在句中充当主语或宾语，具有明显的表示人或事物的意义。这类词有时前面会受到“其”“之”等词语的修饰或限制。

例 是使民养生丧死无憾也（《寡人之于国也》）

生：活着的人。　死：死去的人。

2. 动词的使动用法

动词的使动用法是指谓语动词所表示的动作不是由主语发出的，而是在主语的影响下使宾语发出的。此时动词具有“使（宾语）……”的含义。动词的使动用法一般只限于不及物动词。不及物动词后面本来不带宾语，用于使动时后面就会带宾语。

例 项伯杀人，臣活之（《鸿门宴》）

活：使……活下来。

3. 动词的为动用法

动词的为动用法是指谓语动词对宾语含有“为”“为了”之意。

例 等死，死国可乎（《陈涉世家》）

死：为……而死。

（三）形容词的活用

1. 形容词用作名词

形容词用作名词是指形容词不再表示人或事物的性质或特征，而是成为具有这种性质或特征的人或事物本身。在文言文中，如果一个形容词在句中充当了主语或宾语，即成为支配动作行为或受到动作行为支配的成分，那么它就是活用为名词了。

虽曰爱之，其实害之；虽曰忧之，其实仇之；故不我若也。（《种树郭橐驼传》）

【译文】虽然说是喜爱它，这实际上是害了它；虽然说是担心它，这实际上是仇视它；所以他们（种树）都不如我。

例　君安与项伯有故（《鸿门宴》）

故：老交情。

这里的“动词”只限于一般的动词。

2. 形容词用作动词

形容词用作动词是指形容词不再表示人或事物的性质或特征，而是表示相应的动作行为或变化发展。

例　严大国之威以修敬也（《廉颇蔺相如列传》）

严：尊重。

3. 形容词的使动用法

形容词的使动用法是指形容词用作动词后，使宾语所代表的人或事物具有这个形容词所表示的性质或特征。此时形容词具有“使（宾语）……”的含义。

例　会盟而谋弱秦（《过秦论》）

弱：使……衰弱。

4. 形容词的意动用法

形容词的意动用法是指形容词用作动词后，主语主观上认为宾语具有这个形容词所表示的性质或特征。此时形容词具有“以（宾语）为……”或“认为（宾语）……”的含义。

例　成以其小，劣之（《促织》）

劣：认为……劣。

名师点睛

使动用法和意动用法的比较

（1）相同点。

两种用法的句法结构相同，都是动宾关系。两种用法都含有名词和形容词的活用。

（2）不同点。

两种用法表达的含义不同。使动用法表达的是“主语使宾语怎么样”，其是客观现实或者能够实现的；而意动用法表达的是“主语认为宾语怎么样”，其是主观的看法，在客观上不一定如此。两种用法使用的范围不同。使动用法包含名词、动词和形容词的活用，而意动用法只限于名词和形容词的活用。

（四）数词的活用

数词在文言文中活用的现象比较少见。一般来说，数词直接处于宾语的位置上就用作名词，处于谓语的位置上就用作动词或形容词，具体如图 2-1-2 所示。

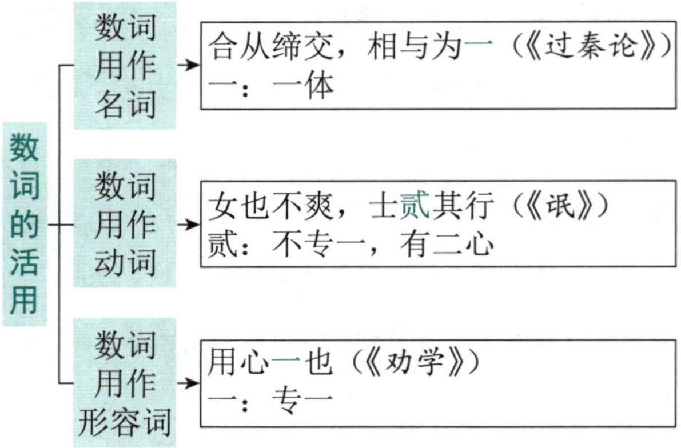

图 2-1-2　数词的活用

名师点睛

文言实词的“定义”方法

（1）字形推断法。

汉字属于表意文字，字形与字义

文言译句

吾小人辍飧饔以劳吏者，且不得暇，又何以蕃吾生而安吾性耶？（《种树郭橐驼传》）

【译文】我们小民中断吃饭来慰劳官吏，尚且不得空暇，又靠什么来使我们人口增多、生活安定呢？

联系密切。有些词根据字形能直接分析出词义，有些虽不能直接分析出词义，却可以根据字形圈定出该词的意义范围，为进一步推测词义提供方向。

例 金就砺则利（《劝学》）

“砺”的形旁是“石”，可推知它与石头有关，再联系整个句子，进而能得到“磨刀石”的解释。

（2）语境推断法。

所谓“词不离句，句不离篇”。尽管一个词的词义可能有多个，但上下文的语境是唯一的、确定的，因此可以结合上下文来推断文言实词的词义。

例 成有子九岁，窥父不在，窃发盆（《促织》）

“发”字后搭配了名词“盆”，由此推知“发”是动词。结合语境，“成名有个九岁的儿子。他看到父亲不在（家），偷偷打开盆子（来看促织）”，所以这里的“发”应解释为“打开”。

（3）结构分析法。

文言文中的排比句、对偶句、并列句等对举的语言现象很多。其中，位置对称的词一般词性相同、词义相近或相反，利用这种规律很容易由已知推出未知。

例 既无伯叔，终鲜兄弟（《陈情表》）

“无”与“鲜”相对，“无”的意思是“没有”。由此推知，“鲜”可理解为“无，少”。

（4）语法分析法。

句子的结构往往是固定的，组合是有规律的。例如，主语、宾语常由名词、代词充当，谓语多由动词、形容词充当，状语多由副词充当等。因此，可以根据词在句中的语法地位来推断它的词性，进而推知它的词义。

例 沛公军霸上（《鸿门宴》）

“沛公”指汉高祖刘邦，是名词，作主语；“霸上”在今陕西省西安市东，是地点，作状语。由此推知，“军”应是动词，作谓语，解释为“驻军”。

（5）课内迁移法。

有些文言实词，虽然较难理解，但是其意义和用法在教材中一般都能找到出处。因此，要善于利用学过的知识来解决问题，做到举一反三、触类旁通。

五、特殊句式

文言文特殊句式主要包括判断句、被动句、倒装句、省略句。

相关核心积累 ☞ 207 页

固定句式积累

（一）判断句

1. 判断句的含义

判断句是指对主语做出判断，说明主语所代表的人或事物是什么或者不是什么的一种句子形式。

市中游侠儿得佳者笼养之，昂其直，居为奇货。（《促织》）

【译文】市井中游手好闲、不务正业的年轻人捉到好的蟋蟀就放在笼子里养着，抬高它的价钱，储存起来，当作稀奇的货物（等待高价）。

现代汉语中，判断句的常见标志是“是”字，如“我是中国人”。但在文言文中，“是”通常用作指示代词，不用来构成判断句。

文言文的判断句是以名词或名词性的词组为谓语，表示判断。例如，“制，岩邑也”（《郑伯克段于鄢》）。有时会在主语后加“者”，表示停顿；也会在谓语后加语气词“也”，表达判断语气，帮助判断，如“亚父者，范增也”（《鸿门宴》）。

2. 判断句的形式

判断句主要有以下几种形式。

（1）“……者，……也”式。

例　楚左尹项伯者，项羽季父也（《鸿门宴》）

（2）“……也”式。

例　一人之心，千万人之心也（《阿房宫赋》）

（3）“……者……”式。

例　粟者，民之所种（《论贵粟疏》）

（4）“……者也”式。

例　城北徐公，齐国之美丽者也（《邹忌讽齐王纳谏》）

（5）既无“者”，又无“也”。

例　刘备天下枭雄（《赤壁之战》）

（6）在主语后用“乃”“则”“皆”“固”“诚”等副词加强肯定，表示判断。

例　当立者乃公子扶苏（《陈涉世家》）

（7）用副词“非”表示否定判断。

例　灭六国者六国也，非秦也（《阿房宫赋》）

（8）用“为”字表示判断。

例　如今人方为刀俎，我为鱼肉（《鸿门宴》）

（二）被动句

所谓被动句，是指主语与谓语之间的关系是被动关系的句子，也就是说，句子主语是谓语动词所表示的行为的被动承受者，而不是主动实施者。在文言文中，被动句主要有两大类型：一是无形式标志的被动句，二是有形式标志的被动句。

1. 无形式标志的被动句

无形式标志的被动句因为没有被动词，所以看起来和主动句很类似，只能从语义上进行辨别。因此，无形式标志的被动句也叫作“语义上的被动句”或“意念被动句”。例如，《阿房宫赋》中的“戍卒叫，函谷举”，从主语与谓语动词的关系来看，“函谷”是被“举”的，即函谷被攻下，这里的“举”含有被动的意思，故该句子为被动句。

2. 有形式标志的被动句

有形式标志的被动句往往会借助一些介词来表示被动，具体形式如图 2-1-3 所示。

文言译句

早出暮归，提竹筒铜丝笼，于败堵丛草处，探石发穴，靡计不施，迄无济。（《促织》）

【译文】（于是他）早出晚归，提着竹筒铜丝笼，在残破的墙垣或杂草丛生的地方，勘探石隙发掘洞穴，什么办法都用上了，最终也没有成功。

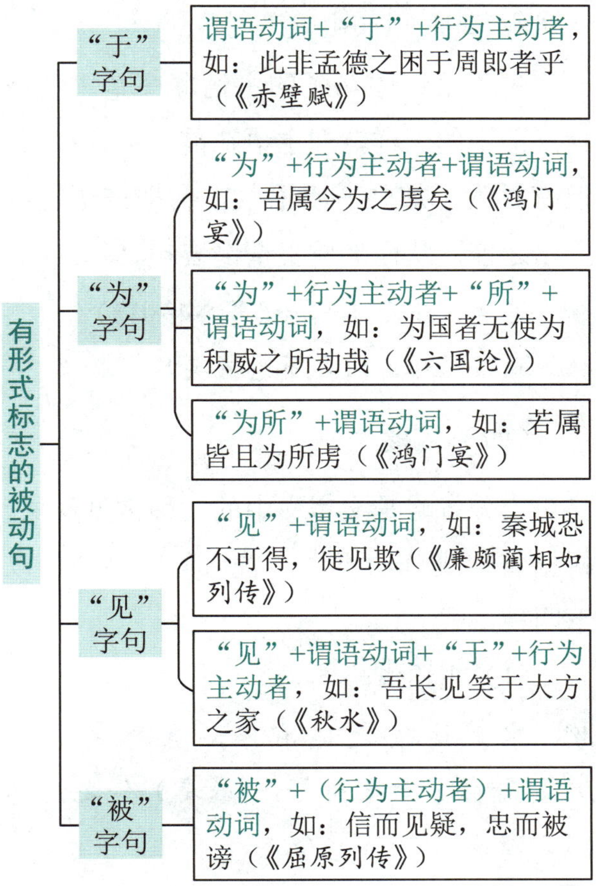

图 2-1-3　有形式标志的被动句

（三）倒装句

文言文中，有些句子的语序与现代汉语不同，人们把这些句子统称为"倒装句"。它主要包括四种类型，如图 2-1-4 所示。

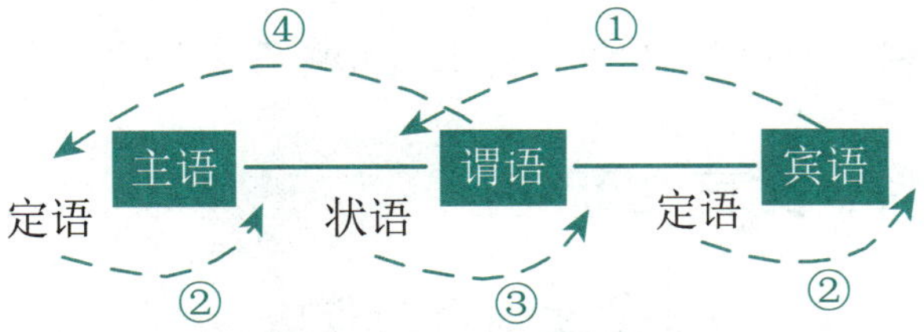

① 宾语前置：忌不自信（《邹忌讽齐王纳谏》）
② 定语后置：铸以为金人十二（《过秦论》）
③ 状语后置：具告以事（《鸿门宴》）
④ 主谓倒装：贤哉，回也（《论语》）

图 2-1-4　倒装句的类型

1. 宾语前置句

在古代汉语中，宾语的位置一般和在现代汉语中一样，在动词或介词的后面。但有时为了强调宾语，在一定的语法条件下，会把它放在动词或介词的前面，这种语言现象叫作"宾语前置"。具体来说，宾语前置主要有以下几种类型。

（1）疑问代词作宾语，宾语一般要前置。

在疑问句中，宾语如果是疑问代词，一般都位于动词或介词之前。充当前置宾语的疑问代词主要有"何""安""奚""谁""孰"等。

例　大王来何操（《鸿门宴》）

正常语序：大王来操何？

（2）否定句中，代词作宾语，宾语一般要前置。

在否定句中，宾语如果是代词，常位于动词之前。这种前置有两个条件：一是句子必须是否定句，句中必须有否定词，如"不""莫""未""弗""勿"等；二是宾语必须是代词，包括人称代词和指示代词，如"吾""我""自""之""其"等。

例　秦人不暇自哀（《阿房宫赋》）

正常语序：秦人不暇哀自。

（3）以"之""是"为标志，将宾语提前。

以"之""是"为标志，将宾语提前时，宾语连同"之""是"一起提到动词之前，构成"前置宾语＋之／是＋动词"的形式，"之""是"不译。

例 句读之不知，惑之不解（《师说》）

正常语序：不知句读，不解惑。

2. 定语后置句

定语是用来修饰、限制中心语的，一般要放在中心语之前。但在古代汉语中，为了突出和强调定语，有时会把定语放在中心语之后，人们把这种语言现象称为“定语后置”。定语后置主要有以下几种形式。

（1）中心语＋定语。

例 铸以为金人十二（《过秦论》）

正常语序：铸以为十二金人。

（2）中心语＋定语＋者。

例 村中少年好事者驯养一虫（《促织》）

正常语序：村中好事少年驯养一虫。

（3）中心语＋之＋定语。

例 蚓无爪牙之利，筋骨之强（《劝学》）

正常语序：蚓无利爪牙，强筋骨。

（4）中心语＋之＋定语＋者。

例 马之千里者（《马说》）

正常语序：千里马。

3. 状语后置句

在现代汉语中，介词结构常常放在谓语动词之前作状语，而在文言文中有些介词结构则要放在谓语动词之后充当状语，这种语言现象叫作“状语后置”（即介词结构后置）。其中以“于”“以”“乎”构成的介宾结构后置句居多。

例 颁白者不负戴于道路矣（《寡人之于国也》）

正常语序：颁白者于道路不负戴矣。

4. 主谓倒装句

古代汉语中句子的主谓顺序基本和现代汉语中的一样，即主语在前，谓语在后。但有时为了加强感叹语气，会把谓语提到主语之前，从而形成主谓倒装句。

例 甚矣，汝之不惠（《愚公移山》）

正常语序：汝之不惠甚矣！

（四）省略句

成分省略是文言文中的一种常见现象。根据省略成分的不同，省略句可以分为以下四种形式。

（1）主语省略句。

例 然则诸侯之地有限，暴秦之欲无厌，（诸侯）奉之弥繁，（暴秦）侵之愈急（《六国论》）

注 括号内为被省略的成分，下同。

（2）谓语省略句。

例 一鼓作气，再（鼓）而衰，三（鼓）而竭（《曹刿论战》）

（3）宾语省略句。

例 毋从（之）俱死也（《鸿门宴》）

（4）介词省略句。

例 沛公军（于）霸上（《鸿门宴》）

六、文言文断句

（一）文言文断句的步骤

文言文断句主要有以下四个步骤。

第一步：通读全文，弄懂大意。联系前后文进行语感审读，掌握文句大意。

第二步：循序渐进，先易后难。将能

文言译句

大喜，笼归，举家庆贺，虽连城拱璧不啻也。（《促织》）

【译文】（成名）十分高兴，将它装在笼子里带回家，全家庆贺，即使价值连城的宝玉也比不上它。

断开的先断开，逐步缩小范围，然后集中精力分析难断句与上下文的联系。

第三步：利用方法，巧断句读。根据文言文断句的方法（见下文），抓住标志词句，巧妙确定句读。

第四步：读后检查，通顺合理。确定句读后，要仔细检查，多读几遍，看句子是否连贯通畅，句意是否清晰合理。

（二）文言文断句的方法

1. 借助名词、代词断句

在文言文中，名词（如人名、地名、官名、国名、族名、朝代名、器物名、动植物名等）、代词（如吾、予、余、尔、汝、其、彼、此、之、其等）经常作主语或宾语，断句时可先找出这类词。这类词如果作主语，那么应在其前断开；如果作宾语，那么应在其后断开。

例　今入关/财物无所取/妇女无所幸/此其志不在小/吾令人望其气/皆为龙虎/成五采/此天子气也（《鸿门宴》）

2. 借助动词断句

在文言文中，主谓结构居多，但主语常省略，故关键是要抓住动词，以动词为中心，找前后结构关系，确定主干，从而断开句子。有一类动词需要特别注意，即表说话的动词，如“曰”“云”“言”“谓”“道”等，遇到这类动词时，其后需要断开。

例　秦时与臣游/项伯杀人/臣活之/今事有急/故幸来告良（《鸿门宴》）

沛公曰/孰与君少长/良曰/长于臣/沛公曰/君为我呼入/吾得兄事之（《鸿门宴》）

3. 借助虚词断句

虚词是明辨句读的重要标志，它们的前后往往是该断句的地方。例如，句首发语词——“夫”“其”“惟”“盖”“凡”“窃”“岂”“斯”“且夫”“若夫”等，一般要在其前断开；句末语气词——“也”“矣”“耳”“焉”“乎”“哉”“耶”“欤”“而已”等，一般要在其后断开；句中词——“而”“则”“乃”等，一般要在其前断开。

例　夫夷以近/则游者众/险以远/则至者少/而世之奇伟/瑰怪/非常之观/常在于险远/而人之所罕至焉/故非有志者不能至也（《游褒禅山记》）

4. 借助句式断句

文言文中的判断句、被动句、固定句式等都可以作为断句的切入点。例如，判断句式“……者……也”，一般在“者”“也”后断开；被动句式“为……所……”“受……于……”和固定句式“何……之有”“不亦……乎”“孰与……乎”“无乃……乎”等中间不用断开。

例　师者/所以传道受业解惑也（《师说》）

子曰/学而时习之/不亦说乎/有朋自远方来/不亦乐乎/人不知而不愠/不亦君子乎（《论语》）

5. 借助修辞断句

对偶、排比和顶真是文言文中常见的修辞手法。它们分句之间需要断开，分句

覆之以掌，虚若无物；手裁举，则又超忽而跃。（《促织》）

【译文】用手掌去罩，手心空空荡荡，好像什么也没有；才举起手，（蟋蟀）就又轻快而高地跃起（逃跑了）。

内部的句读也大多相同。这些都可供我们断句时参考。

例 良庖岁更刀/割也/族庖月更刀/折也（《庖丁解牛》）

振长策而御宇内/吞二周而亡诸侯/履至尊而制六合/执敲扑而鞭笞天下（《过秦论》）

秦王坐章台见相如/相如奉璧奏秦王/秦王大喜（《廉颇蔺相如列传》）

小贴士

文言文断句口诀

文言断句莫畏惧，先易后难有法依。
名词代词语法分，紧紧抓住曰云言。
首尾虚词必牢记，常见句式要熟悉。
对偶排比与顶真，修辞提供好条件。
题目做完回头看，根据要求细检验。
培养语感读经典，断句也要反复练。

七、文言文翻译

（一）文言文翻译的标准与原则

1. 文言文翻译的标准

文言文翻译的标准，简而言之即“信”“达”“雅”。

信是指译文要准确无误，即要忠于原文，如实、准确地表达原文意思，做到不误解、不歪曲、不遗漏、不随意增添内容。

达是指译文要通顺畅达，即要没有语病，流利明白，符合现代汉语的语法和表达习惯。

雅是指译文要优美自然，即要讲究遣词造句，生动、形象地表达原文的写作风格，文笔优美，语言自然。

2. 文言文翻译的原则

文言文翻译应坚持“直译为主，意译为辅”的原则。

直译为主要求字字落实。对于大多数词句，要按照原文字句一一译出，竭力保留原文用词造句的特点，力求译文的风格与原文保持一致。

意译为辅要求文从字顺。对于难以直接翻译的词句，则可以按照原文的大意进行翻译，无需拘泥于原文的字句，可采用与原文不同的表达方法。例如，当句子运用了比喻、借代、互文、排比等修辞手法时，可采用“意译为辅”的翻译原则。

（二）文言文翻译的方法

1. 留

留，即保留法。凡是古今意义相同的词，包括朝代、帝号、国号、年号、人名、地名、官名、器物名、度量衡单位等专用名词，皆可原封不动保留，不必另做翻译。

例 左司马曹无伤使人言于项羽曰（《鸿门宴》）

句中的“左司马”“曹无伤”“项羽”在翻译时可保留。

2. 删

删，即删减法。在翻译文言文时可把无意义或没必要译出的虚词删去。

文言译句

以吾一日长乎尔，毋吾以也。（《子路、曾皙、冉有、公西华侍坐》）
【译文】因为我年纪比你们大一点，（你们）不要就不敢说话了。

例　师道之不传也久矣（《师说》）

句中的“之”为主谓之间的结构助词，“也”为句中语气助词，“矣”为句末语气词。这些词语在句中都没有实在意义，因此在翻译时完全可以删掉。

3. 换

换，即替换法。不少文言词语所表示的意义在现代汉语中不是用原词表示的，因此在翻译时可用现代汉语中意义相当的词将其替换掉。其主要包括把单音词换成复音词，通假字换成本字，含有古今异义、词类活用等文言现象的词换成现代汉语中的词。

例　愚以为宫中之事，事无大小，悉以咨之（《出师表》）

句中的“愚”要换成“我”，“悉”要换成“都”，“咨”要换成“商量”。

4. 增

增，即增补法。对于省略了某些句子成分或内容的句子，在翻译时，要做必要的补充，以使句子的意思完整，语句流畅。

例　竖子不足与谋（《鸿门宴》）

句中的“与”后省略了宾语“之”，翻译时要进行补充。

5. 调

调，即调整法，主要用于调整跟现代汉语语序不同的文言特殊句式，包括宾语前置、定语后置、状语后置等倒装句，以及运用了使动用法、意动用法的活用词。在翻译这些特殊句子时，都要按现代汉语的语序进行翻译。

例　欲与王为好会于西河外渑池（《廉颇蔺相如列传》）

句中的“于西河外渑池”为状语后置，翻译时应把其放在“为好会”之前。

6. 贯

贯，即贯通法，是指根据上下文语境，灵活贯通地翻译。它强调的是“意译”，即在透彻理解原文内容的基础上，为体现原作神韵风貌而进行整体翻译。文言文中的一些修辞如借代、比喻、互文、婉曲等，不能直译的可将其恰当处理，进行意译。

例　（秦）有席卷天下，包举宇内，囊括四海之意，并吞八荒之心（《过秦论》）

句中，作者为了增强语势，用了互文、排比等手法。现代汉语中很难找到四种不同的说法来译“席卷天下”“包举宇内”“囊括四海”“并吞八荒”四个短语，如果直译就会显得呆板。因此翻译时，可将其贯通、凝缩为“秦有并吞天下，统一四海的雄心”。

小贴士

字字落实——留删换（字词），
文从字顺——增调贯（句式）。

八、文言文的文意概括与分析

（一）筛选文中信息

筛选文中信息就是要在基本读懂原文的基础上，准确把握文中所写的人、时、地、言、事、理、情等内容，从而筛选出

第二部分

千乘之国，摄乎大国之间，加之以师旅，因之以饥馑。（《子路、曾皙、冉有、公西华侍坐》）
【译文】一个拥有一千辆兵车的诸侯国，夹在大国的中间，有（别国）军队来攻打它，接下来（国内）又有饥荒。

所需信息。它要求能够筛选出符合题目要求的语句，能够对照原文对选项的表述的正误加以判断。

筛选文中信息的方法主要有以下三种。

（1）通读全文，把握文意。

文章是信息的载体。文章的正文及标题、作者、背景、注释等，都能向读者传递信息。文章传递的信息有主次之分。一般来说，文章的主要意旨、主要事件或说明的主要事物是文章传递的主要信息，而枝蔓的事件或附带的事物则是文章传递的次要信息。在分析过程中，想准确把握隐含信息，先要弄清相关文字的字面含义，同时还需顾及全面，把握整体，推断时更要遵守逻辑规则。要在通读全文的基础上，把握文章的主要信息。

（2）弄清题干要求，有针对性筛选。

跳读法是筛选信息较为常用的方法，即可以把不懂的字、词跳过去而捕捉符合题干要求的主要信息。这些信息有时是有一定标志的，如全文中心句、段落起始句、段末总结句、作者议论性的文字等。

（3）剔除无效信息。

从文章中筛选出来的信息有些往往是相似的，这就要求学生有清晰的思路，仔细地去分析、辨别，从而剔除重复项和干扰项。

（二）归纳内容要点

归纳内容要点是指在理解文意的基础上，对文中信息进行提炼和综合，对所述事件或所说道理进行综合的判断与推理，能明确某个事件的起因、经过、结果，某个人的思想性格，或是能对阅读材料的内容进行评论等。具体来说，归纳内容要点包括三层含义：① 对具体的内容加以概括；② 对抽象的内容加以阐发；③ 对含蓄的内容加以解说。

归纳内容要点的方法主要有以下三种。

（1）依据文体特点抓重点。

记叙性文字要理清时间、地点、人物、事件的前因后果；一般的传记文要弄清作者记了哪几件事，表现了人物的哪些性格特点和精神风貌；议论性文字要理清论点、论据及论证方法等；说明性文字要理清说明对象、说明内容和说明方法。

（2）分析结构层次。

文章的结构层次是文章的骨架和脉络，它具体展现作者记叙、描写、说明、议论的思路。作者的思路是通过层与层、段与段之间的内在联系反映出来的。所以，分析文章的结构层次是把握作品思想内容的重要方法。

（3）利用各种信息综合分析。

归纳内容要点要注意充分利用文章的标题、文中或文后的注释、文章出处、作者情况等信息，结合学过的相关知识进行综合分析，从而多方面理解文章的内容。

（三）分析概括作者的观点态度

分析概括作者的观点态度是指分析概括作者在叙述某一事件或说明某一道理时

文言译句

由也为之，比及三年，可使有勇，且知方也。（《子路、曾皙、冉有、公西华侍坐》）

【译文】如果让我（即子路）治理这个国家，等到三年，就可以使（人人都）有勇气，而且知道合乎礼义的行为准则。

他自己的看法，即作者通过文章表现出来的思想倾向——赞成什么，反对什么，而不是单纯分析所述事件或所说道理本身的内容。文章中，作者的观点态度有时表现得直露而明显，有时却表现得含蓄而曲折，它通常包括：① 作者所写人物的思想、性格特点及作者对所写人物的观点、态度；② 作者所写事件的意义及作者对所写事件的观点、态度；③ 作者对所写人物、事件表露出来的感情倾向；④ 作者的写作意图。

概括作者的观点态度的方法主要有以下两种。

（1）概括评价法。

作者在文中的观点态度是通过对人物、事件、事理的记叙、描写、议论、抒情等表现出来的，因而在阅读时，就要从人物的言行、事件的发展、事理的说明中，在领悟、分析、综合的基础上，概括评价作者的观点态度。

（2）抓关键法。

一般给出的文言文都有关键词或句。例如，议论性文段的一个段落往往有一个小论点，这个小论点常在段落的开头或结尾进行揭示；叙述性文段中的抒情、议论性词句或直接交代写作动机的句子，一般能体现出作者的观点态度或写作目的。

核心积累

一、通假字

通假字汇总如表 2-1-1 所示。

表 2-1-1　通假字

篇　目	例　句	注　释
《种树郭橐驼传》	早缫而绪，早织而缕，字而幼孩，遂而鸡豚	通“尔”，你们的
《促织》	昂其直，居为奇货	通“值”，价钱
	手裁举，则又超忽而跃	通“才”
	翼日进宰	通“翌”
《子路、曾皙、冉有、公西华侍坐》	鼓瑟希	通“稀”，指音乐渐渐低缓
	莫春者	通“暮”，晚

鼓瑟希，铿尔，舍瑟而作，对曰：“异乎三子者之撰。”（《子路、曾皙、冉有、公西华侍坐》）

【译文】（曾皙）弹奏瑟的声音（渐渐）疏缓，接近尾声，铿的一声，把瑟放下站起来，回答说：“我和他们三个人说的不一样。”

文言译句

续表

篇目	例句	注释
《寡人之于国也》	则无望民之多于邻国也	通“毋”，不要
	颁白者不负戴于道路矣	通“斑”，花白
	涂有饿莩而不知发	涂：通“途”，道路　莩：通“殍”，饿死的人
《劝学》	輮以为轮	通“煣”，用火烘烤木材使之弯曲
	輮使之然也	
	虽有槁暴	有：通“又”　暴：通“曝”，晒、晒干
	则知明而行无过矣	通“智”，智慧、见识
	君子生非异也	通“性”，天性
《公输》	知而不争	通“诤”，劝谏
	邻有短褐而欲窃之	通“裋”，粗劣的衣服
	子墨子九距之	通“拒”，抵御
	吾知所以距子矣	
	子墨子之守圉有余	通“御”，抵挡
	公输盘诎	通“屈”，办法穷尽
《庖丁解牛》	砉然向然	通“响”，响声
	技盖至此乎	通“盍”，何、怎样
	批大郤	通“隙”，空隙
	技经肯綮之未尝	通“枝”，枝（支）脉
	善刀而藏之	通“缮”，修治，这里指揩拭
《师说》	师者，所以传道受业解惑也	通“授”，传授
	或师焉，或不焉	通“否”，不从师
《烛之武退秦师》	行李之往来，共其乏困	通“供”，供给
《廉颇蔺相如列传》	拜送书于庭	通“廷”，国君听政的朝堂
	召有司案图	通“按”，审察、察看
	设九宾于廷	通“傧”，导引宾客者
	秦自缪公以来二十余君	通“穆”
	唯大王与群臣孰计议之	通“熟”，仔细
	请奉盆缻秦王	通“缶”，瓦制的打击乐器

唯求则非邦也与？安见方六七十如五六十而非邦也者？（《子路、曾皙、冉有、公西华侍坐》）
【译文】难道冉有讲的不是国家的事吗？怎见得纵横六七十里或五六十里就不是国家呢？

续表

篇目	例句	注释
《赤壁赋》	举酒属客	通“嘱”，劝请
	举匏樽以相属	通“嘱”，劝请
	浩浩乎如冯虚御风	通“凭”，乘
	山川相缪	通“缭”，盘绕、围绕
	杯盘狼籍	通“藉”
《项脊轩志》	而母立于兹	通“尔”，你的

二、一词多义

常见的一词多义如表 2-1-2 所示。

表 2-1-2　常见的一词多义

A			
实词	词性	注释	例句
爱(ài)	名词	惠爱，仁爱	古之遗爱也（《左传》）
	动词	疼爱	爱其子，择师而教之（《师说》）
		喜爱	秦爱纷奢，人亦念其家（《阿房宫赋》）
		吝惜，舍不得	不爱珍器重宝肥饶之地（《过秦论》）
		怜惜，爱惜	爱其二毛，则如服焉（《左传》）
安(ān)	动词	安身	衣食所安，弗敢专也（《曹刿论战》）
		安置，安放	离山十里有王平安营（《失街亭》）
	形容词	安稳，稳定	风雨不动安如山（《茅屋为秋风所破歌》）
		安定	不患寡而患不均，不患贫而患不安（《季氏将伐颛臾》）
		安全	故平不肆险，安不忘危（《长杨赋》）
		安适，安逸	然后知生于忧患而死于安乐也（《生于忧患，死于安乐》）
B			
实词	词性	注释	例句
备(bèi)	动词	预备，准备	犹得备晨炊（《石壕吏》）
		防备，戒备	吾臣有种首者，使备盗贼（《齐威王论宝》）

邻国之民不加少，寡人之民不加多，何也？（《寡人之于国也》）

【译文】邻国的百姓不见减少，我的百姓不见增多，这是为什么呢？

续表

B				
实　词		词　性	注　释	例　句
备（bèi）		形容词	完备，齐备	青林翠竹，四时俱备（《答谢中书书》）
			周全，详尽	前人之述备矣（《岳阳楼记》）
		副词	完全，尽	农事备收（《吕氏春秋》）
倍（bèi）		动词	加倍	虽倍赏累罚而不免于乱（《五蠹》）
			通“背”，背向	管仲反，入，倍屏而立，公不与言（《管子》）
			通“背”，违背，背弃	愿伯具言臣之不敢倍德也（《鸿门宴》）
		副词	越发，更加	每逢佳节倍思亲（《九月九日忆山东兄弟》）
		量词	表示在原数的基础上增加的相等数	尝以十倍之地，百万之众，叩关而攻秦（《过秦论》）
被	（bèi）	名词	被子	一日昼寝帐中，落被于地（《杨修之死》）
		动词	受	秦王复击轲，被八创（《荆轲刺秦王》）
			覆盖	闻妻言，如被冰雪（《促织》）
		介词	表示被动	信而见疑，忠而被谤（《屈原列传》）
	（pī）	动词	通“披”，穿着	将军身被坚执锐（《陈涉世家》）
本（běn）		名词	草木的根或主干	臣闻求木之长者，必固其根本（《谏太宗十思疏》）
			根本，根源	父母者，人之本也（《屈原列传》）
			底本，版本	今存其本不忍废（《〈指南录〉后序》）
		动词	考察，探究	抑本其成败之迹，而皆自于人欤（《五代史伶官传序》）
		副词	本来，原来	且臣少仕伪朝，历职郎署，本图宦达，不矜名节（《陈情表》）
鄙（bǐ）		名词	边邑，边远地区	蜀之鄙有二僧（《为学》）
		动词	轻视	孔子鄙其小器（《训俭示康》）
		形容词	浅陋	肉食者鄙，未能远谋（《曹刿论战》）
兵（bīng）		名词	兵器	收天下之兵，聚之咸阳（《过秦论》）
			士兵，军队	瑜得精兵五万，自足制之（《赤壁之战》）
			战争或军事行动	兵旱相乘，天下大屈（《论积贮疏》）
		动词	用武器杀死	左右欲兵之（《伯夷列传》）
			侵略	无岁不受兵（《十八史略》）

第二部分

文言译句

谷与鱼鳖不可胜食，材木不可胜用，是使民养生丧死无憾也。（《寡人之于国也》）

【译文】粮食和水产吃不完，木材用不完，这就使百姓对生养死葬没有什么不满了。

续表

B			
实 词	词 性	注 释	例 句
病（bìng）	名词	疾病，重病	君之病在肌肤，不治将益深（《扁鹊见蔡桓公》）
		缺点，毛病	人皆嗤吾固陋，吾不以为病（《训俭示康》）
病（bìng）	动词	生病	相如每朝时，常称病（《廉颇蔺相如列传》）
		忧虑，担心	君子病无能焉，不病人之不己知也（《论语》）
	形容词	疲劳，困苦	向吾不为斯役，则久已病矣（《捕蛇者说》）

C				
实 词		词 性	注 释	例 句
曾	（céng）	副词	曾经	江南好，风景旧曾谙（《忆江南》）
	（zēng）	名词	与自己隔两代的亲属	又自此而曾焉（《治平篇》）
		动词	通“增”，增加	所以动心忍性，曾益其所不能（《生于忧患，死于安乐》）
		副词	乃，竟然	老臣病足，曾不能疾走（《触龙说赵太后》）
尝（cháng）		动词	品尝	尝一脔肉，而知一镬之味，一鼎之调（《吕氏春秋》）
			试探	乃使五千人令张黡、陈泽先尝秦军，至皆没（《张耳陈馀列传》）
			经历	险阻艰难，备尝之矣（《左传》）
		副词	曾经	吾尝终日而思矣（《劝学》）
朝	（cháo）	名词	朝廷	于是入朝见威王（《邹忌讽齐王纳谏》）
			朝代	折戟沉沙铁未销，自将磨洗认前朝（《赤壁》）
		动词	朝见	相如每朝时，常称病（《廉颇蔺相如列传》）
			使……朝见	序八州而朝同列（《过秦论》）
			拜访	日往朝相如（《司马相如列传》）
	（zhāo）	名词	早晨	有时朝发白帝，暮到江陵（《三峡》）
乘	（chéng）	动词	驾，坐	独与迈乘小舟，至绝壁下（《石钟山记》）
			登，升	一鼓而士毕乘之（《吕氏春秋》）
			冒着	自京师乘风雪（《登泰山记》）
			交加，连续	兵旱相乘，天下大屈（《论积贮疏》）
		介词	趁着，凭借	因利乘便，宰割天下，分裂山河（《过秦论》）

谨庠序之教，申之以孝悌之义，颁白者不负戴于道路矣。（《寡人之于国也》）

【译文】认真地兴办学校教育，把孝悌的道理反复讲给学生听，头发花白的老人就不会在路上背着或顶着东西了。

续表

C				
实词		词性	注释	例句
乘	(shèng)	名词	车，兵车。古时一车四马叫“乘”	然秦以区区之地，致万乘之势（《过秦论》）
		量词	辆	车六七百乘，骑千余（《陈涉世家》）
诚(chéng)		名词	诚心，诚意	愿陛下矜愍愚诚（《陈情表》）
		形容词	真诚，不虚伪	诚者，自成也（《中庸》）
诚(chéng)		副词	确实，的确	臣诚知不如徐公美（《邹忌讽齐王纳谏》）
		连词	表示假设，果真，如果	诚如是也，民归之，由水之就下（《孟子》）
辞(cí)		名词	言词，词句	其文约，其辞微（《屈原列传》）
			托词，借口	君子疾夫舍曰欲之而必为之辞（《季氏将伐颛臾》）
			命令	近者奉辞伐罪，旌麾南指（《赤壁之战》）
		动词	推辞，不接受	臣死且不避，卮酒安足辞（《鸿门宴》）
			告诉，讲话	无伤也，请辞于军（《段太尉逸事状》）
			辞别，告辞	今者出，未辞也，为之奈何（《鸿门宴》）
			计较，顾及	大行不顾细谨，大礼不辞小让（《鸿门宴》）
从	(cóng)	动词	跟从，跟随	臣尝从大王与燕王会境上（《廉颇蔺相如列传》）
			使……跟从，率领	沛公旦日从百余骑来见项王（《鸿门宴》）
			听从	臣从其计，大王亦幸赦臣（《廉颇蔺相如列传》）
			参加	弟走从军阿姨死［《琵琶行（并序）》］
			依傍，紧挨着	樊哙从良坐（《鸿门宴》）
		介词	由，自	从小丘西行百二十步（《小石潭记》）
	(zòng)	名词	通“纵”，合纵	于是从散约败，争割地而赂秦（《过秦论》）
数	(cù)	形容词	密	数罟不入洿池，鱼鳖不可胜食也（《寡人之于国也》）
	(shù)	名词	数目，数量	五陵年少争缠头，一曲红绡不知数［《琵琶行（并序）》］
		数词	几，好几（不确定的数字）	每责一头，辄倾数家之产（《促织》）
	(shǔ)	动词	计算	请数公子行日（《信陵君窃符救赵》）
			列举罪状	数吕师孟叔侄为逆（《〈指南录〉后序》）
	(shuò)	副词	屡次，多次	范增数目项王（《鸿门宴》）

文言译句

狗彘食人食而不知检，涂有饿莩而不知发。（《寡人之于国也》）

【译文】（诸侯贵族家）猪狗吃人吃的东西，不加制止；路上有饿死的人，不知道打开粮仓赈济百姓。

续表

C				
实词		词性	注释	例句
卒	(cù)	副词	仓促，突然	五万兵难卒合（《赤壁之战》）
	(zú)	名词	士兵	信臣精卒陈利兵而谁何（《过秦论》）
			差役	禁卒居中央（《狱中杂记》）
		动词	死，死亡	初，鲁肃闻刘表卒（《赤壁之战》）
		副词	最终，终于	卒廷见相如，毕礼而归之（《廉颇蔺相如列传》）
D				
实词		词性	注释	例句
殆(dài)		动词	疑惑	学而不思则罔，思而不学则殆（《论语》）
		形容词	危险	吾非至于子之门则殆矣（《秋水》）
			通“怠”，懒惰，懈怠	矜矜业业，无殆无荒（《崔骃列传》）
		副词	几乎	且燕赵处秦革灭殆尽之际（《六国论》）
			大概，恐怕	郦元之所见闻，殆与余同，而言之不详（《石钟山记》）
当	(dāng)	动词	对等，比得上	料大王士卒足以当项王乎（《鸿门宴》）
			占据，把守	一夫当关，万夫莫开（《蜀道难》）
			判罪	臣知欺大王之罪当诛（《廉颇蔺相如列传》）
			担任，充当	猥以微贱，当侍东宫（《陈情表》）
			应当	君当作磐石，妾当作蒲苇（《孔雀东南飞》）
		介词	正在	当是时，项王军在鸿门下（《鸿门宴》）
	(dàng)	动词	充当，当作	安步以当车（《战国策》）
			抵押，二者相抵	募有能捕之者，当其租入（《捕蛇者说》）
			符合	惴惴恐不当意（《促织》）
	(tǎng)	连词	通“倘”，倘若	当与秦相较，或未易量（《六国论》）
道(dào)		名词	道路	颁白者不负戴于道路矣（《寡人之于国也》）
			途径，方法	得天下有道（《孟子》）
			规律，事理	臣之所好者道也（《庖丁解牛》）
			主张，思想，学说	师者，所以传道受业解惑也（《师说》）
			道义，正道	伐无道，诛暴秦（《陈涉世家》）
		动词	说，讲	何可胜道也哉（《游褒禅山记》）
			取道	从郦山下，道芷阳间行（《鸿门宴》）

是何异于刺人而杀之，曰：“非我也，兵也。”（《寡人之于国也》）

【译文】这种说法与拿刀把人杀死后，说“杀死人的不是我，是兵器”有什么不同？

续表

D

实词	词性	注释	例句
得（dé）	名词	收获，心得	古人之观于天地、山川、草木、虫鱼、鸟兽，往往有得（《游褒禅山记》）
	动词	得到，取得	赵惠文王时，得楚和氏璧（《廉颇蔺相如列传》）
		通“德”，感恩、感激	所识穷乏者得我欤（《鱼我所欲也》）
	形容词	合适，正确	此言得之（《六国论》）
		得意	意气扬扬，甚自得也（《管晏列传》）
	副词	要，应该	君为我呼入，吾得兄事之（《鸿门宴》）
敌（dí）	名词	敌人	秦人开关延敌（《过秦论》）
	动词	抵挡，对抗	犹足以敌秦（《田璆论救楚》）
	形容词	对等，相当	力敌势均，终相吞咀（《刘穆之传》）
度（dù）	名词	计量长短的标准或工具	宁信度，无自信也（《郑人买履》）
		限额，限度	生之有时，而用之亡度（《论积贮疏》）
		制度，法度	内立法度，务耕织（《过秦论》）
		气度，风度	卒起不意，尽失其度（《荆轲刺秦王》）
	动词	渡过，越过	关山度若飞（《木兰诗》）
	量词	次，回	众里寻他千百度（《青玉案·元夕》）
度（duó）	动词	量长短，计算	试使山东之国与陈涉度长絜大（《过秦论》）
		估计，猜测	度我至军中，公乃入（《鸿门宴》）

E

实词	词性	注释	例句
恶（è）	名词	罪恶	无恶不惩，无善不显（《三国志》）
	形容词	丑	今子美而我恶（《韩非子》）
		不好	廉君宣恶言（《廉颇蔺相如列传》）
恶（wū）	疑问代词	哪里，怎么	以小易大，彼恶知之（《齐桓晋文之事》）
恶（wù）	动词	厌恶，讨厌	庄公寤生，惊姜氏，故名曰“寤生”，遂恶之（《郑伯克段于鄢》）
		嫉妒	表恶其能而不能用也（《赤壁之战》）

文言译句

君子曰：学不可以已。（《劝学》）

【译文】有学问、有修养的人说：学习不可以停止。

续表

实词	词性	注释	例句
F			
发(fā)	动词	发射，射出	见其发矢十中八九（《卖油翁》）
		出发，动身	主人忘归客不发［《琵琶行（并序）》］
		兴起，被起用	舜发于畎亩之中（《生于忧患，死于安乐》）
		打开	成有子九岁，窥父不在，窃发盆（《促织》）
		发掘	探石发穴（《促织》）
		拨动	中有都柱，傍行八道，施关发机（《张衡传》）
		花开，开放	野芳发而幽香（《醉翁亭记》）
	量词	支	弓一张，矢四发（《匈奴传》）
发(fà)	名词	头发	倚柱，怒发上冲冠（《廉颇蔺相如列传》）
非(fēi)	动词	非难，责怪	反古者不可非（《商君列传》）
		违背	非礼勿视，非礼勿听（《论语》）
	形容词	不对，错误	实迷途其未远，觉今是而昨非［《归去来兮辞（并序）》］
	副词	无，没有	登高而招，臂非加长也（《劝学》）
		不是	人非生而知之者（《师说》）
	介词	除非，除了	非刘豫州莫可以当曹操者（《赤壁之战》）
负(fù)	动词	失败	不知彼而知己，一胜一负（《孙子兵法》）
		背负，担负	廉颇闻之，肉袒负荆（《廉颇蔺相如列传》）
		使……承担	均之二策，宁许以负秦曲（《廉颇蔺相如列传》）
		凭借，倚仗	秦贪，负其强，以空言求璧（《廉颇蔺相如列传》）
		违背，背弃	决负约不偿城（《廉颇蔺相如列传》）
		辜负，对不起	臣诚恐见欺于王而负赵（《廉颇蔺相如列传》）
复(fù)	动词	回来	昭王南征而不复（《齐桓公伐楚》）
		恢复	师道之不复，可知矣（《师说》）
		答复	阿母为汝求，便复在旦夕（《孔雀东南飞》）
	形容词	繁复，重复	山重水复疑无路，柳暗花明又一村（《游山西村》）
	副词	又，再	诸将吏敢复有言当迎操者，与此案同（《赤壁之战》）
赋(fù)	名词	赋税	王用之治国赋（《赵奢论税》）
		一种文体	乃作《怀沙》之赋（《屈原列传》）

吾尝终日而思矣，不如须臾之所学也；吾尝跂而望矣，不如登高之博见也。（《劝学》）

【译文】我曾经整日思索，却不如学习片刻收获大；我曾经踮起脚后跟眺望，却不如登上高处看得广阔。

续表

F				
实　词		词　性	注　释	例　句
赋（fù）		动词	征取，征收	太医以王命聚之，岁赋其二（《捕蛇者说》）
			授予，给予	赋禄者称其功（《韩非子》）
			创作，吟诵	酒酣耳热，仰而赋诗（《与吴质书》）

G				
实　词		词　性	注　释	例　句
盖	（gài）	名词	车篷	日初出大如车盖（《两小儿辩日》）
			器物的盖子	覆盖周密无迹（《张衡传》）
		动词	遮盖，掩盖	枝枝相覆盖（《孔雀东南飞》）
			超过，胜过	况刘豫州王室之胄，英才盖世（《赤壁之战》）
		副词	表示推测，可译为“大概”	盖其又深，则其至又加少矣（《游褒禅山记》）
		连词	表示原因，可译为“原因是”	盖失强援，不能独完（《六国论》）
盖	（hé）	疑问代词	通“盍”，何、怎样	技盖至此乎（《庖丁解牛》）
固（gù）		名词	险要的地势	秦孝公据殽函之固（《过秦论》）
		动词	巩固	固国不以山溪之险（《得道多助，失道寡助》）
		形容词	坚固，牢固	荆州与国邻接，江山险固（《赤壁之战》）
			顽固	独夫之心，日益骄固（《阿房宫赋》）
		副词	坚决	蔺相如固止之（《廉颇蔺相如列传》）
			本来	生乎吾前，其闻道也固先乎吾（《师说》）
			确实	固不如也（《鸿门宴》）
故（gù）		名词	缘故	以故其后名之曰“褒禅”（《游褒禅山记》）
			事，事故	乡园多故，不能不动客子之愁（《报刘一丈书》）
			交情	君安与项伯有故（《鸿门宴》）
		形容词	已有的，旧有的	孝公既没，惠文、武、昭襄蒙故业（《过秦论》）
			旧，老	暮去朝来颜色故［《琵琶行（并序）》］
		副词	故意	广故数言欲亡，忿恚尉（《陈涉世家》）
			仍旧	三日断五匹，大人故嫌迟（《孔雀东南飞》）
			本来	此物故非西产（《促织》）
		连词	所以	故天子一跬步，皆关民命（《促织》）

假舆马者，非利足也，而致千里；假舟楫者，非能水也，而绝江河。（《劝学》）

【译文】借助车马的人，并非善于奔走，却能远达千里；借助船只的人，并非善于游泳，却能横渡江河。

续表

G			
实　词	词　性	注　释	例　句
顾（gù）	动词	回头看	相如顾召赵御史书曰（《廉颇蔺相如列传》）
		看，环视	徘徊四顾，见虫伏壁上（《促织》）
		探望，拜访	三顾臣于草庐之中（《出师表》）
		照顾，关心	子布、元表诸人各顾妻子（《赤壁之战》）
		顾虑，顾及	大行不顾细谨，大礼不辞小让（《鸿门宴》）
	副词	表示转折，但，不过	顾吾念之，强秦之所以不敢加兵于赵者，徒以吾两人在也（《廉颇蔺相如列传》）
		表示反问，难道	人之立志，顾不如蜀鄙之僧哉（《为学》）
归（guī）	名词	归宿，结局	天下同归而殊途（《周易》）
	动词	古代女子出嫁	生女有所归，鸡狗亦得将（《新婚别》）
		返回	而翁归，自与汝覆算耳（《促织》）
		归还	臣请完璧归赵（《廉颇蔺相如列传》）
		归附，归属	江表英豪，咸归附之（《赤壁之战》）
		归总，归到一处	众士慕仰，若水之归海（《赤壁之战》）
归（kuì）	动词	通“馈”，赠送	自牧归荑，洵美且异（《静女》）
过（guò）	名词	错误，过失	则知明而行无过矣（《劝学》）
	动词	走过，经过	雷霆乍惊，宫车过也（《阿房宫赋》）
		超过，胜过	裘马过世家焉（《促织》）
		犯错	过而能改，善莫大焉（《左传》）
		责备	闻大王有意督过之（《鸿门宴》）
		拜访，探望	愿枉车骑过之（《信陵君窃符救赵》）
	副词	过分	以其境过清，不可久居（《小石潭记》）

H			
实　词	词　性	注　释	例　句
行（háng）	名词	行列	凌余阵兮躐余行，左骖殪兮右刃伤（《国殇》）
	量词	用于成行的东西	出门登车去，涕落百余行（《孔雀东南飞》）
行（xíng）	名词	古诗的一种体裁	命曰《琵琶行》[《琵琶行（并序）》]
		行为，品行	则知明而行无过矣（《劝学》）
		动作，行为	众谓予一行为可以纾祸（《〈指南录〉后序》）
	动词	行走，走路	臣少多疾病，九岁不行（《陈情表》）
		前往	赵王畏秦，欲毋行（《廉颇蔺相如列传》）

积善成德，而神明自得，圣心备焉。（《劝学》）

【译文】积累善行，形成良好的品德，就会得到非凡的智慧，具备圣人的心怀。（《劝学》）

续表

实词		词性	注释	例句
H				
行	(xíng)	动词	施行，实行	余嘉其能行古道，作《师说》以贻之（《师说》）
			经历	行年四岁，舅夺母志（《陈情表》）
		副词	将要	善万物之得时，感吾生之行休［《归去来兮辞（并序）》］
患(huàn)		名词	祸害，灾难	阉竖恐终为其患（《张衡传》）
			顾忌，忌讳	此数者用兵之患也，而操皆冒行之（《赤壁之战》）
		动词	忧虑，担心	欲勿予，即患秦兵之来（《廉颇蔺相如列传》）
			危害	故君之所以患于军者三（《孙子兵法》）
			厌恨，憎恶	赵宣子骤谏，公患之（《国语》）
			生病，害病	时有患疟疾者（《桓石虔传》）
或(huò)		代词	有的人	或百步而后止，或五十步而后止（《寡人之于国也》）
		副词	也许，或许	当与秦相较，或未易量（《六国论》）
J				
实词		词性	注释	例句
疾(jí)		名词	疾病	臣少多疾病，九岁不行（《陈情表》）
			毛病，缺点	必为窃疾矣（《公输》）
疾(jí)		名词	痛苦，疾苦	问之民所疾苦（《滑稽列传》）
		动词	患病	寒暑不能使之疾（《荀子》）
			厌恶，痛恨	尝问天下所疾恶者（《张衡传》）
		形容词	强，快	顺风而呼，声非加疾也（《劝学》）
及(jí)		动词	赶上，追上	使人追宋义子，及之齐，杀之（《项羽本纪》）
			比得上，够得上	君美甚，徐公何能及君也（《邹忌讽齐王纳谏》）
			到	及至始皇，奋六世之余烈（《过秦论》）
			推及，涉及	老吾老，以及人之老（《齐桓晋文之事》）
		介词	趁着	而不及今令有功于国（《触龙说赵太后》）
		连词	表示并列，和，与	秦王大喜，传以示美人及左右（《廉颇蔺相如列传》）
即(jí)		动词	走近，靠近	匪来贸丝，来即我谋（《氓》）
			登上，走上	昭帝即位（《苏武传》）

文言译句

蚓无爪牙之利，筋骨之强，上食埃土，下饮黄泉，用心一也。（《劝学》）

【译文】蚯蚓没有锋利的爪牙，强健的筋骨，却能上吃泥土，下饮泉水，是因为它用心专一。

续表

J			
实词	词性	注释	例句
即（jí）	副词	立即	项伯即入见沛公（《鸿门宴》）
即（jí）	副词	加强肯定语气，就是	神即形也，形即神也（《神灭论》）
即（jí）	连词	如果，假使	即不幸有方二三千里之旱（《论积贮疏》）
即（jí）	介词	当，就在	项王即日因留沛公与饮（《鸿门宴》）
既（jì）	动词	完毕，尽	言未既，有笑于列者曰（《进学解》）
既（jì）	副词	已经，……以后	仁杰既出（《资治通鉴》）
既（jì）	副词	不久，随即	既又与汝就食江南（《祭十二郎文》）
既（jì）	副词	全，都	肴核既尽，杯盘狼藉（《赤壁赋》）
既（jì）	连词	既然	君既若见录，不久望君来（《孔雀东南飞》）
假（jiǎ）	动词	借	以是人多以书假余（《送东阳马生序》）
假（jiǎ）	动词	借助，凭借	假舟楫者，非能水也，而绝江河（《劝学》）
假（jiǎ）	动词	给予	汉人未可假大兵权（《谭嗣同传》）
假（jiǎ）	形容词	虚假，不是真的	乃悟前狼假寐（《狼》）
假（jiǎ）	形容词	临时的，非正式的	乃相与共立羽为假上将军（《项羽本纪》）
假（jiǎ）	连词	假如，如果	假有斯事，亦庶钟期不失听也（《与王修书》）
假（jià）	名词	假期	府吏闻此变，因求假暂归（《孔雀东南飞》）
间（jiān）	名词	门缝，间隙	其御之妻从门间而窥其夫（《管晏列传》）
间（jiān）	名词	中间	黄河远上白云间（《凉州词》）
间（jiān）	名词	期间	受任于败军之际，奉命于危难之间（《出师表》）
间（jiān）	名词	一会儿，顷刻	扁鹊见蔡桓公，立有间（《扁鹊见蔡桓公》）
间（jiān）	量词	用以计量房屋	方宅十余亩，草屋八九间［《归园田居》（其一）］
间（jiàn）	名词	空隙	彼节者有间，而刀刃者无厚（《庖丁解牛》）
间（jiàn）	动词	离间，挑拨	馋人间之，可谓穷矣（《屈原列传》）
间（jiàn）	动词	参与	肉食者谋之，又何间焉（《曹刿论战》）
间（jiàn）	动词	间隔，间断	遂与外人间隔（《桃花源记》）
间（jiàn）	动词	夹杂，掺杂	中间力拉崩倒之声（《口技》）
间（jiàn）	副词	秘密地，悄悄地	侯生乃屏人间语曰（《信陵君窃符救赵》）
间（jiàn）	副词	断断续续，间或	数月之后，时时而间进（《邹忌讽齐王纳谏》）
间（jiàn）	副词	从小路，秘密地	从郦山下，道芷阳间行（《鸿门宴》）

公输盘为楚造云梯之械成，将以攻宋。（《公输》）

【译文】公输盘替楚国造云梯这种器械，制造成功后，准备用来攻打宋国。

续表

J				
实 词		词 性	注 释	例 句
见	(jiàn)	名词	见识	敢以浅见，陈写愚情（《晋书》）
			见到的景象	入之愈深，其进愈难，而其见愈奇（《游褒禅山记》）
		动词	看见，看到	我见相如，必辱之（《廉颇蔺相如列传》）
			拜见，谒见	扁鹊见蔡桓公（《扁鹊见蔡桓公》）
			召见，接见	秦王坐章台见相如（《廉颇蔺相如列传》）
		助词	用在动词前表示被动，被，受	秦城恐不可得，徒见欺（《廉颇蔺相如列传》）
	(xiàn)	动词	通“现”，出现	爱而不见，搔首踟蹰（《静女》）
解(jiě)		动词	剖开，分解	庖丁为文惠君解牛（《庖丁解牛》）
			解答，解释	师者，所以传道受业解惑也（《师说》）
			理解，懂得	其为惑也，终不解矣（《师说》）
			分开	少年大骇，急解令休止（《促织》）
就(jiù)		动词	接近，靠近	金就砺则利（《劝学》）
			担任	臣具以表闻，辞不就职（《陈情表》）
			完成，成功	轲自知事不就（《荆轲刺秦王》）
举(jǔ)		名词	举动，行动	举动自专由（《孔雀东南飞》）
		动词	攻克，占领	南取汉中，西举巴蜀（《过秦论》）
			举起	举酒欲饮无管弦［《琵琶行（并序）》］
			拿起，提起	举以予人，如弃草芥（《六国论》）
			升起，耸起	中江举帆，余船以次俱进（《赤壁之战》）
			举行，发动	今亡亦死，举大计亦死（《陈涉世家》）
举(jǔ)		动词	推举，荐举	后刺史臣荣举臣秀才（《陈情表》）
			成功	莫令事不举（《孔雀东南飞》）
		形容词	全	大喜，笼归，举家庆贺（《促织》）
			尽	杀人如不能举，刑人如恐不胜（《鸿门宴》）
		副词	皆，都	举欣欣然有喜色（《孟子》）
绝(jué)		动词	断绝	则请立太子为王，以绝秦望（《廉颇蔺相如列传》）
			横渡	假舟楫者，非能水也，而绝江河（《劝学》）
			绝命	因而化怒为悲，抢呼欲绝（《促织》）

文言译句

荆国有余于地而不足于民，杀所不足而争所有余，不可谓智。（《公输》）

【译文】楚国在土地方面有富余却在人口方面不够，牺牲不足的（即百姓），而争夺有余的（即土地），不能叫明智的行为。

续表

J

实词	词性	注释	例句
绝（jué）	动词	绝交	若能以吴、越之众与中国抗衡，不如早与之绝（《赤壁之战》）
		超越	曹操智计，殊绝于人（《后出师表》）
	形容词	绝妙的，独一无二的	奇山异水，天下独绝（《与朱元思书》）
		陡峭的	独与迈乘小舟，至绝壁下（《石钟山记》）
		隔绝的	率妻子邑人来此绝境（《桃花源记》）
	副词	全然，绝对	而心目耳力俱穷，绝无踪响（《促织》）

K

实词	词性	注释	例句
堪（kān）	动词	承受，经受	多情自古伤离别，更那堪，冷落清秋节［《雨霖铃》（寒蝉凄切）］
		胜任	妾不堪驱使，徒留无所施（《孔雀东南飞》）
	副词	能够	可堪回首，佛狸祠下，一片神鸦社鼓（《永遇乐·京口北固亭怀古》）

M

实词	词性	注释	例句
靡（mǐ）	动词	无，没有	于败堵丛草处，探石发穴，靡计不施（《促织》）
		倒下，后退	左右欲刃相如，相如张目叱之，左右皆靡（《廉颇蔺相如列传》）

N

实词		词性	注释	例句
内	（nèi）	名词	里面，与“外”相对	四境之内莫不有求于王（《邹忌讽齐王纳谏》）
内	（nèi）	名词	内心	今将军外托服从之名，而内怀犹豫之计（《赤壁之战》）
			内部，常指国内，朝廷内	内立法度，务耕织（《过秦论》）
	（nà）	动词	通“纳”，接纳，使进来	距关，毋内诸侯（《鸿门宴》）

续表

Q			
实　词	词　性	注　释	例　句
穷（qióng）	动词	用尽	穷予生之光阴以疗梅也哉（《病梅馆记》）
		穷追到底，到……尽头	问其深，则其好游者不能穷也（《游褒禅山记》）
	形容词	困厄，处境艰难	穷且益坚，不坠青云之志（《滕王阁序》）
		不得志，不显贵，与“达”相对	樊将军以穷困来归丹（《荆轲刺秦王》）
		贫穷，生活困难	所识穷乏者得我欤（《鱼我所欲也》）
去（qù）	动词	离开	沛公今事有急，亡去不义（《鸿门宴》）
		距离	沛公军在霸上，相去四十里（《鸿门宴》）
		除去，除掉	去死肌，杀三虫（《捕蛇者说》）
		前去，到……去	阿母谓阿女：“汝可去应之。”（《孔雀东南飞》）
	形容词	过去的	我从去年辞帝京，谪居卧病浔阳城［《琵琶行（并序）》］
劝（quàn）	动词	鼓励，勉励	果行，国人皆劝（《勾践灭吴》）
		劝说	劝君更尽一杯酒，西出阳关无故人（《送元二使安西》）
却（què）	动词	退	相如因持璧却立（《廉颇蔺相如列传》）
		使……退却	却匈奴七百余里（《过秦论》）
		推辞，拒绝	王者不却众庶，故能明其德（《谏逐客书》）
		去掉	医得眼前疮，剜却心头肉（《咏田家》）

R			
实　词	词　性	注　释	例　句
如（rú）	动词	往，到……去	坐须臾，沛公起如厕（《鸿门宴》）
		好像，如同	大弦嘈嘈如急雨，小弦切切如私语［《琵琶行（并序）》］
		及，比得上	固不如也（《鸿门宴》）
如（rú）	连词	表示选择，或，或者	方六七十，如五六十（《子路、曾皙、冉有、公西华侍坐》）
		表示假设，假如，如果	王如知此，则无望民之多于邻国也（《寡人之于国也》）

文言译句

虽然，公输盘为我为云梯，必取宋。（《公输》）

【译文】即使如此，公输盘给我造了云梯，一定能攻取宋国。

续表

S			
实　词	**词　性**	**注　释**	**例　句**
善（shàn）	名词	好的行为	积善成德，而神明自得，圣心备焉（《劝学》）
	动词	友善，友好	楚左尹项伯者，项羽季父也，素善留侯张良（《鸿门宴》）
		善于，擅长	赵王窃闻秦王善为秦声（《廉颇蔺相如列传》）
		喜欢，羡慕	善万物之得时，感吾生之行休［《归去来兮辞（并序）》］
	形容词	好的，善良的	以咨诹善道，察纳雅言（《出师表》）
	副词	好好地	不如因善遇之（《鸿门宴》）
甚（shèn）	动词	胜过，超过	民之于仁也，甚于水火（《论语》）
	形容词	过分	卫人出其君，不亦甚乎（《师旷论卫人出其君》）
		严重，厉害	况臣孤苦，特为尤甚（《陈情表》）
	副词	非常	大王见臣列观，礼节甚倨（《廉颇蔺相如列传》）
胜（shèng）	动词	战胜，取胜	而犹有可以不赂而胜之之势（《六国论》）
		胜过，超过	日出江花红胜火，春来江水绿如蓝（《忆江南》）
		承受，承担	沛公不胜杯杓（《鸿门宴》）
	形容词	优美的，美好的	予观夫巴陵胜状，在洞庭一湖（《岳阳楼记》）
	副词	尽，完	何可胜道也哉（《游褒禅山记》）
识（shí）	动词	知道，懂得	不识有诸（《齐桓晋文之事》）
		认识	同是天涯沦落人，相逢何必曾相识［《琵琶行（并序）》］
		辨别，识别	独其为文犹可识，曰“花山”（《游褒禅山记》）
识（zhì）	动词	通“志”，记住	默而识之，学而不厌，诲人不倦（《论语》）
使（shǐ）	名词	使者，使臣	大王遣一介之使至赵（《廉颇蔺相如列传》）
		使命	时周瑜受使至番阳（《赤壁之战》）
		派遣，命令	乃使蒙恬北筑长城而守藩篱（《过秦论》）
		叫，让	乃使其从者衣褐（《廉颇蔺相如列传》）
		出使	王必无人，臣愿奉璧往使（《廉颇蔺相如列传》）
使（shǐ）	动词	主使	是时以大中丞抚吴者为魏之私人，周公之逮所由使也（《五人墓碑记》）
	连词	假使，如果	使六国各爱其人，则足以拒秦（《阿房宫赋》）

庖丁释刀对曰：“臣之所好者道也，进乎技矣。”（《庖丁解牛》）

【译文】庖丁放下刀回答说：“我追求的是规律，超过技术了。”

续表

实词	词性	注释	例句
S			
是（shì）	动词	表示肯定判断，是	同是天涯沦落人［《琵琶行（并序）》］
	形容词	正确的	实迷途其未远，觉今是而昨非［《归去来兮辞（并序）》］
	代词	这，此	是时，曹操遗权书曰（《赤壁之战》）
	助词	宾语前置的标志，可以与“唯/惟”构成“唯/惟惟……是……”结构	余唯利是视（《左传》） 惟兄嫂是依（《祭十二郎文》）
适（shì）	动词	往，到	余自齐安舟行适临汝（《石钟山记》）
		出嫁	贫贱有此女，始适还家门（《孔雀东南飞》）
		顺从，依照	处分适兄意，那得自任专（《孔雀东南飞》）
		适应，顺应	少无适俗韵，性本爱丘山［《归园田居》（其一）］
	形容词	舒适，满足	向晚意不适，驱车登古原（《乐游原》）
	副词	刚才	适得府君书，明日来迎汝（《孔雀东南飞》）
孰（shú）	形容词	通“熟”，仔细	唯大王与群臣孰计议之（《廉颇蔺相如列传》）
	代词	表疑问，谁，哪个，什么	人非生而知之者，孰能无惑（《师说》）
属（shǔ）	名词	类，种类	有良田、美池、桑竹之属（《桃花源记》）
		辈，指同一类人	不者，若属皆且为所虏（《鸿门宴》）
	动词	隶属	十三学得琵琶成，名属教坊第一部［《琵琶行（并序）》］
属（zhǔ）	动词	撰写	屈平属草稿未定（《屈原列传》）
		通“嘱”，嘱托，托付	属予作文以记之（《岳阳楼记》）
说（shuō）	名词	学说，观点，言论	是说也，人常疑之（《石钟山记》）
		一种文体	余观退之《师说》云（《朱子考异》）
	动词	陈述，诉说	低眉信手续续弹，说尽心中无限事［《琵琶行（并序）》］
		告知，告诉	使人说于子胥曰（《国语》）
说（shuì）	动词	劝说，说服	范增说项羽曰（《鸿门宴》）
说（yuè）	形容词	通“悦”，愉快	学而时习之，不亦说乎（《论语》）

文言译句

臣以神遇而不以目视，官知止而神欲行。（《庖丁解牛》）

【译文】我用精神去和牛接触，而不用眼睛去看，感觉器官的作用停止了，而精神在活动。

续表

S			
实　词	词　性	注　释	例　句
素（sù）	名词	白色的绢	十三能织素，十四学裁衣（《孔雀东南飞》）
	副词	一向，平时	楚左尹项伯者，项羽季父也，素善留侯张良（《鸿门宴》）
		空，白白地	彼君子兮，不素餐兮（《伐檀》）
宿（sù）	名词	夜	不出宿夕，人必危之矣（《战国策》）
	动词	住宿，过夜	不得已，变姓名，诡踪迹，草行露宿（《〈指南录〉后序》）
	形容词	平素，一向	秦之宿计也（《田璆论救楚》）
遂（suì）	动词	顺从，如意	正是天遂人愿（《飞龙全传》）
		成就，完成	令遂前功（《班超传》）
	副词	终究，最终	民怨其上，不遂亡者（《王者何贵》）
		于是	山东豪俊遂并起而亡秦族矣（《过秦论》）

T			
实　词	词　性	注　释	例　句
特（tè）	形容词	杰出，突出	维此奄息，百夫之特（《黄鸟》）
	副词	只，不过	岂特十二乘哉（《齐威王论宝》）
		特地	诏书特下，拜臣郎中（《陈情表》）
徒（tú）	名词	门人，徒弟	仲尼之徒无道桓文之事者（《齐桓晋文之事》）
		同伙，同一类人	郯子之徒，其贤不及孔子（《师说》）
	动词	步行	舍车而徒（《周易》）
	副词	白白地	秦城恐不可得，徒见欺（《廉颇蔺相如列传》）
		只，不过	而蔺相如徒以口舌为劳，而位居我上（《廉颇蔺相如列传》）

W				
实　词		词　性	注　释	例　句
亡	（wáng）	名词	逃跑的人	追亡逐北，伏尸百万（《过秦论》）
		动词	逃亡，逃跑	沛公今事有急，亡去不义（《鸿门宴》）
			丢失，失去	秦无亡矢遗镞之费（《过秦论》）
			灭亡	日削月割，以趋于亡（《六国论》）
			使……灭亡	吞二周而亡诸侯（《过秦论》）
			死亡	今刘表新亡，二子不协（《赤壁之战》）
	（wú）	动词	通“无”，没有	河曲智叟亡以应（《愚公移山》）

依乎天理，批大郤，导大窾，因其固然，技经肯綮之未尝，而况大軱乎？（《庖丁解牛》）

【译文】依照牛体的自然结构，斜劈（筋骨连接处）大的缝隙，引刀进入（骨节之间的）空处，依照牛体本来的结构，脉络相连和筋骨相结合的地方，不曾拿刀去尝试，更何况大骨呢？

续表

W				
实词		词性	注释	例句
王	(wáng)	名词	夏、商、周三代的最高统治者	天子作民父母，以为天下王（《尚书》）
			封建时代的最高爵位	王侯将相宁有种乎（《陈涉世家》）
			首领或同类中最强大的、最突出的	射人先射马，擒贼先擒王［《前出塞九首》（其六）］
	(wàng)	动词	称王	沛公欲王关中（《鸿门宴》）
望(wàng)		名词	念头，希望	三十日不还，则请立太子为王，以绝秦望（《廉颇蔺相如列传》）
			名望，声望	都督阎公之雅望（《滕王阁序》）
			农历每月十五日	壬戌之秋，七月既望（《赤壁赋》）
		动词	向远处看	吾尝跂而望矣，不如登高之博见也（《劝学》）
			希望，指望	王如知此，则无望民之多于邻国也（《寡人之于国也》）
			盼望，期望	日夜望将军至，岂敢反乎（《鸿门宴》）
			观察，察看	吾令人望其气，皆为龙虎（《鸿门宴》）
微(wēi)		形容词	含蓄的，不显露的	其文约，其辞微（《屈原列传》）
			轻微，微小	微风鼓浪，水石相搏，声如洪钟（《石钟山记》）
			精深，奥妙	所谓智者，微妙之言也（《五蠹》）
			地位卑微	猥以微贱，当侍东宫（《陈情表》）
		副词	稍微，略微	见其发矢十中九八，但微颔之（《卖油翁》）
			暗暗地，偷偷地	微察公子，公子颜色愈和（《信陵君窃符救赵》）
		连词	如果没有，如果不是	微斯人，吾谁与归（《岳阳楼记》）
遗	(wèi)	动词	送给，赠送	秦昭王闻之，使人遗赵王书（《廉颇蔺相如列传》）
	(yí)	动词	遗失，丢失	秦无亡矢遗镞之费（《过秦论》）
			舍弃，放弃	小学而大遗（《师说》）
闻(wén)		名词	见闻，见识	友直，友谅，友多闻（《论语》）
		动词	听到，听见	顺风而呼，声非加疾也，而闻者彰（《劝学》）
			听说	秦昭王闻之，使人遗赵王书（《廉颇蔺相如列传》）
			闻名，出名	以勇气闻于诸侯（《廉颇蔺相如列传》）
			使……知道	臣具以表闻（《陈情表》）

文言译句

是以十九年而刀刃若新发于硎。（《庖丁解牛》）

【译文】因此十九年了刀刃还像刚从磨刀石上磨出来的一样。

续表

X			
实　词	词　性	注　释	例　句
悉（xī）	动词	尽其所有，总计	料大王之卒，悉之不过三十万（《战国策》）
		详尽地叙述	书不能悉意，故略陈固陋（《报任安书》）
		详尽地知道	丞相亮其悉朕意（《诸葛亮传》）
	形容词	详尽，全面	古之治天下，至孅至悉也（《论积贮疏》）
	副词	全，都	赵王悉召群臣议（《廉颇蔺相如列传》）
相（xiàng）	名词	相貌	儿已薄禄相，幸复得此妇（《孔雀东南飞》）
		丞相，宰相	沛公欲王关中，使子婴为相（《鸿门宴》）
		主持礼节仪式的人	愿为小相焉（《子路、曾皙、冉有、公西华侍坐》）
	动词	察看，看	相鼠有皮，人而无仪（《相鼠》）
		帮助，辅助	至于幽暗昏惑而无物以相之（《游褒禅山记》）
相（xiāng）	副词	互相，彼此	秦王与群臣相视而嘻（《廉颇蔺相如列传》）
		表示动作所涉及的一方，有指代作用，可指第一、二、三人称	便可白公姥，及时相遣归（《孔雀东南飞》） 吾已失恩义，会不相从许（《孔雀东南飞》） 勤心养公姥，好自相扶将（《孔雀东南飞》）
谢（xiè）	动词	辞别，辞去	往昔初阳岁，谢家来贵门（《孔雀东南飞》）
		谢绝，推辞	阿母谢媒人（《孔雀东南飞》）
		劝告，告诉	多谢后世人，戒之慎勿忘（《孔雀东南飞》）
		谢罪，道歉	旦日不可不蚤自来谢项王（《鸿门宴》）
		感谢，拜谢	哙拜谢，起，立而饮之（《鸿门宴》）
		凋谢	蔷薇花谢即归来（《留赠》）
信（xìn）	名词	书信，音讯	至今杳无音信（《窦娥冤》）
		使者，媒人	自可断来信，徐徐更谓之（《孔雀东南飞》）
		信物，凭证	今行而无信，则秦未可亲也（《荆轲刺秦王》）
	动词	相信，信任	成述其异，宰不信（《促织》）
		守信用	言必信，行必果（《论语》）
	形容词	真实的，诚实的	信言不美，美言不信（《道德经》）
		可靠的	信臣精卒陈利兵而谁何（《过秦论》）
	副词	实在，确实	足以极视听之娱，信可乐也（《兰亭集序》）
		任凭，随意	低眉信手续续弹［《琵琶行（并序）》］

提刀而立，为之四顾，为之踌躇满志，善刀而藏之。（《庖丁解牛》）

【译文】我提着刀站立起来，为此四处张望，为此悠然自得，心满意足，然后把刀揩拭干净，收藏起来。

续表

X			
实词	词性	注释	例句
兴（xīng）	动词	起来，起身	夙兴夜寐，靡有朝矣（《氓》）
		掀起，泛起	清风徐来，水波不兴（《赤壁赋》）
		兴起，兴盛	积土成山，风雨兴焉（《劝学》）
		发动，动员	不敢兴兵以拒大王（《荆轲刺秦王》）
		兴办，创办	政通人和，百废具兴（《岳阳楼记》）
		推举，选拔	进贤兴功，以作邦国（《周礼》）
幸（xìng）	动词	宠幸	夫赵强而燕弱，而君幸于赵王（《廉颇蔺相如列传》）
		封建时代皇帝到某处	缦立远视，而望幸焉（《阿房宫赋》）
		希望	幸可广问讯，不得便相许（《孔雀东南飞》）
	副词	对方所为使自己感到幸运	今事有急，故幸来告良（《鸿门宴》）
		侥幸	君不如肉袒伏斧质请罪，则幸得脱矣（《廉颇蔺相如列传》）
修（xiū）	动词	整饬，使有条理	严大国之威以修敬也（《廉颇蔺相如列传》）
		修造	修守战之具（《过秦论》）
		修养	臣修身絜行数十年（《信陵君窃符救赵》）
		整治，治理	故远人不服，则修文德以来之（《季氏将伐颛臾》）
		编纂，编写	孙子膑脚，兵法修列（《报任安书》）
	形容词	高，长	此地有崇山峻岭，茂林修竹（《兰亭集序》）
徐（xú）	形容词	缓慢，迟缓	不徐不疾（《庄子》）
	副词	慢慢地	遂于蒿莱中侧听徐行（《促织》）
许（xǔ）	名词	处所，地方	先生不知何许人也（《五柳先生传》）
	动词	答应，应允	秦强而赵弱，不可不许（《廉颇蔺相如列传》）
		赞同	杂然相许（《愚公移山》）
		期望	塞上长城空自许（《书愤》）
	代词	如此，这样	问渠那得清如许（《观书有感》）
Y			
实词	词性	注释	例句
易（yì）	动词	交换	愿以十五城请易璧（《廉颇蔺相如列传》）
		替代	以乱易整，不武（《烛之武退秦师》）

文言译句

师者，所以传道受业解惑也。（《师说》）

【译文】老师是用来传授道、教授学业、解释疑难问题的人。

续表

Y			
实　词	词　性	注　释	例　句
易（yì）	动词	改变	缙绅而能不易其志者（《五人墓碑记》）
	形容词	容易	天下事有难易乎（《为学》）
意（yì）	名词	心意	恐不任我意（《孔雀东南飞》）
		意图	今者项庄拔剑舞，其意常在沛公也（《鸿门宴》）
		意趣，情趣	醉翁之意不在酒（《醉翁亭记》）
		内心，心里	意颇轻师德（《资治通鉴》）
	动词	料想，意料	然不自意能先入关破秦（《鸿门宴》）
益（yì）	名词	好处，益处	死何裨益（《促织》）
	动词	水上涨，漫出来	澭水暴益（《荆人夜涉》）
		增多，增加	故富贵不足以益也（《荀子》）
	副词	更加，越发	是故圣益圣，愚益愚（《师说》）
因（yīn）	名词	机会	留待作遗施，于今无会因（《孔雀东南飞》）
	动词	通过，经由	因宾客至蔺相如门谢罪（《廉颇蔺相如列传》）
		依，随着	或因寄所托，放浪形骸之外（《兰亭集序》）
		沿袭	惠文、武、昭襄蒙故业，因遗策（《过秦论》）
	介词	趁着	因利乘便，宰割天下（《过秦论》）
		趁机	因击沛公于坐，杀之（《鸿门宴》）
		凭借，依据	然后践华为城，因河为池（《过秦论》）
		于是，就	项王即日因留沛公与饮（《鸿门宴》）
引（yǐn）	名词	一种文体	故聆曲引者，观法于节奏（《长笛赋》）
	动词	避开，退却	秦军引而去（《战国策》）
		延请	引赵使者蔺相如（《廉颇蔺相如列传》）
		延长，伸长	则天下之民，皆引领而望之矣（《孟子》）
		牵，拉	左右或欲引相如去（《廉颇蔺相如列传》）
右（yòu）	名词	右边	然视其左右，来而记之者已少（《游褒禅山记》）
		上。秦汉以前，位次以右为尊	拜为上卿，位在廉颇之右（《廉颇蔺相如列传》）
	动词	崇尚，重视	守成尚文，遭遇右武（《平津侯主父列传》）

人非生而知之者，孰能无惑？（《师说》）

【译文】人不是生下来就懂得知识和道理的，谁能没有困惑？

续表

Z				
实 词		词 性	注 释	例 句
造（zào）		动词	到，往	径造庐访成（《促织》）
			制定	怀王使屈原造为宪令（《屈原列传》）
			制造，建造	复造候风地动仪（《张衡传》）
知	（zhī）	名词	知觉，感觉	官知止而神欲行（《庖丁解牛》）
			知识	吾生也有涯，而知也无涯（《庄子》）
			交情	绝宾客之知（《报任安书》）
		动词	知道，懂得	人非生而知之者（《师说》）
			了解	君何以知燕王（《廉颇蔺相如列传》）
			识别	知我者鲍子也（《管仲列传》）
	（zhì）	名词	通“智”，智慧	则知明而行无过矣（《劝学》）
致（zhì）		名词	情趣，情致	虽世殊事异，所以兴怀，其致一也（《兰亭集序》）
		动词	到，达到	假舆马者，非利足也，而致千里（《劝学》）
			表达	一篇之中三致志焉（《屈原列传》）
			招纳，招致	不爱珍器重宝肥饶之地，以致天下之士（《过秦论》）
			取得，得到	家贫，无从致书以观（《送东阳马生序》）
走（zǒu）		名词	仆人	太史公牛马走司马迁，再拜言（《报任安书》）
		动词	跑，逃跑	弃甲曳兵而走（《寡人之于国也》）
			投奔，奔向	民之号呼而走之（《吕氏春秋》）
			趋向，归向	骊山北构而西折，直走咸阳（《阿房宫赋》）
		形容词	轻快的	豫备走舸，系于其尾（《赤壁之战》）
族（zú）		名词	类	士大夫之族，曰师曰弟子云者（《师说》）
			家族	山东豪俊遂并起而亡秦族矣（《过秦论》）
			种族，民族	我黄帝子孙，聚族而居（《少年中国说》）
		动词	灭族	族秦者，秦也，非天下也（《阿房宫赋》）
		形容词	众，一般的	族庖月更刀，折也（《庖丁解牛》）
坐（zuò）		名词	通“座”，座位	因击沛公于坐，杀之（《鸿门宴》）
		动词	坐下，坐着	项王、项伯东向坐（《鸿门宴》）
			犯罪，犯法	王曰：“何坐？”曰：“坐盗。”（《晏子使楚》）
		介词	由于，因为	停车坐爱枫林晚（《山行》）

文言译句

句读之不知，惑之不解，或师焉，或不焉。（《师说》）

【译文】不通晓句读，不解决疑惑，有的（指“句读之不知”）向老师学习，有的（指“惑之不解”）却不向老师求教。

三、古今异义

古今异义词汇总如表 2-1-3 所示。

表 2-1-3　古今异义词

篇　目	例　句	古　义	今　义
《种树郭橐驼传》	故乡人号之“驼”	所以乡里	家乡
	既然已，勿动勿虑	这样之后，已经这样	连词，用在上半句，下半句往往有“就”“也”“还”跟它呼应，表示先对现实或已有的结论予以承认，而后进一步做出判断
	去不复顾	离开	从所在地到别的地方，与“来”相对
	不抑耗其实而已	它的果实	承接上文转折，表示所说的是实际情况
	若不过焉则不及	不是过多	连词，表示转折关系
	其实害之	这实际上	承接上文转折，表示所说的是实际情况
	字而幼孩	养育	用来记录语言的符号
	吾小人辍飧饔以劳吏者	小民，百姓	人格卑劣的人
	故病且怠	困苦	生理上或心理上发生的不正常的状态
《促织》	市中游侠儿	游手好闲、不务正业的年轻人	行侠仗义的年轻人
	操童子业	童生（科举时代还没考取秀才的读书人）	男孩子，泛指儿童
	久不售	科举及第	卖
	成不敢敛户口	老百姓	户籍
	儿涕而去	流眼泪	鼻涕
	无出其右者	古代以右为尊	方位词
《子路、曾皙、冉有、公西华侍坐》	如或知尔	有的人	或许，或者
	加之以师旅	军队	军队的编制单位
	可使有勇，且知方也	行为准则	方形，方向，方法
	异乎三子者之撰	讲述	撰写
	吾与点也	赞成	连词，和
	安见方六七十	疑问代词，怎么	安全，安静

吾师道也，夫庸知其年之先后生于吾乎？（《师说》）

【译文】我学习的是道，哪管他是生在我之前还是生在我之后呢？

续表

篇　目	例　句	古　义	今　义
《寡人之于国也》	河内凶	黄河	泛指一切河流
	河内凶	谷物收成不好，荒年	恶，残暴
	邻国之民不加少	副词，更	两个或两个以上的东西或数目合在一起
	弃甲曳兵而走 / 是亦走也	逃跑	步行
	或百步而后止	有的人	或许，或者
	斧斤以时入山林	各类的砍斫的工具	市制质量单位
	是使民养生丧死无憾也	供养活着的人	保养身体
	非我也，兵也	兵器	战士
	王无罪岁，斯天下之民至焉	年成	表示年龄的单位
《劝学》	以为轮	把……作为	认为
	金就砺则利	金属制的刀斧等	黄金
	君子博学而日参省乎己	广泛地学习	学问广博精深
	声非加疾也	劲疾	疾病，急速
	而绝江河	横渡	断绝，穷尽
	而绝江河	长江、黄河	泛指一切河流
	驽马十驾	一天的行程	驾驶
	蚓无爪牙之利	爪子和牙齿	坏人的党羽
	非蛇鳝之穴无可寄托者	安身，藏身	将理想、希望、感情等放在某人身上或某种事物上
《公输》	子墨子起，再拜	两次	又一次
	荆之地，方五千里	方圆	方形，方向，方法
	吾知所以距子矣	用来……的方法	连词，表示因果关系
	然胡不已乎	为什么	姓氏
《庖丁解牛》	奏刀𬴂然	进	演奏
	依乎天理	牛体的自然结构	天然的道理
	因其固然	本来的结构	表示承认某个事实

文言译句

位卑则足羞，官盛则近谀。（《师说》）

【译文】以地位低的人为师就感到十分耻辱，以官职高的人为师就觉得近乎谄媚。

续表

篇目	例句	古义	今义
《庖丁解牛》	虽然，每至于族	即使这样	连词，用在上半句，下半句往往有“可是”“但是”等跟它呼应，表示承认甲事为事实，但乙事并不因为甲事而不成立
	虽然，每至于族	到了	到达某种程度或另提一事
	视为止，行为迟	动作因此	受思想支配而表现出来的活动
	得养生焉	养生之道	保养身体
《师说》	古之学者必有师	求学的人	在学术上有一定成就的人
	所以传道受业解惑也	用来……的	连词，表示因果关系
	师道之不传也久矣	风尚	道德，道路
	今之众人	一般人	大家，许多人
	或师焉，或不焉	有的人	或许，或者
	小学而大遗	学习了小的方面	对儿童、少年实施初等教育的学校
	士大夫之族	类	民族，种族
	圣人无常师	固定的	经常
	是故弟子不必不如师，师不必贤于弟子	不一定	事理上或情理上不需要
《烛之武退秦师》	焉用亡郑以陪邻	增加	陪伴，从旁协助
	若舍郑以为东道主	东方道路上招待过客的主人	请客的主人
	若舍郑以为东道主	把……作为	认为
	行李之往来	外交使者	出门所带的包裹、箱子等
	共其乏困	缺乏的东西	身体或精神劳累
	微夫人之力不及此	那人	尊称一般人的妻子
	亦去之	离开	从所在地到别的地方，与“来”相对
《廉颇蔺相如列传》	拜为上卿	授予官职，任命	一种表示敬意的礼节
	窃计欲亡走燕	谦辞，私下	偷
	窃计欲亡赵走燕	逃跑	步行
	均之二策	权衡，比较	均匀，平均

是故弟子不必不如师，师不必贤于弟子，闻道有先后，术业有专攻，如是而已。（《师说》）

【译文】因此学生不一定不如老师，老师也不一定超过学生，领会道理有早有晚，学术技艺各有所长，如此罢了。

续表

篇目	例句	古义	今义
《廉颇蔺相如列传》	相如奉璧奏秦王	呈献，进献	演奏
	传以示美人及左右	妃嫔	美丽的人
	布衣之交	平民	用布做的衣服
	未尝有坚明约束者也	盟约	限制使不越出范围
	明年复攻赵	第二年	今年的下一年
	于是相如前进缶	上前进献	向前行动或发展
	宣言曰	扬言	宣告，声明
	臣所以去亲戚而事君者	……的原因	连词，表示因果关系
	臣所以去亲戚而事君者	离开	从所在地到别的地方，与“来”相对
	臣所以去亲戚而事君者	包括父母兄弟在内的亲人	不包括父母兄弟在内的亲人
	因宾客至蔺相如门谢罪	通过，经由	因为
	鄙贱之人	地位低下、见识浅薄	品质恶劣
《赤壁赋》	七月既望	农历的每月十五日	远看
	徘徊于斗牛之间	斗宿和星宿	我国民间使牛与牛相斗的一种习俗。西班牙斗牛是一种人跟牛相斗的娱乐活动
	白露横江	白茫茫的水气	二十四节气之一
	凌万顷之茫然	越过	侵犯，欺侮
	凌万顷之茫然	旷远的样子	完全不知道的样子，失意的样子
	浩浩乎如冯虚御风	天空	空虚，虚假
	望美人兮天一方	所思慕的人	美丽的人
《项脊轩志》	项脊轩，旧南阁子也	旧日的，原来的	破旧，陈旧
	室仅方丈，可容一人居	一丈见方	寺院的住持
	内外多置小门墙，往往而是	处处	表示根据以往的经验，某种情况在一定条件下时常存在或经常发生
	凡再变矣	两次	又一次
	先大母	去世的	在前边，与“后”相对
	后五年，吾妻来归	女子出嫁	返回，归还

文言译句

吾不能早用子，今急而求子，是寡人之过也。（《烛之武退秦师》）

【译文】我没能及早重用您，现在由于国家危急而来求您，这是我的过错。

四、词类活用

（一）名词的活用

（1）名词用作动词。

名词用作动词汇总如表 2-1-4 所示。

表 2-1-4　名词用作动词

篇　目	例　句	注　释
《种树郭橐驼传》	病偻	患……病
	名我固当	称呼
	早实以蕃	结果实
	爪其肤以验其生枯	用指甲抠
	而卒以祸	受到祸害
	传其事以为官戒	作传，记载
《促织》	试使斗而才	有才能，这里指勇猛善斗
	旬余，杖至百	用杖打
	大喜，笼归	用笼子装
	自名“蟹壳青”	取名
	细疏其能	陈述
	则应节而舞	跳舞
	裘马扬扬	裘：穿着裘衣　马：骑着马
	仙及鸡犬	成仙
《子路、曾皙、冉有、公西华侍坐》	端章甫	端：穿着礼服　章甫：戴着礼帽
	鼓瑟希	弹奏
	风乎舞雩	吹风
	曾皙后	走在后面
《寡人之于国也》	填然鼓之	击鼓
	树之以桑	种植
	五十者可以衣帛矣	穿
	然而不王者	为王，称王
	王无罪岁	归咎，归罪
《劝学》	非能水也	游泳
《公输》	吾义固不杀人	（按照）道义
	在宋城上而待楚寇矣	入侵

越国以鄙远，君知其难也，焉用亡郑以陪邻？（《烛之武退秦师》）

【译文】越过别国而把远方的（郑国）当作您秦国的边邑，您知道这是困难的，哪里用得着灭掉郑国而给邻国增加土地呢？

续表

篇　目	例　句	注　释
《庖丁解牛》	足之所履	踩
《师说》	吾师道也	学习
	师道之不传也久矣	尊师学习
	其下圣人也亦远矣	不及
《烛之武退秦师》	晋军函陵，秦军氾南	驻军
	与郑人盟	结盟
《廉颇蔺相如列传》	臣乃敢上璧	献上
	舍相如广成传舍	安置住宿
	乃使其从者衣褐	穿
	怀其璧	怀揣
	赵王鼓瑟	弹奏
	左右欲刃相如	用刀杀
《赤壁赋》	歌窈窕之章	歌咏
	扣舷而歌之	歌唱
	下江陵	攻占
	顺流而东也	向东进军
	况吾与子渔樵于江渚之上	渔：打鱼　樵：砍柴
《项脊轩志》	客逾庖而宴	吃饭
	乳二世	喂奶，哺育
	吾家读书久不效	有效果，这里指科举上的成就
	执此以朝	上朝
	或凭几学书	写字

（2）名词用作状语。

名词用作状语汇总如表 2-1-5 所示。

表 2-1-5　名词用作状语

篇　目	例　句	注　释
《种树郭橐驼传》	旦视而暮抚	旦：在早上　暮：在晚上
	而木之性日以离矣	一天天
《促织》	岁征民间	每年
	市中游侠儿得佳者笼养之	用笼子

文言译句

若舍郑以为东道主，行李之往来，共其乏困，君亦无所害。（《烛之武退秦师》）

【译文】如果（您）放弃（围攻）郑国而把它作为东方道路上（招待过客）的主人，外交使者来来往往，（郑国）可以随时供给他们缺少的资粮，对您也没有什么害处。

续表

篇　目	例　句	注　释
《促织》	早出暮归	早：在早上　暮：在晚上
	取儿藁葬	用草席裹着
	日与子弟角	天天
	力叮不释	用力地
	民日贴妇卖儿	每天
《劝学》	君子博学而日参省乎己	每天
	上食埃土，下饮黄泉	上：向上　下：向下
《庖丁解牛》	良庖岁更刀	每年
	族庖月更刀	每月
《师说》	则群聚而笑之	成群地
《烛之武退秦师》	夜缒而出	在夜晚
	朝济而夕设版焉	朝：在早上　夕：在晚上
	既东封郑，又欲肆其西封	东：在东边　西：在西边
《廉颇蔺相如列传》	赵王于是遂遣相如奉璧西入秦	向西
	间至赵矣	抄小道，秘密地
	卒廷见相如	在朝廷上
	而相如廷叱之	
《赤壁赋》	乌鹊南飞	向南
	西望夏口，东望武昌	西：向西　东：向东
《项脊轩志》	雨泽下注	往下
	又北向	朝北
	使不上漏	从上面
	前辟四窗	在前面，这里指阁子北面
	东犬西吠	对着西家
	吾妻死之年所手植也	用手，亲手

（3）名词的意动用法。

名词的意动用法汇总如表 2-1-6 所示。

表 2-1-6　名词的意动用法

篇　目	例　句	注　释
《种树郭橐驼传》	驼业种树	以……为业
《师说》	吾从而师之	以……为师
	孔子师郯子、苌弘、师襄、老聃	

且君尝为晋君赐矣，许君焦、瑕，朝济而夕设版焉，君之所知也。（《烛之武退秦师》）

【译文】而且您曾经给予晋君恩惠，他答应给您焦、瑕这两个地方，（然而他）早上渡过黄河回国，晚上就修筑防御工事，这是您所知道的。

续表

篇目	例句	注释
《烛之武退秦师》	越国以鄙远	把……当作边邑
	既东封郑	以……为疆界
《廉颇蔺相如列传》	先国家之急而后私仇也	先：以……为先　后：以……为后
《赤壁赋》	侣鱼虾而友麋鹿	侣：以……为伴　友：以……为友

（二）动词的活用

（1）动词用作名词。

动词用作名词汇总如表 2-1-7 所示。

表 2-1-7　动词用作名词

篇目	例句	注释
《种树郭橐驼传》	凡长安豪富人为观游及卖果者	观赏游览的花圃园林
《寡人之于国也》	是使民养生丧死无憾也	生：活着的人　死：死去的人
《劝学》	不积小流	水流
《庖丁解牛》	视为止，行为迟	视：眼睛　行：动作
《烛之武退秦师》	且君尝为晋君赐矣	恩惠
《廉颇蔺相如列传》	未尝有坚明约束者也	盟约

（2）动词的使动用法。

动词的使动用法汇总如表 2-1-8 所示。

表 2-1-8　动词的使动用法

篇目	例句	注释
《种树郭橐驼传》	鸣鼓而聚之	鸣：使……发出响声　聚：使……聚集
《促织》	辄倾数家之产	使……倾尽
《寡人之于国也》	则移其民于河东	使……迁移
《劝学》	輮以为轮	使……弯曲
《烛之武退秦师》	若亡郑而有益于君	使……灭亡
	若不阙秦，将焉取之	使……减少
《廉颇蔺相如列传》	宁许以负秦曲	使……承担
	秦王恐其破璧	使……破碎
	归璧于赵	使……归还
	毕礼而归之	使……回去
《赤壁赋》	舞幽壑之潜蛟，泣孤舟之嫠妇	舞：使……起舞　泣：使……落泪

文言译句

既东封郑，又欲肆其西封，若不阙秦，将焉取之？（《烛之武退秦师》）

【译文】把郑国作为它东面的疆域之后，又想扩大它西边的疆界，如果不使秦国土地减少，将从哪里取得它所贪求的土地呢？

（三）形容词的活用

（1）形容词用作名词。

形容词用作名词汇总如表 2-1-9 所示。

表 2-1-9　形容词用作名词

篇　目	例　句	注　释
《促织》	成述其异	奇特的本领
《子路、曾皙、冉有、公西华侍坐》	可使有勇	勇气
	赤也为之小，孰能为之大	小：小相　大：大相
《劝学》	其曲中规	弯曲度
	登高而招	高处
	积善成德	善行
《公输》	义不杀少而杀众	少：少量的人　众：众多的人
《庖丁解牛》	而刀刃者无厚	厚度
《师说》	所以传道受业解惑也	疑难问题
	是故圣益圣，愚益愚	圣：圣人　愚：愚人
	小学而大遗	小：小的方面　大：大的方面
《烛之武退秦师》	臣之壮也	壮年
	越国以鄙远	远地，指郑国
	共其乏困	缺少的东西
《廉颇蔺相如列传》	宁许以负秦曲	理亏的责任
	而绝秦赵之欢	友好关系
《赤壁赋》	击空明兮溯流光	月光下的清波
《项脊轩志》	亦遂增胜	美，光彩

（2）形容词用作动词。

形容词用作动词汇总如表 2-1-10 所示。

表 2-1-10　形容词用作动词

篇　目	例　句	注　释
《种树郭橐驼传》	则其天者全而其性得矣	保全
《促织》	有华阴令欲媚上官	讨好，巴结
	薄产累尽	耗尽
	近抚之	靠近

因人之力而敝之，不仁；失其所与，不知；以乱易整，不武。（《烛之武退秦师》）

【译文】依靠别人的力量，又反过来损害他，这是不合乎仁的；失掉自己的同盟者，这是不明智的；用混乱相攻取代和谐一致，这是不符合用武之道的。

续表

篇目	例句	注释
《寡人之于国也》	谨庠序之教	认真从事
《劝学》	故木受绳则直，金就砺则利	直：变直　利：变锋利
《公输》	犀兕麋鹿满之	充满
	公输盘之攻械尽	用尽
	不能绝也	杀尽
《师说》	惑而不从师	有了疑惑
《烛之武退秦师》	邻之厚，君之薄也	厚：增益　薄：减损
	因人之力而敝之	损害
《廉颇蔺相如列传》	严大国之威以修敬也	尊重
	大王必欲急臣	逼迫
	不知将军宽之至此也	宽容
《赤壁赋》	正襟危坐而问客曰	整理
	横槊赋诗	横执
《项脊轩志》	借书满架	堆满

（3）形容词的使动用法。

形容词的使动用法汇总如表 2-1-11 所示。

表 2-1-11　形容词的使动用法

篇目	例句	注释
《种树郭橐驼传》	非有能硕茂之也	硕：使……硕大　茂：使……茂盛
	非有能早而蕃之也	早：使……结果早　蕃：使……结果多
	又何以蕃吾生而安吾性耶	蕃：使……繁盛　安：使……安定
《促织》	昂其直	使……高，抬高
	而高其直	
《子路、曾皙、冉有、公西华侍坐》	可使足民	使……富足
《劝学》	非利足也	使……走得快
《廉颇蔺相如列传》	臣请完璧归赵	使……完好无缺

（4）形容词的意动用法。

形容词的意动用法汇总如表 2-1-12 所示。

文言译句

计未定，求人可使报秦者，未得。（《廉颇蔺相如列传》）

【译文】对策还没有决定，想找个可派去回复秦国的人，没有找到。

表 2-1-12　形容词的意动用法

篇　目	例　句	注　释
《促织》	成然之	认为……是对的
	成以其小，劣之	认为……差
	益奇之	认为……奇特
《师说》	则耻师焉	以……为耻
	不耻相师	
《廉颇蔺相如列传》	且庸人尚羞之	以……为羞

五、常见虚词

其他虚词

（一）之

“之”的用法如表 2-1-13 所示。

表 2-1-13　“之”的用法

词　性	用　法	例　句
代词	作第三人称代词，代指人、物、事，在句中充当宾语，可译为“他（们）”“它（们）”“她（们）”	青，取之于蓝，而青于蓝（《劝学》）
	作指示代词，用在名词前，起指示作用，在句中充当定语，可译为“这”“此”	之二虫又何知（《逍遥游》）
	活用作第一人称或第二人称代词，相当于“我”“你”	不知将军宽之至此也（《廉颇蔺相如列传》）
助词	作结构助词，连接定语和中心语，构成名词性的偏正结构，表示领属或修饰关系，可译为“的”，有时不译	古之学者必有师（《师说》）
	作结构助词，连接主语和谓语，以取消句子的独立性，没有实义，可不译	吾妻之美我者，私我也（《邹忌讽齐王纳谏》）
	作结构助词，放在倒置的动宾或介宾短语中间，作宾语前置的标志，没有实义，可不译	句读之不知，惑之不解（《师说》）
	作结构助词，放在倒置的定语与中心语之间，作定语后置的标志，没有实义，可不译	蚓无爪牙之利，筋骨之强（《劝学》）
	作音节助词，置于动词、形容词等之后，用于调节音节，没有实义，不译	填然鼓之（《寡人之于国也》）
动词	译为“到”“往”等	项伯乃夜驰之沛公军（《鸿门宴》）

第二部分

（二）而

“而”的用法如表 2-1-14 所示。

表 2-1-14 “而”的用法

词性	用法	例句
连词	表示并列关系，一般不译，有时可译为“和”“又”“与”	蟹六跪而二螯（《劝学》）
	表示递进关系，可译为“而且”“并且”	君子博学而日参省乎己（《劝学》）
	表示承接关系，可译为“就”“接着”，或不译	人非生而知之者，孰能无惑（《师说》）
	表示转折关系，可译为“但是”“却”	冰，水为之，而寒于水（《劝学》）
	表示修饰关系，连接状语和中心语，说明动作行为的方式或状态，可不译	秦王与群臣相视而嘻（《廉颇蔺相如列传》）
代词	用于指代第二人称，一般在句中作定语，译为“你的”“你们的”；有时也作主语，译为“你”“你们”	而翁归，自与汝覆算耳（《促织》）

（三）以

“以”的用法如表 2-1-15 所示。

表 2-1-15 “以”的用法

词性	用法	例句
介词	表示动作行为凭借的工具、方法、条件、身份等，可译为“用”“拿”“靠”“凭借”“依据”“按照”“凭……身份”等	愿以十五城请易璧（《廉颇蔺相如列传》）
		伏惟圣朝以孝治天下（《陈情表》）
	表示动作行为产生的原因，可译为“因为”“由于”等	且以一璧之故逆强秦之欢，不可（《廉颇蔺相如列传》）
	表示动作行为所涉及或处置的对象，可译为“把”“让”等	私见张良，具告以事（《鸿门宴》）
	表示动作行为发生的时间，可译为“在”	以元朔五年为轻车将军（《李将军列传》）
连词	表示并列或递进关系，常连接两个动词、动词性词组或形容词、形容词性词组，可译为“和”“而”“又”“而且”“并且”等，或不译	且硕茂，早实以蕃（《种树郭橐驼传》）

第二部分

文言译句

何者？严大国之威以修敬也。（《廉颇蔺相如列传》）

【译文】为什么这样隆重？为的是尊重贵国的威严和表示敬意啊。

续表

词　性	用　法		例　句
连词	表示承接或目的关系，常连接两个动词或动词性词组，两个动作行为在时间上是一先一后的关系，前一动作行为往往是后一动作行为的手段、方式、过程，后一动作行为往往是前一动作行为的目的、结果。可译为“来”“去”“用来”等，或不译	表示承接关系	引壶觞以自酌［《归去来兮辞（并序）》］
		表示目的关系	作《师说》以贻之（《师说》）
			焉用亡郑以陪邻（《烛之武退秦师》）
	表示因果关系，常用在表示原因的分句前，可译为“因为”“由于”		晋侯、秦伯围郑，以其无礼于晋，且贰于楚也（《烛之武退秦师》）
	表示修饰关系，连接状语和中心语，说明动作行为的方式或状态，可译为“而”，或不译		木欣欣以向荣，泉涓涓而始流［《归去来兮辞（并序）》］

（四）于

“于”常作介词，通常放在宾语之前，构成介宾短语，在句子中充当状语。它的主要用法如表 2-1-16 所示。

表 2-1-16　“于”的用法

用　法	例　句
引进动作行为发生的处所、时间、范围、方面、原因等，可译为“在”“从”“到”“在……方面”“由于”等	乃设九宾礼于廷（《廉颇蔺相如列传》）
	尤致思于天文阴阳历算（《张衡传》）
引进动作行为涉及的对象等，可译为“和”“跟”“同”“对”“向”“给”“对于”等	沛公左司马曹无伤使人言于项羽曰（《鸿门宴》）
	而耻学于师（《师说》）
引进比较的对象，可译为“比”	冰，水为之，而寒于水（《劝学》）
引进动作行为的主动者，表示被动意义，可译为“被”，有时动词前还有“见”“受”等字和它相对应	臣诚恐见欺于王而负赵（《廉颇蔺相如列传》）

（五）其

“其”的用法如表 2-1-17 所示。

虚词词性的判定方法

表 2-1-17　“其”的用法

词　性	用　法	例　句
代词	用在名词前，在句中充当定语，可译为“他（们）的”“它（们）的”“她（们）的”	臣从其计，大王亦幸赦臣（《廉颇蔺相如列传》）
		今者项庄拔剑舞，其意常在沛公也（《鸿门宴》）

续表

词性	用法	例句
代词	用在动词或形容词前，在句中充当主谓短语（在整个句子中作主语、宾语或修饰语）的主语，可译为“他（们）”“它（们）”“她（们）”	其闻道也固先乎吾（《师说》）
		古之圣人，其出人也远矣（《师说》）
	作指示代词，在句中充当定语，可译为“这（些）”“那（些）”等	惑而不从师，其为惑也，终不解矣（《师说》）
语气副词	表示揣测的语气，可译为“大概”“恐怕”“或许”等	圣人之所以为圣，愚人之所以为愚，其皆出于此乎（《师说》）
	表示反问的语气，可译为“难道”	今其智乃反不能及，其可怪也欤（《师说》）
	表示期望的语气，可译为“一定”“务必”等，或不译	尔其无忘乃父之志（《五代史伶官传序》）
	表示婉商的语气，可译为“还是”，或不译	吾其还也（《烛之武退秦师》）

（六）则

“则”的用法如表 2-1-18 所示。

表 2-1-18 “则”的用法

词性	用法		例句
连词	表示承接关系，一般用来连接两个分句或紧缩复句的前后两层意思，表示两件事在时间上、事理上先后相承，可译为“就”“便”“那么”		故木受绳则直，金就砺则利（《劝学》）
			既其出，则或咎其欲出者（《游褒禅山记》）
	表示假设关系	用在前一分句，引出假设的情况，可译为“如果”“假如”等	入则无法家拂士，出则无敌国外患者，国恒亡（《生于忧患，死于安乐》）
		用在后一分句，表示假设或推断的结果，可译为“那么”“就”等	君子博学而日参省乎己，则知明而行无过矣（《劝学》）
	表示转折关系，可译为“却”“但是”“然而”		于其身也，则耻师焉（《师说》）
			人死，则曰：“非我也，岁也。”（《寡人之于国也》）
	表示让步关系，往往是姑且承认一件事，准备在下句转入正意，可译为“倒是”“虽然”		美则美矣，而未大也（《庄子》）
			善则善矣，未可以战也（《国语》）
	表示并列关系，可译为“就”，或不译		位卑则足羞，官盛则近谀（《师说》）
			入则孝，出则悌（《论语》）
副词	表示肯定，用在判断句中，译为“是”“就是”		此则岳阳楼之大观也（《岳阳楼记》）

文言译句

公之视廉将军孰与秦王？（《廉颇蔺相如列传》）

【译文】你们看廉将军与秦王比哪一个（厉害）呢？

（七）乃

“乃”的用法如表 2-1-19 所示。

表 2-1-19 “乃”的用法

词 性	用 法	例 句
副词	表示承接关系，可译为“就”“于是”“才”等	衡乃拟班固《两都》作《二京赋》（《张衡传》）
	表示转折关系，强调某一行为出乎意料或违背常理，可译为“竟”“却”“但是”“反而”等	今其智乃反不能及（《师说》）
	用在判断句中，起确认作用，可译为“是”“就是”等	当立者乃公子扶苏（《陈涉世家》）
	表示对事物范围的一种限制，可译为“只”“仅”	至东城，乃有二十八骑（《垓下之围》）
代词	多用于指代第二人称，一般在句子中作定语，译为“你（们）的”	王师北定中原日，家祭无忘告乃翁（《示儿》）

（八）为

“为”的用法如表 2-1-20 所示。

表 2-1-20 “为”的用法

词 性	用 法	例 句
介词	读 wèi，和后面的宾语一起放在谓语动词前作状语，表示对象、目的、原因等，可译为“给”“替”“对”“向”“为了”“因为”等	秦王为赵王击瓯（《廉颇蔺相如列传》）
	读 wéi，表示被动，译为“被”	今不速往，恐为操所先（《赤壁之战》）
助词	读 wéi，用于句末，表示疑问、反问、感叹等语气	如今人方为刀俎，我为鱼肉，何辞为（《鸿门宴》）

（九）焉

“焉”的用法如表 2-1-21 所示。

表 2-1-21 “焉”的用法

词 性	用 法	例 句
兼词	兼有介词“于”和代词“之”的意思，通常用于动词或动词性词组之后，以介绍涉及的处所、事物等	积土成山，风雨兴焉（《劝学》）

西望夏口，东望武昌，山川相缪，郁乎苍苍，此非孟德之困于周郎者乎？（《赤壁赋》）

【译文】向西望是夏口，向东望是武昌，山水环绕，一片苍翠，这不是曹孟德被周瑜围困的地方吗？

续表

词　性	用　法	例　句
代词	作第三人称代词，相当于“之”，通常用在动词之后充当宾语，指代前面出现的人、事、物等，可译为“它（们）”“他（们）”“她（们）”等	非曰能之，愿学焉（《子路、曾皙、冉有、公西华侍坐》）
	作疑问代词，通常用于动词或动词性词组之前，表示反问，可译为“哪里”“怎么”等	姜氏欲之，焉辟害（《郑伯克段于鄢》）
语气词	既可用于句中，也可用于句末，表示不同的语气：表示陈述语气时，可译为“了”，或不译；表示疑问、反问语气时，可译为“呢”	于是余有叹焉（《游褒禅山记》）
		君何患焉（《郑伯克段于鄢》）

（十）乎

“乎”的用法如表 2-1-22 所示。

表 2-1-22　“乎”的用法

词　性	用　法	例　句
语气词	表示疑问语气，可译为“吗”“呢”	壮士！能复饮乎（《鸿门宴》）
	表示反问语气，可译为“吗”“呢”	此非曹孟德之诗乎（《赤壁赋》）
	表示揣测语气，可译为“吧”“呢”	圣人之所以为圣，愚人之所以为愚，其皆出于此乎（《师说》）
	表示感叹句或祈使语气，可译为“啊”“呀”	嗟乎！一人之心，千万人之心也（《阿房宫赋》）
介词	引出动作行为发生的时间、处所、范围、方面等，可译为“在”“从”“到”“在……方面”等	生乎吾前（《师说》）
		浴乎沂，风乎舞雩（《子路、曾皙、冉有、公西华侍坐》）
	放在形容词后，引出比较的对象，可译为“比”	其闻道也固先乎吾（《师说》）
	引出动作行为涉及的对象等，可译为“对”，或不译	君子博学而日参省乎己（《劝学》）

六、特殊句式

（一）判断句

判断句汇总如表 2-1-23 所示。

文言译句

固一世之雄也，而今安在哉？（《赤壁赋》）

【译文】本来是一代英雄啊，可如今又在哪里呢？

表 2-1-23　判断句

篇目	句子
《种树郭橐驼传》	理，非吾业也
《促织》	此物故非西产
《寡人之于国也》	是亦走也
	是使民养生丧死无憾也
	养生丧死无憾，王道之始也
	非我也，岁也
《劝学》	虽有槁暴，不复挺者，輮使之然也
	蟹六跪而二螯，非蛇鳝之穴无可寄托者，用心躁也
《公输》	此犹文轩之与敝舆也
	臣以王吏之攻宋也，为与此同类
《庖丁解牛》	臣之所好者道也
	良庖岁更刀，割也；族庖月更刀，折也
	所见无非牛者
《师说》	师者，所以传道受业解惑也
	道之所存，师之所存也
	授之书而习其句读者，非吾所谓传其道解其惑者也
《烛之武退秦师》	是寡人之过也

篇目	句子
《烛之武退秦师》	邻之厚，君之薄也
	且君尝为晋君赐矣，许君焦、瑕，朝济而夕设版焉，君之所知也
	因人之力而敝之，不仁；失其所与，不知；以乱易整，不武
《廉颇蔺相如列传》	廉颇者，赵之良将也
	蔺相如者，赵人也，为赵宦者令缪贤舍人
	和氏璧，天下所共传宝也
	且相如素贱人
	臣所以去亲戚而事君者，徒慕君之高义也
	强秦之所以不敢加兵于赵者，徒以吾两人在也
	吾所以为此者，以先国家之急而后私仇也
《赤壁赋》	此非曹孟德之诗乎
	固一世之雄也
	是造物者之无尽藏也
《项脊轩志》	项脊轩，旧南阁子也
	妪，先大母婢也
	此吾祖太常公宣德间执此以朝
	庭有枇杷树，吾妻死之年所手植也

（二）被动句

被动句汇总如表 2-1-24 所示。

况吾与子渔樵于江渚之上，侣鱼虾而友麋鹿，驾一叶之扁舟，举匏樽以相属。（《赤壁赋》）
【译文】何况我同你在江边捕鱼打柴，以鱼虾为伴，与麋鹿为友，驾着一叶扁舟，举杯相互劝酒。

表 2-1-24　被动句

篇　目	句　子	篇　目	句　子
《促织》	遂为猾胥报充里正役	《廉颇蔺相如列传》	使不辱于诸侯
《劝学》	金石可镂		臣诚恐见欺于王而负赵
《师说》	不拘于时	《赤壁赋》	此非孟德之困于周郎者乎
《廉颇蔺相如列传》	而君幸于赵王	《项脊轩志》	轩凡四遭火，得不焚
	秦城恐不可得，徒见欺	—	

（三）倒装句

（1）宾语前置句。

宾语前置句汇总如表 2-1-25 所示。

表 2-1-25　宾语前置句

篇　目	句　子	篇　目	句　子
《种树郭橐驼传》	不知始何名	《公输》	宋何罪之有
	故不我若也	《庖丁解牛》	技经肯綮之未尝
	又何以蕃吾生而安吾性耶		是以十九年而刀刃若新发于硎
《子路、曾皙、冉有、公西华侍坐》	毋吾以也	《师说》	句读之不知，惑之不解
	不吾知也	《烛之武退秦师》	夫晋，何厌之有
	则何以哉	《廉颇蔺相如列传》	何以知之
	尔何如		君何以知燕王
	夫三子者之言何如	《赤壁赋》	何为其然也
《寡人之于国也》	未之有也		而今安在哉
	鸡豚狗彘之畜		而又何羡乎
	以五十步笑百步，则何如	《项脊轩志》	令人长号不自禁

（2）定语后置句。

定语后置句汇总如表 2-1-26 所示。

表 2-1-26　定语后置句

篇　目	句　子	篇　目	句　子
《种树郭橐驼传》	凡长安豪富人为观游及卖果者	《劝学》	蚓无爪牙之利，筋骨之强
《促织》	村中少年好事者驯养一虫	《廉颇蔺相如列传》	求人可使报秦者

文言译句

寄蜉蝣于天地，渺沧海之一粟。哀吾生之须臾，羡长江之无穷。（《赤壁赋》）

【译文】像蜉蝣一样寄居在天地之间，渺小得像大海中的一粒米。哀叹我生命的短暂，而羡慕长江的流水无穷无尽。

续表

篇目	句子	篇目	句子
《促织》	田百顷	《赤壁赋》	凌万顷之茫然
	楼阁万椽		客有吹洞箫者
《子路、曾皙、冉有、公西华侍坐》	冠者五六人，童子六七人		—

（3）状语后置句。

状语后置句汇总如表 2-1-27 所示。

表 2-1-27 状语后置句

篇目	句子	篇目	句子
《促织》	岁征民间	《师说》	夫庸知其年之先后生于吾乎
	问者爇香于鼎		而耻学于师
	掭以尖草		师不必贤于弟子
	既得其尸于井		学于余
	覆之以掌	《烛之武退秦师》	以其无礼于晋，且贰于楚
《子路、曾皙、冉有、公西华侍坐》	以吾一日长乎尔		佚之狐言于郑伯
	摄乎大国之间		若亡郑而有益于君
	加之以师旅，因之以饥馑	《廉颇蔺相如列传》	以勇气闻于诸侯
	异乎三子者之撰		故燕王欲结于君
	浴乎沂，风乎舞雩		拜送书于庭
	为国以礼		乃设九宾礼于廷
《寡人之于国也》	则无望民之多于邻国也		臣头今与璧俱碎于柱矣
	树之以桑		欲与王为好会于西河外渑池
	申之以孝悌之义	《赤壁赋》	苏子与客泛舟游于赤壁之下
	颁白者不负戴于道路矣		月出于东山之上，徘徊于斗牛之间
	是何异于刺人而杀之		况吾与子渔樵于江渚之上
《劝学》	青，取之于蓝，而青于蓝		寄蜉蝣于天地
	君子博学而日参省乎己		托遗响于悲风
《公输》	子墨子闻之，起于鲁		相与枕藉乎舟中
	胡不见我于王	《项脊轩志》	又杂植兰桂竹木于庭

逝者如斯，而未尝往也；盈虚者如彼，而卒莫消长也。（《赤壁赋》）

【译文】所有一去不复返的（事物）就像这不断流去的江水，虽然流动不止，却如同未曾流去；所有增减盛衰的（事物）就像那时圆时缺的月亮，虽然变化不止，却终究如同没有增减。

续表

篇　目	句　子	篇　目	句　子
《庖丁解牛》	合于《桑林》之舞	《项脊轩志》	鸡栖于厅
	是以十九年而刀刃若新发于硎		室西连于中闺
《师说》	生乎吾前，其闻道也固先乎吾	—	

（四）省略句

省略句汇总如表 2-1-28 所示。

表 2-1-28　省略句

类　型	句　子	补全后
主语省略句	名我固当（《种树郭橐驼传》）	（故乡人）名我固当
	折藏之，归以示成（《促织》）	（其妻）折藏之，归以（之）示成
	弃甲曳兵而走（《寡人之于国也》）	（将士）弃甲曳兵而走
	胡不见我于王（《公输》）	（子）胡不见我于王
	夜缒而出（《烛之武退秦师》）	（烛之武）夜缒而出
	又杂植兰桂竹木于庭（《项脊轩志》）	（余）又杂植兰桂竹木于庭
宾语省略句	传其事以为官戒也（《种树郭橐驼传》）	传其事以（之）为官戒也
	可使有勇（《子路、曾皙、冉有、公西华侍坐》）	可使（之）有勇
	木直中绳，輮以为轮（《劝学》）	木直中绳，輮以（之）为轮
	将以攻宋（《公输》）	将以（之）攻宋
	臣以神遇而不以目视（《庖丁解牛》）	臣以神遇（之）而不以目视（之）
	吾从而师之（《师说》）	吾从（之）而师之
	敢以烦执事（《烛之武退秦师》）	敢以（之）烦执事
	使归赵（《廉颇蔺相如列传》）	使（之）归赵
介词省略句	移之官理，可乎（《种树郭橐驼传》）	移之（于）官理，可乎
	假此科敛丁口（《促织》）	假此科敛（于）丁口
	晋军函陵，秦军汜南（《烛之武退秦师》）	晋军（于）函陵，秦军（于）汜南
	遂与秦王会渑池（《廉颇蔺相如列传》）	遂与秦王会（于）渑池
	余自束发读书轩中（《项脊轩志》）	余自束发读书（于）轩中

文言译句

东犬西吠，客逾庖而宴，鸡栖于厅。（《项脊轩志》）

【译文】东家的狗（听到西家的声音）就对着西家叫，客人越过厨房去吃饭，鸡在厅堂里栖息。

专题二 古诗词阅读

古诗词是中国传统文化的精粹，也是语文学习的重要内容之一。阅读古诗词时，需重点掌握其塑造的形象、运用的表达技巧、抒发的思想感情，以及蕴含的语言艺术，如此可以帮助学生更好地理解古诗词。

本专题汇集的古诗词主要以唐诗、宋词为主，讲解时选取不同时期、不同体式的诗词作为例子，帮助学生掌握古诗词阅读的基本方法，能对古诗词进行初步的鉴赏。

知识清单

一、掌握古诗词的阅读方法

（一）抓标题

标题是古诗词的眼睛，是古诗词内容和形式等丰富信息的载体，是理解与鉴赏古诗词的重要切入点。具体来说，标题主要有以下作用：① 点明古诗词的写作缘由或目的；② 交代古诗词的写作时间、地点、对象、主要内容等；③ 表明古诗词的题材和体裁；④ 揭示古诗词的情感主旨；⑤ 暗示古诗词的表达技巧。例如，《春夜喜雨》一诗的标题既交代了写作时间（春夜）和对象（雨），也奠定了诗词的情感基调——一个“喜”字直言诗人的欢愉喜悦之情。

（二）看作者

正所谓“诗言志，词言情”，每首古诗词的问世都是作者经历的再现和情感的流露，都和作者当时所处的时代背景、社会状况，以及其周遭境遇和自身性格密切相关。因此，了解作者的所处时代、生活经历、思想性格及风格流派等，对于读懂古诗词能够产生事半功倍的效果。例如，王维的《山居秋暝》一诗，如果我们了解王维是山水田园诗派的代表人物，其诗歌的显著特点是“诗中有画，画中有诗”，那么就不难分析出这首诗清新优美、情趣盎然、诗画合一的艺术特色。

（三）读正文

正文是古诗词的核心，因此，读懂正文是读懂古诗词的关键。这需要着重把握以下三点。

（1）找寻诗眼。诗眼即关键字词，是指能明显表现出古诗词情感类型且能决定古诗词抒情方向和基调的显性词语，如“悲”“愁”“怨”“忧”“思”“闲”“愤”“恨”

身既死兮神以灵，子魂魄兮为鬼雄！（屈原《国殇》）

【赏析】诗句写出了楚军将士身虽已死，但英灵不灭，表达了诗人对楚军将士生是人杰、死为鬼雄的爱国主义精神的高度赞美。

“喜”“乐”等，以及描摹景、物、人、事的要素并能暗示作者思想感情的隐性词语，如“空”“惟”“但”等。例如，杜甫《登高》中“万里悲秋常作客”一句里的“悲”字就直接表明了诗人客居他乡又恰逢暮秋时的无尽伤感。

（2）知晓意象。意象是古诗词抒情言志的基本单位和思想情感的寄托。揣摩古诗词中的意象是理解古诗词情感主旨的必由之路。古诗词中意象的含义往往是约定俗成的。例如，梅花是高洁忠贞的象征，月亮是思亲怀乡的代表等。

（3）明确题材。同一题材的古诗词，其感情基调大同小异。因此，如果能判定一首古诗词所属的题材类型，便能很快把握这首诗词的内容走向和情感基调。

关于意象、题材后文会有详细介绍，此处不再赘述。

（四）析注释

注释是古诗词给出的隐晦提示，是准确理解古诗词内容的关键。古诗词的注释多种多样，其作用各有不同，常见的有：① 介绍疑难词语，以帮助读懂古诗词的意思；② 介绍古诗词写作的时间、地点，以说明写作背景或时代背景（或直接介绍时代背景），暗示古诗词的思想主旨；③ 介绍关联的人、事、物等，以暗示古诗词的用典或意境；④ 介绍作者，以暗示古诗词的思想情感或风格特征。

二、赏析古诗词中的形象

古诗词中的形象是指古诗词作品创造出来的生动具体的、寄寓作者生活理想和思想感情的艺术形象。它具体可分为人物形象、景物形象和事物形象三种。赏析古诗词中的形象就是要把握古诗词刻画的艺术形象的内涵，分析和判断艺术形象所蕴含的作者的思想感情和社会意义。

（一）人物形象

古诗词中的人物形象主要有两类：一类是诗人自己的形象，即抒情主人公的形象；另一类是诗中人物的形象，即作品主人公的形象。

1. 诗人自己的形象

诗人自己的形象主要可分为六种，具体如表 2-2-1 所示。

表 2-2-1　诗人自己的形象

形　象	示　例
寄情山水、归隐田园形象	采菊东篱下，悠然见南山［陶渊明《饮酒（其一）》］
傲视权贵、高傲不羁形象	安能摧眉折腰事权贵，使我不得开心颜（李白《梦游天姥吟留别》）
心系天下、忧国忧民形象	安得广厦千万间，大庇天下寒士俱欢颜（杜甫《茅屋为秋风所破歌》）
怀才不遇、壮志难酬形象	前不见古人，后不见来者。念天地之悠悠，独怆然而涕下（陈子昂《登幽州台歌》）

诗词赏析

青青子衿，悠悠我心。（曹操《短歌行》）

【赏析】诗句引用《诗经·子衿》中表现女子对心上人深切思念的名句，抒发了诗人渴望招纳贤才、建功立业的宏图大愿。

续表

形　象	示　例
矢志报国、慷慨愤世形象	了却君王天下事，赢得生前身后名。可怜白发生（辛弃疾《破阵子·为陈同甫赋壮词以寄之》）
送别友人、思念故乡形象	李白乘舟将欲行，忽闻岸上踏歌声。桃花潭水深千尺，不及汪伦送我情（李白《赠汪伦》）

2. 诗中人物的形象

诗中人物的形象主要可分为五种，具体如表 2-2-2 所示。

表 2-2-2　诗中人物的形象

形　象	示　例
将军形象	风劲角弓鸣，将军猎渭城（王维《观猎》）
游子形象	慈母手中线，游子身上衣。临行密密缝，意恐迟迟归。谁言寸草心，报得三春晖（孟郊《游子吟》）
思妇形象	闺中少妇不知愁，春日凝妆上翠楼。忽见陌头杨柳色，悔教夫婿觅封侯（王昌龄《闺怨》）
宫女形象	金井梧桐秋叶黄，珠帘不卷夜来霜。熏笼玉枕无颜色，卧听南宫清漏长［王昌龄《长信秋词（其一）》］
悲士形象	男儿何不带吴钩，收取关山五十州。请君暂上凌烟阁，若个书生万户侯［李贺《南园（其五）》］

赏析诗中人物形象需要注意以下两点。

（1）知人论世，关注背景：① 作者不同，风格各异，如李白的风格雄奇飘逸，杜甫的风格则沉郁顿挫；② 境遇不同，情感有别，如李清照前期作品多写闺情相思，后期作品多写对个人身世的哀痛和山河破碎的感慨；③ 时代不同，精神迥异，如同为边塞诗，唐朝王昌龄的《从军行》传达的是豪迈和勇敢，而南宋陆游的《书愤》抒发的是愤懑和苦闷。

（2）要善于抓住古诗词中人物的肖像、神态、动作、心理、语言及环境等描写，特别是细节描写，仔细分析相应的关键词，以准确把握人物形象的特征。

（二）景物形象

景物形象是指写景诗或杂诗中的一般景物的形象。此外，抒情诗往往会借助客观事物来表达感情，这种承载主观感情的客观事物也是景物形象。景物形象包括自然描写（如季节、时令、地域等）、场面描写（如农事、战争、狩猎、离别等）和色彩描写（如黄鹂、白鹭等）。景物形象一般分为两种类型：意象和意境。

小贴士

意象是具体而形象的，是看得见、摸得着的，是一种客观事物；意境是模糊且抽象的，是看不见、摸不着的，是一种氛围感觉。

1. 意象

意象就是表意之象，即古诗词中熔铸了作者主观感情的客观物象。意象主要有以下几种类型。

【愁苦类】或渲染凄冷、悲凉的气氛，

羁鸟恋旧林，池鱼思故渊。［陶渊明《归园田居（其一）》］

【赏析】诗句运用了比喻、对偶、拟人的修辞手法。诗人以“羁鸟”“池鱼”作比，形象贴切，既与前文的“尘网”相呼应，又为后文的“樊笼”埋伏笔，表达其思归田园的急切心情。

或表达忧愁、悲伤的心情，如梧桐、芭蕉、猿猴、苦雨。

【送别类】或表达不舍之情，或叙写别后思念，如杨柳、长亭、行舟、酒。

【思乡类】或寄寓对家乡的思念，或表达对亲人的牵挂，如月亮、鸿雁、双鲤、捣衣。

【抒怀类】或托物显示高洁的品质，或抒发感慨，如梅花、菊花、松柏、蝉。

【战争类】或表现战争生活的艰苦，或抒发矢志报国的情怀，或表达对战争的厌恶、对和平的向往，如投笔、楼兰、请缨、羌笛。

【爱情类】表达爱恋、相思之情，如莲、红豆、连理枝、比翼鸟。

【闲适类】或抒发清闲恬淡的心情，或表达对隐居生活的向往，如五柳、东篱、三径、渔樵。

古诗词中的常见意象

古诗词运用意象主要有以下作用：①渲染气氛，奠定基调，营造意境；②为人物活动提供环境或背景；③烘托人物心情，衬托人物形象；④表达思想，抒发情感；⑤作为贯串始终的线索。

2. 意境

意境是古诗词中展现的景物和营造的画面的氛围特点。意境主要有四种类型，具体如表 2-2-3 所示。

表 2-2-3 意境的类型

类型	形容意境的常用术语
豪放类	雄浑开阔、豪迈雄奇、雄奇壮丽、壮阔苍茫、雄壮瑰丽、开阔苍凉
清幽类	清幽明净、淡雅幽远、恬淡自然、闲适恬淡、恬静幽美、明净绚丽
伤感类	沉郁孤愁、孤寂冷清、萧瑟荒凉、肃杀荒寒、凄寒萧条、凄清冷寂
婉约类	婉约凄美、深远绵邈、朦胧感伤、虚幻缥缈、缠绵婉转

总而言之，赏析古诗词中的景物形象时需要注意以下两点。

（1）诗中赏画：看诗中景物的形、色、动、静，欣赏诗的画面美，通过分析景物形象所含之意，概括景物形象的意境特点，进而剖析诗人的思想感情。

（2）画中品诗：由景物形象构成的画面的色调把握诗人的思想情感。作品所描绘的外在景物形象画面是鲜活、明丽和昂扬向上的，其内在景物形象情感便是高昂乐观的；反之，外在景物形象画面是阴暗、凄冷和低沉丧气的，其内在景物形象情感则是压抑伤感的。

（三）事物形象

有些古诗词以某些事物为具体描写对象，在形象描写中将事物人格化，即把诗人要表现的品格节操或思想感情用象征性的形象曲折地表达出来，这种象征性的形象就是事物形象，即物象，如咏物诗中常见的梅、竹、兰等。对事物形象的学习主要是掌握其象征意义，学生可通过分析事物形象的特点来探求象征体和本体之间的联系，进而分析

诗词赏析

春江潮水连海平，海上明月共潮生。（张若虚《春江花月夜》）

【赏析】诗句勾勒出一幅春江月夜的壮丽画面：江潮连海，月共潮生。一个“生”字赋予了明月与潮水以活泼的生命。

并把握古诗词的思想和情感。

赏析古诗词中的事物形象时需要注意以下两点。

（1）把握所咏之物的形神特点，提炼表现物象特征的词语，挖掘物象内在的品格、精神，抓物与志的"契合点"，如写梅的傲霜斗雪、凌寒独开，可推知人物的高洁、不同流合污。

（2）联系诗人自身经历和所处社会环境，揣摩诗人所托之情、所言之志。

三、分析古诗词的表达技巧

表达技巧，也称写作手法、艺术手法，是指作者在塑造形象、营造意境、表达思想感情时所采取的各种方式。它是一个比较宽泛的概念，主要包括修辞手法、表达方式、表现手法、结构技巧等。分析古诗词的表达技巧就是要准确指出古诗词所运用的手法，并能结合内容具体分析作者运用这些手法所产生的表达作用或效果。

（一）修辞手法

古诗词中常用的修辞手法有比喻、拟人、夸张、对偶、借代、反问、设问、反复、互文和双关等，具体如表 2-2-4 所示。

除了比喻，该诗句还运用了哪种修辞手法？

表 2-2-4 古诗词中常用的修辞手法

修辞手法	作　用	示　例	示例分析
比喻	化抽象为具体，化无形为有形，化平淡为生动，化深奥为浅显	问君能有几多愁，恰似一江春水向东流（李煜《虞美人》）	将无形的"愁"比作有形的永流不尽的"一江春水"，生动形象地展示了"愁"之多
拟人	促使读者产生联想，使描写的事物表现得生动形象、新颖别致、富有情趣	霜禽欲下先偷眼，粉蝶如知合断魂［林逋《山园小梅二首（其一）》］	"先偷眼"极写白鹤爱梅之甚，它还未来得及飞下来赏梅，就迫不及待地先偷看梅花几眼；"合断魂"一词更是显得凄苦凝重，因爱梅而销魂，这就把蝴蝶对梅的喜爱夸大到了顶端极致。诗句通过拟人手法衬托出作者对梅花的喜爱之情和幽居之乐
夸张	突出特征，引人注目，烘托气氛，增强联想，给人启示，深化感情	三万里河东入海，五千仞岳上摩天［陆游《秋夜将晓出篱门迎凉有感二首（其二）》］	通过夸大河的长和山的高，展现出祖国大好河山的壮阔美丽，表达了作者对祖国山河的无限热爱与赞美
对偶	使内容形式整齐，结构对称，节奏鲜明，音韵和谐，语言简练，意义含蓄，富有表现力 律诗的颔联和颈联一定对仗	无边落木萧萧下，不尽长江滚滚来（杜甫《登高》）	"无边"对"不尽"，"落木"对"长江"，"萧萧"对"滚滚"，"下"对"来"。诗句不仅对仗工整，而且含义隽永，抒发了作者韶光易逝、壮志难酬的感怆，是千古传颂的名句

黄沙百战穿金甲，不破楼兰终不还。［王昌龄《从军行七首（其四）》］

【赏析】戍边时间之漫长，战事之频繁，战斗之艰苦，都被此句概括无遗。诗句以直接抒情的手法，歌颂了将士的英勇无畏和爱国热忱。

第二部分

续表

修辞手法	作用	示例	示例分析
借代	突出描写对象的特征，使语言简练含蓄	知否，知否？应是绿肥红瘦［李清照《如梦令》（昨夜雨疏风骤）］	用“绿”“红”两种颜色分别指代叶和花，描写叶的茂盛肥大和花的凋零稀少，烘托了作者的伤感情怀
反问	增强语气，引人深思，增强说服力和感染力	江东子弟今虽在，肯与君王卷土来（王安石《叠题乌江亭》）	运用反问，使诗句语气冷峻
设问	或以问题引入，带动全篇；或中间设问，承上启下；或结尾设问，深化主题，令人回味	试问闲愁都几许？一川烟草，满城风絮，梅子黄时雨［贺铸《青玉案》（凌波不过横塘路）］	以设问作结，以实写虚，一问一答，将一腔愁思化作具体可感的形象
反复	强调事件，渲染气氛，增强气势，抒发感情	而今识尽愁滋味，欲说还休。欲说还休，却道天凉好个秋（辛弃疾《丑奴儿·书博山道中壁》）	“欲说还休”反复出现，用叠句的形式渲染了有苦无处诉的气氛，加强了艺术效果
互文	渲染气氛，使诗句更加整齐和谐、对仗精练	秦时明月汉时关，万里长征人未还［王昌龄《出塞二首（其一）》］	“秦时明月汉时关”用了互文的手法，指的是秦汉时的明月和秦汉时的边关
双关	使语言幽默，饶有风趣，也能使诗歌的内蕴丰厚，余味深长	春蚕到死丝方尽，蜡炬成灰泪始干（李商隐《无题》）	“丝”字与“思”字谐音双关，表达了作者对爱人绵绵无尽的思念

（二）表达方式

表达方式主要包括叙述、抒情、描写、说明、议论五种。而古诗词阅读重点学习的是抒情和描写。

1. 抒情

抒情即抒发主观感受，表达思想感情。抒情方法主要分为直接抒情和间接抒情，具体如表 2-2-5 所示。

表 2-2-5　直接抒情和间接抒情

抒情方法	含义	示例	示例分析
直接抒情（直抒胸臆）	作者或作品中的人物不借助任何手段，直接地表白和倾吐自己的思想感情	安能摧眉折腰事权贵，使我不得开心颜（李白《梦游天姥吟留别》）	作者以火山喷发般的激情，大声疾呼，抒发自己不与统治者同流合污的思想感情

诗词赏析

明月松间照，清泉石上流。（王维《山居秋暝》）

【赏析】诗句的景物描写动静相衬、视听结合，不但画意盎然，且流溢着诗人陶然其中的怡悦之情，诗情画意融为一体。

续表

抒情方法		含　义	示　例	示例分析
间接抒情	借景抒情	通过描写自然景物意象来表现作者的情志意理	故人西辞黄鹤楼，烟花三月下扬州。孤帆远影碧空尽，唯见长江天际流（李白《黄鹤楼送孟浩然之广陵》）	全诗一字未说离情别绪，而烟花含愁，孤帆载憾，别绪如长江不尽，离情如碧空无涯
	借物抒情（托物言志）	作者假托某种具体物体来表达思想情感或揭示作品主旨	零落成泥碾作尘，只有香如故（陆游《卜算子·咏梅》）	作者以梅花自喻，托梅花表达了自己虽历尽千辛，但仍坚守节操，绝不趋炎附势的决心
	借事抒情	借用一件或几件具有典型意义的事情（包括历史事件和典故），以抒发作者的内心感受或思想感情	丞相祠堂何处寻？锦官城外柏森森。映阶碧草自春色，隔叶黄鹂空好音。三顾频烦天下计，两朝开济老臣心。出师未捷身先死，长使英雄泪满襟（杜甫《蜀相》）	诗人借诸葛亮的故事，抒发了自己怀才不遇、壮志难酬的悲愤心情

第二部分

2. 描写

描写是指用生动形象的语言对人物、事件、环境的形态特征作具体形象的描绘与刻画。古诗词中常用的描写手法主要有白描、细节描写、正面描写、侧面描写、动静结合、虚实结合、观察角度变化、多种感觉结合等，具体如表 2-2-6 所示。

表 2-2-6　古诗词中常用的描写手法

描写手法	含　义	示　例	示例分析
白描	用准确有力的笔触，明快简洁的语言，朴素平易的文字，干净利索地勾画出事物的形状、明暗（声响）等特征，以表现作者对事物的感受	慈母手中线，游子身上衣。临行密密缝，意恐迟迟归。谁言寸草心，报得三春晖（孟郊《游子吟》）	全诗采用白描的手法，通过回忆一个看似平常的临行前缝衣的场景，凸显并歌颂了母爱的伟大与无私，表达了诗人对母亲的感激及深深的爱与尊敬
细节描写	对人、景、事、物富有典型意义的细枝末节，加以生动细致的刻画与描绘	黄梅时节家家雨，青草池塘处处蛙。有约不来过夜半，闲敲棋子落灯花（赵师秀《约客》）	“闲敲棋子”这一细节，既写出了诗人雨夜候客来访的情景，也揭示了诗人因客不来，夜已过半产生的惆怅之情
正面描写（直接描写）	用生动形象的语言，把描写对象的状态直接、具体地描绘出来	头上倭堕髻，耳中明月珠。缃绮为下裙，紫绮为上襦（《陌上桑》）	诗句直接铺写了罗敷的穿着打扮，正面描写了她光彩照人的美丽形象

上有六龙回日之高标，下有冲波逆折之回川。（李白《蜀道难》）

【赏析】诗人不但把夸张手法和神话故事融为一体，直写山高，而且衬以“回川”之险，突出了山势的高危。

续表

描写手法	含义	示例	示例分析
侧面描写（间接描写）	不从正面入手直接描写对象，而是通过对与其相关的人、事、景、物的描写，来烘托、渲染或折射被描写的对象	行者见罗敷，下担捋髭须。少年见罗敷，脱帽著帩头。耕者忘其犁，锄者忘其锄。来归相怨怒，但坐观罗敷（《陌上桑》）	作者通过长者、少年、耕者、锄者的不同动作、神态、表情，侧面烘托出了罗敷的美丽，可谓“不着一字，尽得风流”，产生了正面描写无法比及的艺术效果
动静结合	对景物作动态、静态的描写，二者相互映衬，构成一种情趣，以使物象更富生气，更具感染力	绿树阴浓夏日长，楼台倒影入池塘。水晶帘动微风起，满架蔷薇一院香（高骈《山亭夏日》）	绿树阴浓、楼台倒影、满架蔷薇是静态描写，而微风渐起、水波荡漾是动态描写，动静结合，相映成趣
虚实结合	“虚”即主观无形的活动、抽象的议论、意中景物；“实”即客观有形的物象、具体的描绘、眼底景象。具体来说，眼见为实，心想为虚；已然为实，未然为虚；身临其境、仰观俯察为实，思接千载、视通万里为虚。虚实结合是指想象与现实互相映衬并交织在一起，进而表达丰富情感的手法。它能激发读者的联想和想象，丰富作品内容，扩大作品意境，使作品中的形象更丰满，情感表达更充沛	多少恨，昨夜梦魂中。还似旧时游上苑，车如流水马如龙。花月正春风［李煜《忆江南》（多少恨）］	“还似旧时游上苑……花月正春风”极写往昔的繁华生活，属于虚写，与词人当前无限凄凉的处境形成对比，以虚写实，虚实结合，以梦中虚幻的繁华景象反衬醒后现实的凄凉无奈
观察角度变化	对于同一景物，观察者所处的方位不同、角度不同，视觉形象会变化万千。从不同角度描写，会使读者对所描写的景物产生更加全面的认识，获得更完美的感受	远上寒山石径斜，白云生处有人家。停车坐爱枫林晚，霜叶红于二月花（杜牧《山行》）	前两句描绘了秋山远景，后两句展示了秋山近景，形象鲜明
多种感觉结合	调动人的视觉、听觉、嗅觉、味觉、触觉等各种感觉器官来描写景物	已讶衾枕冷，复见窗户明。夜深知雪重，时闻折竹声（白居易《夜雪》）	全诗从触觉、视觉、听觉的角度来描写夜雪之大，透露出诗人谪居江州的孤寂心情

第二部分

诗词赏析

人生得意须尽欢，莫使金樽空对月。（李白《将进酒》）

【赏析】诗句气势豪迈，感情豪放，语言流畅，具有极强的感染力，形象地体现了诗人桀骜不驯的性格。

（三）表现手法

表现手法是指作者在行文措辞和表情达意时所使用的各种方式。古诗词中常用的表现手法有对比、衬托、烘托、渲染、象征、想象、联想、欲扬先抑、以小见大等，具体如表 2-2-7 所示。

注意 表现手法是一个十分宽泛的概念，除了下述手法之外，表达方式提到各种抒情手法和描写手法，以及后文讲到的结构技巧也要归入其中。

表 2-2-7 古诗词中常用的表现手法

<table>
<tr><th>表现手法</th><th colspan="2">含 义</th><th>示 例</th><th>示例分析</th></tr>
<tr><td>对比</td><td colspan="2">把具有明显差异、矛盾和对立的事物安排在一起，进行对照比较，进而更加强烈而清晰地传达主旨。运用对比，有利于充分显示事物的矛盾，突出事物的本质特征，彰显作品的主旨，增强作品的感染力</td><td>朱门酒肉臭，路有冻死骨（杜甫《自京赴奉先县咏怀五百字》）</td><td>诗人将封建贵族“朱门酒肉臭”的奢华生活与穷苦百姓“路有冻死骨”的悲惨命运进行了对比，深刻地揭露了当时社会的悲惨丑恶</td></tr>
<tr><td rowspan="2">衬托</td><td rowspan="2">利用其他一些近似或对立的事物当作陪衬来突出所要表现的事物。它可以使所要表现的事物的形象更加鲜明。根据角度不同，衬托可分为正衬和反衬</td><td>正衬，即用类似的事物衬托所描绘的事物，如以乐景写乐情、以哀景写哀情</td><td>桃花潭水深千尺，不及汪伦送我情（李白《赠汪伦》）</td><td>诗人以桃花潭的水深衬托出自己与汪伦的友情更深</td></tr>
<tr><td>反衬，即用相反或相异的事物衬托所描绘的事物，如以静衬动、以动衬静、以乐景写哀情</td><td>举杯邀明月，对影成三人（李白《月下独酌》）</td><td>“三人”貌似人很多，实际上只有“一人”，从而更能表现出诗人的孤独寂寞</td></tr>
<tr><td>烘托</td><td colspan="2">即侧面烘托（也叫侧面描写），是指通过对其他人或事物的描写间接地突出想要表现的内容的表现手法。这种表现手法用一物暗示另一物，能给读者留下丰富的想象空间</td><td>行者见罗敷，下担捋髭须。少年见罗敷，脱帽著帩头。耕者忘其犁，锄者忘其锄。来归相怨怒，但坐观罗敷（《陌上桑》）</td><td>作者通过对长者、少年、耕者、锄者的不同动作、神态、表情的描写，侧面烘托出了罗敷的美丽，可谓“不着一字，尽得风流”</td></tr>
<tr><td>渲染</td><td colspan="2">对景物做多方面的浓墨重彩的正面描绘，以突出形象</td><td>怪禽啼旷野，落日恐行人（贾岛《暮过山村》）</td><td>诗人用怪禽啼叫、落日斜照渲染出山村的萧索清冷甚至让人生畏的氛围</td></tr>
</table>

战士军前半死生，美人帐下犹歌舞！（高适《燕歌行》）

【赏析】诗人只是将战争背景下战士和将帅的行为分别进行描述，并未下评语加以褒贬，但旨意显豁，对比鲜明，艺术效果十分强烈。

续表

表现手法	含义	示例	示例分析
象征	即以物征事，是指借用某种具体形象的事物暗示特定的人物或事理，以表达真挚的感情和深刻的寓意的表现手法。它的运用，一是可以使抽象的事理表现为具体的可感知的形象，使所要表达的情感更含蓄深刻；二是可以用眼前之物寄托深远之意，更耐人寻味	待到秋来九月八，我花开后百花杀。冲天香阵透长安，满城尽带黄金甲（黄巢《不第后赋菊》）	此诗表面写秋风肃杀、百花凋零，唯有菊花傲然挺立、香气弥漫、一片金黄璀璨。实际上，诗人是以菊花盛开象征起义的最后胜利，表达了自己对推翻唐王朝腐朽统治的决心和信心。象征手法的运用，使诗歌显得含蓄隽永且意味深长
想象	人们在已有材料和观念的基础上，经过联想、推断、分析、综合，创造出新的观念	湖光秋月两相和，潭面无风镜未磨。遥望洞庭山水翠，白银盘里一青螺（刘禹锡《望洞庭》）	这首诗选取了月夜遥望的角度，通过丰富的想象，将洞庭的湖光山色别出心裁地再现于纸上
联想	由一事物联想到与之相关的另一事物，或把事物中类似的特点联系起来塑造一个典型形象	碧玉妆成一树高，万条垂下绿丝绦（贺知章《咏柳》）	诗人由柳枝的纷披下垂、婀娜多姿联想到翠绿的丝带，运用巧妙的比喻，塑造出一个别具浪漫色彩的新颖形象，一改杨柳抒离情的常见用法
欲扬先抑	不从正面平铺直陈，先从反面着笔，加以贬抑，而后透露自己的真实意图，从而使文势曲折变化，产生峰回路转、跌宕起伏的效果	应怜屐齿印苍苔，小扣柴扉久不开。春色满园关不住，一枝红杏出墙来（叶绍翁《游园不值》）	前两句写诗人乘兴游园，结果被拒之于门外；后两句则写诗人另有所得，看到了“满园春色”，对春天流露出赞美之情。先遗憾，后高兴，感情反差极大
以小见大	诗人通过小事、小物、小景来反映大境界、大主题，以使意境更深邃阔远、主题更深刻鲜明	长安回望绣成堆，山顶千门次第开。一骑红尘妃子笑，无人知是荔枝来［杜牧《过华清宫绝句三首（其一）》］	诗人通过写唐玄宗命人给杨贵妃送荔枝的小事，有力地鞭挞了唐玄宗和杨贵妃的淫逸误国，警告当朝统治者不要重蹈覆辙

诗词赏析

万里悲秋常作客，百年多病独登台。（杜甫《登高》）

【赏析】“万里悲秋”让人黯然神伤，“百年多病”更让人凄怆不已；“常作客”指出诗人漂泊无定，“独登台”写出诗人独在异乡的孤独惆怅。短短十四字，融进诗人无尽的身世之感。

（四）结构技巧

古诗词构思立意的精妙往往由篇章结构的技巧体现出来。古诗词的篇章结构即古诗词的行文脉络及情感内容的起伏变化。具体的结构技巧包括开门见山、照应（包括首尾照应、前后照应等）、以景结情、卒章显志等，具体如表 2-2-8 所示。

表 2-2-8 古诗词中的结构技巧

结构技巧	含 义	示 例	示例分析
开门见山	古诗词开头就进入正题，揭示主题或全篇主要内容，以吸引读者	独有宦游人，偏惊物候新。云霞出海曙，梅柳渡江春。淑气催黄鸟，晴光转绿蘋。忽闻歌古调，归思欲沾襟（杜审言《和晋陵陆丞早春游望》）	诗歌开门见山，直接点出诗人的感慨：只有离别家乡、奔走仕途的游子，才会对异乡的节物气候感到新奇而大惊小怪。在这“独有”“偏惊”的强调语气中，生动地表现出了诗人宦游江南的矛盾心情
照应	诗词中后面的内容对前面所写做必要的回答，使结构显得紧凑、严谨、脉络分明，更有力地突出作者的感情	戍鼓断人行，边秋一雁声。露从今夜白，月是故乡明。有弟皆分散，无家问死生。寄书长不达，况乃未休兵（杜甫《月夜忆舍弟》）	全诗层次井然，首尾照应，承转圆熟，结构严谨。“未休兵”则“断人行”，望“月”则“忆舍弟”，“无家”则“寄书不达”，人“分散”则“死生”不明，一句一转，一气呵成
以景结情	古诗词在议论或抒情过程中，戛然而止，转为写景，以景代情作结，使得古诗词“此时无情胜有情”，显得意犹未尽	遗老萧条渐无语，酒旗贴贴出芦林（柯茂谦《鲁港》）	上句直抒胸臆，直接写遗老孤臣亡国孤凄的哀痛；下句以景结情，通过景物描写渲染了全诗的悲凉氛围，烘托出了诗人孤寂、哀痛之感
卒章显志	在结尾表达自己的心志和情怀，起到画龙点睛、升华主旨之用	安能摧眉折腰事权贵，使我不得开心颜（李白《梦游天姥吟留别》）	此两句为全诗的结尾，表明心志，亮出主旨，强烈地表达了诗人追求自由、蔑视权贵的精神

四、把握古诗词的思想感情

古诗词的思想感情与题材内容是紧密联系的，即古诗词题材内容不同，表达的思想感情也会有所不同。因此，要阅读古诗词，品析其思想感情，就必须对不同的古诗词题材进行充分的了解，这样既有利于对古诗词情感做出准确的预判，也可以收到“读一首诗，知一类诗”的效果。古诗词中常见的题材如表 2-2-9 所示。

同是天涯沦落人，相逢何必曾相识。[白居易《琵琶行（并序）》]

【赏析】该句是诗人表达同病相怜、互相慰藉的不朽名句。诗人借写琵琶女的悲凉身世以表现自己政治上的失意，抒发郁积心中的左迁之愁、贬谪之恨。

表 2-2-9　古诗词中常见的题材

题材	标志	内容	情感	代表诗人及作品
山水田园	以自然山水、农村景物、田园生活为吟咏对象	以描写美丽清新的自然景色、歌咏闲适恬淡的田园生活为主	① 寄情山水，赞美山河，热爱自然。 ② 对闲适恬淡的田园生活（归隐生活）的喜爱和向往。 ③ 对官场仕途的厌倦，对现实的不满甚至愤怒，以及怀才不遇的苦闷。 ④ 淡泊宁静，志趣高远，不与世俗同流合污	王维《山居秋暝》、孟浩然《过故人庄》
边塞征战	标题或正文中含有“行”“塞”“军”“戍”“征人”等字词	以描写边塞风光和戍边将士的军旅生活为主	① 抒发保家卫国、建功立业的豪情壮志。 ② 显示奋勇杀敌、英勇无畏的英雄气概。 ③ 展现雄奇瑰丽、奇异独特的边塞风光。 ④ 流露征人思乡、闺妇盼归的两地情愁	高适《燕歌行》、王昌龄《出塞》《从军行》、王之涣《凉州词》、岑参《白雪歌送武判官归京》
咏史怀古	标题中含有“咏史”“怀古”等字词及古迹名、古人名等	以历史典故、历史事件、历史陈迹等为题材，或表明诗人自己的看法，或借古讽今，或抒发对沧桑变化的感慨	① 伤己：感慨自身的不幸遭遇，抒发愤懑不平，怀古伤情。 ② 感时：抒发对事物昔胜今衰、盛衰无常的感慨，以及对物换星移、物是人非、世态炎凉、沧桑变化的悲哀之情。 ③ 刺世：或借古讽今，暗含对现实的不满甚至批判；或忧国伤时，揭露统治者的昏庸腐朽，同情下层人民的疾苦，担忧国家民族的前途命运。 ④ 论史：在概括史实基础上对历史进行冷静理性的思考与评价	苏轼《念奴娇·赤壁怀古》、杜牧《赤壁》《泊秦淮》、白居易《长恨歌》、陈子昂《登幽州台歌》
咏物言志	以“咏某物”“题某物”“某物吟”为标题形式或直接以所咏之物为标题名等	以对所咏之物的外形、特点、神韵、品格的描摹为主	① 寄寓作者的理想抱负，或实现个人理想，或报效国家。 ② 寄寓高尚的节操，或表达怀才不遇与命运多舛的伤感，或抒发年华易逝与理想破灭的哀愁。 ③ 托物讽世，或忧国忧民，或感时伤怀，或愤世嫉俗，或针砭时弊	杜牧《早雁》、贺知章《咏柳》、王安石《梅花》、于谦《石灰吟》

诗词赏析

昆山玉碎凤凰叫，芙蓉泣露香兰笑。（李贺《李凭箜篌引》）

【赏析】诗句运用通感、比喻、拟人、对偶等修辞手法，以声类声、以形类声，不仅写出了音乐的起伏多变和优美动听，更将无形的声音变得形象可感。

续表

题　材	标　志	内　容	情　感	代表诗人及作品
送别怀人	标题中含有“送”“别”“赠”“酬”等字词	以描写与家人、情人或亲朋好友设酒饯别、折柳相送、吟诗赠别为主	①抒发依依惜别的不舍与伤感。 ②流露离别后的思念与牵挂、惆怅与落寞。 ③表达情深意长的劝勉与安慰。 ④倾吐胸中积愤或表明心志	王勃《送杜少府之任蜀州》、高适《别董大》、李白《宣州谢朓楼饯别校书叔云》
羁旅思乡	标题中含有“客居”“登高”“望月”“忆”“寄”“行”“思”等字词及元宵、中秋、重阳、除夕等节日名	以长期客居在外、漂泊异地的诗人对所见所闻的感触为主	①叙写羁旅之愁，抒发漂泊无定的孤苦。 ②感念亲情之深，表达对亲人的无尽思念。 ③表达人生感叹，流露年华易逝的苦闷。 ④抒发独居他乡、怀才不遇、报国无门的孤独寂寞、幽怨愤慨之情	杜甫《登高》、王湾《次北固山下》、温庭筠《商山早行》
爱情闺怨	标题中含有“怨”“怀”“思”“别”“忆”“望夫”“妇叹”“闺怨”等字词或直接以“无题”为标题	以描写古代民间弃妇和思妇（包括征妇、商妇、游子妇等）的忧伤，或者少女怀春、思念情人为主	①表达夫妻相濡以沫的浓厚感情，或离别后的真挚思念。 ②抒发独守空闺、思夫念远、盼夫早归、渴望团聚的哀伤和对戍边丈夫的怀念与忧虑。 ③表现孤苦幽寂的命运之悲。 ④表达情梦难圆的遗憾之怅	王昌龄《闺怨》、李商隐《无题》、李清照《一剪梅》（红藕香残玉簟秋）
即景（事）抒怀	标题中含有“即景”“即事”“抒怀”“书怀”等词	就眼前景或某件事发表议论，抒发感慨。一般来说，这类古诗词无严格界定，也包含很多其他题材的作品	①表达对自然风景的赞美，对宁静和平生活的热爱。 ②寄托对悠闲舒适的隐逸生活的向往。 ③抒发政治仕途的失意和对世事的感慨。 ④表现对黑暗现实的愤慨与不满，以及壮志难酬、怀才不遇的惆怅与苦闷	李白《金陵望汉江》、高骈《山亭夏日》、白居易《采地黄者》、杜甫《旅夜书怀》

锦瑟无端五十弦，一弦一柱思华年。（李商隐《锦瑟》）

【赏析】诗句以幽怨悲凉的锦瑟起兴，借助对形象的联想来显现诗人内心深处难于直抒的千般情怀，并点明“思华年”的主旨。

五、品味古诗词的语言艺术

品味古诗词的语言艺术，就是要了解古诗词语言的特点，并在此基础上调动联想、想象、比较等方法，领悟古诗词语言的精妙。对古诗词语言艺术的品味主要有三个角度：一是品字，二是品句，三是分析语言风格。

（一）品字

古人写诗词特别讲究炼字，即反复推敲诗词中的个别字词，使其用得贴切、准确、生动，以传神地表现人物、景物、事物、情感等的鲜明特征。一般来说，一句古诗词或一首古诗词中最传神的一个字词往往是动词、形容词或副词，数词、叠词等也常有涉及。

1. 动词

动词具有凝练传神、形象生动的特点。一些动词有着一词多用或者是活用的情况，在不同的情境中表达不同的意义。所以作者在炼动词的时候不仅强调用得准确，还强调用得巧妙。

例　绿杨烟外晓寒轻，红杏枝头春意闹。（宋祁《玉楼春·春景》）

诗人用一个“闹”字不仅使人觉得杏花绽放得热烈，甚至能够让人联想到花丛中蝴蝶飞舞的热闹景象，完美地将春天生机盎然的景象展现出来。

2. 形容词

形容词是表现人或物的特点、性质、状态等的词语，起修饰作用。形容词作为炼字的对象时，要注意其修饰的效果和双关语义，以及活用情况。

例　荒城临古渡，落日满秋山。（王维《归嵩山作》）

“满”字用得精当，写出了秋山落日余晖广阔而浓稠的感觉。

3. 副词

副词是对动词和形容词起修饰限制作用的词语。有些副词对于诗句能准确地传情达意起到重要的关联、辅助作用，因此在品读诗句时不可轻易放过。

例　乱花渐欲迷人眼，浅草才能没马蹄。（白居易《钱塘湖春行》）

“渐欲”“才能”两组副词用得稳妥：“渐欲”表现出繁花纷纷，扑面而至，使诗人越来越眼花缭乱；“才能”表现出诗人对春草初生的欣喜和爱怜之情。

4. 数词

有些诗句中的数词经过诗人的精心斟酌、提炼，往往具有丰富隽永的诗意。

例　前村深雪里，昨夜一枝开。（齐己《早梅》）

诗中“一枝”原作“数枝”，何以最后改作“一枝”呢？因为题为“早梅”，言“数枝”不如“一枝”更能体现节令之早，更能突出诗人对“凌寒独自开”的早梅的喜爱之情。

5. 叠词

叠词的表达功能在于增强诗歌的韵律

诗词赏析

小楼昨夜又东风，故国不堪回首月明中。（李煜《虞美人》）

【赏析】“又”点明了“春花秋月”的时序变化，加重了前文流露的愁绪。词人望着明月，触景生情，夜不能寐，陷入了对故国往事的回忆。

感，深化感情。此外，有些叠音词具有摹声的效果，能使诗句内容更加生动形象。

例 漠漠水田飞白鹭，阴阴夏木啭黄鹂。（王维《积雨辋川庄作》）

“漠漠”与“阴阴”这两个叠词分别写出了水田广漠空蒙、夏木浓荫茂密的特点，前者开阔，后者幽深，形象贴切。

（二）品句

古人常根据表情达意或章法结构的需要，运用恰当的技巧对句子进行调整。这些句子，或能表现全诗的感情主旨，或在描写上生动形象，或在技巧上极具表现力，或在语言上特点鲜明。

例 ① 凭谁问：廉颇老矣，尚能饭否？（辛弃疾《永遇乐·京口北固亭怀古》）

② 浔阳江头夜送客，枫叶荻花秋瑟瑟。[白居易《琵琶行（并序）》]

③ 白雪却嫌春色晚，故穿庭树作飞花。（韩愈《春雪》）

④ 寻寻觅觅，冷冷清清，凄凄惨惨戚戚。[李清照《声声慢》（寻寻觅觅）]

① 句为感情主旨句，作者以廉颇自比，表达了想要报效国家的强烈愿望和感到不受重用，难以尽展其才的苦闷心情。② 句为景物描写句，用于开篇，交代时间、地点，点明季节特征，渲染出一种悲凉的氛围，为全诗定下感情基调。③ 句为表达技巧句，前句白雪盼春运用拟人的修辞手法，表现了诗人渴望春天的急切心情，生动而传神；后句将白雪比喻成飞花，把初春的冷落写成了仲春的热闹，富有情趣。④ 句为语言特色句，连续七组叠词，声情并茂，分三层写人物的外在举动、所处环境及内心感受，总领全篇，极富创造精神。

（三）分析语言风格

语言风格是指诗人在长期的创作实践中逐渐形成的独特的语言艺术个性，是诗人的个人气质、诗歌美学观念在作品中的凝结。常见的语言风格有以下几种。

1. 雄奇飘逸

这种语言风格多用气势强大和节奏奔放的语言来塑造博大新奇的形象，营造恢宏阔远的意境，表现积极向上的思想感情。

例 登高壮观天地间，大江茫茫去不还。黄云万里动风色，白波九道流雪山。（李白《庐山谣寄卢侍御虚舟》）

2. 沉郁顿挫

这种语言风格内容深沉蕴藉，语势停顿转折，诗人似乎有千言万语积压在胸，而后沉吟再三，勃发于笔端。

例 万里悲秋常作客，百年多病独登台。艰难苦恨繁霜鬓，潦倒新停浊酒杯。（杜甫《登高》）

3. 慷慨悲壮

这种语言风格的诗人情思悲壮，出语高昂，充满着对时代的感慨，或雄才不得志于时，或感时伤乱，忧国忧民，心中郁结，愤慨不平。

例 前不见古人，后不见来者。念天地之

疑怪昨宵春梦好，元是今朝斗草赢。（晏殊《破阵子》）

【赏析】词句通过写观察者的心理活动，用虚笔再现“女伴”“昨宵春梦”“今朝斗草”的生活细节，惟妙惟肖，将村姑的天真可爱一笔写足。

悠悠，独怆然而涕下！（陈子昂《登幽州台歌》）

4. 朴素自然

这种语言风格不追求辞藻的华丽，力求语言平淡，呈现出质朴无华的特点。

例 采菊东篱下，悠然见南山。山气日夕佳，飞鸟相与还。[陶渊明《饮酒（其五）》]

5. 婉约细腻

这种语言风格往往体现出曲、细、柔的特点，曲径通幽，情调缠绵，感情细如丝。

例 风住尘香花已尽，日晚倦梳头。物是人非事事休，欲语泪先流。闻说双溪春尚好，也拟泛轻舟。只恐双溪舴艋舟，载不动许多愁。（李清照《武陵春·春晚》）

6. 含蓄委婉

这种语言风格往往不把意思直接说出来，而是藏在意象中，让读者自己展开想象，思而得之。

例 寂寂花时闭院门，美人相并立琼轩。含情欲说宫中事，鹦鹉前头不敢言。（朱庆馀《宫词》）

7. 清新明丽

这种语言风格往往用清丽的语言营造优美的意境，表达怡然喜悦的感情。

例 叶上初阳干宿雨，水面清圆，一一风荷举。[周邦彦《苏幕遮》（燎沉香）]

8. 平易通俗

这种语言风格内容浅显易懂，明白如话，读起来毫不费力。

例 杨家有女初长成，养在深闺人未识。天生丽质难自弃，一朝选在君王侧。（白居易《长恨歌》）

9. 幽默讽刺

这种语言风格多带有诙谐、风趣或辛辣的笔调和趣味。

例 竹帛烟销帝业虚，关河空锁祖龙居。坑灰未冷山东乱，刘项原来不读书。（章碣《焚书坑》）

知识延伸

如何鉴赏现代诗？

一要知人论世。读懂一首诗，首先要了解它产生的时代背景、诗人的生平经历和创作风格。可以说，每一首诗的产生都是有背景的，都有一个契机激发诗人的创作灵感。例如，《大堰河，我的保姆》是艾青1933年因为一次被捕、一场大雪，想起了身世凄凉的大堰河，对她十分怀念，一口气写下了这首自传体抒情诗。当然，并非所有诗的创作背景都要了解，主要还是从诗本身内容出发，这需要根据具体情况确定。

二要把握形象。现代诗是通过鲜明生动的艺术形象来反映生活、抒发感情的，所以鉴赏现代诗就要认真分析、品味和理解这种形象，感受诗中意境，从而体会诗人的情感。例如，裴多菲的《我愿是急流》以“急流”“荒林”“废墟”“草屋”“云朵”等五组

诗词赏析

今宵酒醒何处？杨柳岸，晓风残月。（柳永《雨霖铃》）

【赏析】词句用景写情，做到“景语即情语”，将离人凄楚惆怅、孤独忧伤的感情表现得充分、真切，创造出一种特有的意境。

形象，表达爱的奉献和赤诚。

三要理解感情。感情是诗的生命和灵魂，诗人的思想感情或喜悦，或忧伤，或愤怒，或悲哀……无一不浸透在诗的字里行间。只有很好地体会诗人在诗中的感情，才能准确理解诗的主旨。阅读时我们可以从诗所描述的形象、意境中把握它所要暗示和启迪读者的东西，从而体会作者的感情。例如，艾青的《我爱这土地》通过塑造的“一只鸟”的形象，使人体味到诗人经历的坎坷、悲酸和执着的爱，也抒写了大地遭受的苦难、人民的悲愤和激怒、作者对光明的向往和希冀。

四要品味语言。诗人十分重视锤炼语言，如余光中的《乡愁》，每节开头分别用“小时候”“长大后”“后来”“现在”概括了诗人生活道路的四个阶段：少年、青年、中年、老年。所选择的“邮票”“船票”“坟墓”“海峡”四个形象，都是乡愁的载体，既各有特色，又内涵丰富。四个形象前面分别被冠以“小小的一枚”“窄窄的一张”“短短的一方”“浅浅的一湾”等短语，回环往复，委婉和谐，充分表露了诗人对祖国母亲的思念之情，也给人以韵律美的感受。品味语言要善于抓住关键的词语进行品析，并借助想象和联想，才可能进一步读懂其深层含义，领略诗歌语言的魅力。

五要分析技巧。分析现代诗的表达技巧重在体会修辞手法和表现手法的妙用。如上文所举例子中，《我愿是急流》运用了比喻、排比和象征的手法；《我爱这土地》前面情景交融，最后直抒胸臆；《乡愁》运用了比喻和排比的手法。由此可见，诗人常通过运用多种修辞手法和表现手法来抒发丰富的情感。

六要重视诵读。鉴赏诗离不开诵读。诵读是感知语言最直接的方法，是品味语言的最好手段。通过诵读，可以读出诗人倾泻在字里行间的思想感情，可以感受到诗中的情感波澜，可以深刻地理解诗的意境。反复诵读，特别是讲究节奏的现代诗，还可以读出诗的音乐美。

核心积累

诗文中的常用典故

【哀鸿】哀鸣的大雁。《诗经·鸿雁》有云：“鸿雁于飞，哀鸣嗷嗷。维此哲人，谓我劬劳。”后人以“哀鸿遍野”形容到处都是呻吟呼号、流离失所的灾民的悲惨景象。如龚自珍《己亥杂诗（其

千里澄江似练，翠峰如簇。（王安石《桂枝香·金陵怀古》）

【赏析】“澄江似练”“翠峰如簇”对仗严谨、工整，构图上以曲线绵延与散点铺展相映成趣，勾画出一幅金陵锦绣江山图。

二百三十二）》中的“三更忽轸哀鸿思，九月无襦淮水湄”。

【白衣苍狗】也叫“白云苍狗”，意思是人事变化犹如浮云，一会儿像白衣，一会儿像苍狗，比喻世事变幻无常。如杜甫《可叹》中的“天上浮云如白衣，斯须改变如苍狗”。

【班马】离群之马。春秋时，晋国、鲁国、郑国讨伐齐国，齐军趁夜撤走。晋国大臣邢伯听到齐营里马叫，推测道：“有班马之声，齐师其遁。”后送别诗多用“班马”抒发惜别之情。如李白《送友人》中的“挥手自兹去，萧萧班马鸣”。

【斑竹】湘妃竹。相传舜死后他的妃子娥皇和女英在湘水边啼哭，眼泪洒在竹子上，竹竿都生了斑纹。后人以此表达忧愁悲伤的感情。如刘禹锡《潇湘神》中的“斑竹枝，斑竹枝，泪痕点点寄相思”。

【抱柱】出自《庄子·盗跖》：“尾生与女子期于梁下，女子不来，水至不去，抱梁柱而死。”后人以“抱柱”比喻坚守信约。如李白《长干行（其一）》中的“常存抱柱信，岂上望夫台”。

【北辰】原指北极星，后喻指国君或受尊崇的人，也指帝都。如王勃《滕王阁序》中的“地势极而南溟深，天柱高而北辰远”。

【碧血】出自《庄子·外物》：“苌弘死于蜀，藏其血，三年而化为碧。”后人多用“碧血”指为正义事业而流的血。如郑元佑《张御史死节歌》中的“孤忠既足明丹心，三年犹须化碧血”。

【采薇】商代小国孤竹国的公子伯夷、叔齐在周武王建立周朝后决定不吃周朝的粮食，在首阳山上采摘薇菜充饥，最后饿死在首阳山。后人以此比喻隐居避世。如王绩《野望》中的“相顾无相识，长歌怀采薇”。

【草木】以草木繁盛反衬荒凉破败，由此抒发盛衰兴亡的感慨。如刘禹锡中的《乌衣巷》“朱雀桥边野草花，乌衣巷口夕阳斜”：朱雀桥边昔日的繁华已荡然无存，桥边已长满杂草野花；乌衣巷已失去昔日的富丽堂皇，夕阳映照着破败凄凉的巷口。

【婵娟】原指姿态美好，多用来形容女子。因人们常以美女喻月，故也称月亮为“婵娟”。如苏轼《水调歌头》中的“但愿人长久，千里共婵娟”。

【长城】檀道济是南朝刘宋名将，受到国君猜忌。后宋文帝借机杀他时，檀道济大怒道：“乃复坏汝万里之长城！”后来人们就用“万里长城”指守边的将领。如陆游《书愤》中的“塞上长城空自许，镜中衰鬓已先斑”。

【尺素】出自《饮马长城窟行》：“客从远方来，遗我双鲤鱼。呼儿烹鲤鱼，中有尺素书。”尺素是一尺长的白色绢帛，古人多用来写信或作画，后来也借指书信或小的画幅。如晏几道《蝶恋花》中的“欲尽此情书尺素。浮雁沉鱼，终了无凭据”。

【莼羹鲈脍】出自《晋书·张翰传》：“翰因见秋风起，乃思吴中菰菜、莼羹、鲈

乱石穿空，惊涛拍岸，卷起千堆雪。（苏轼《念奴娇·赤壁怀古》）

【赏析】“乱”“穿”“惊”“拍”“卷”勾画了古战场的险要形势。词人以“雪”比喻波涛，以“千堆”作数量上的夸张，呈现出一幅雄奇壮丽的景象。

鱼脍，曰：‘人生贵得适志，何能羁宦数千里以要名爵乎！’遂命驾而归。”后人以此指家乡的美味菜肴，借以表达思乡之情。如辛弃疾《沁园春·带湖新居将成》中的“意倦须还，身闲贵早，岂为莼羹鲈脍哉”。

【雕虫】出自汉代扬雄《法言》：“或问：‘吾子少而好赋？’曰：‘然。童子雕虫篆刻。’俄而曰：‘壮夫不为也！’”后来人们用其比喻微不足道的技能（多指文字技巧）。如杨万里《读汉书二首（其一）》中的“猿臂生何晚，雕虫死较迟”。

【东山高卧】出自东晋谢安辞官隐居东山一事，后泛指隐居不仕。如李白《梁园吟》中的“东山高卧时起来，欲济苍生未应晚”。

【豆蔻】一种多年生草本植物，后用来称女子十三四岁。如杜牧《赠别》中的“娉娉袅袅十三余，豆蔻梢头二月初”。

【杜康】相传杜康是最早发明酿酒的人，文学作品中用其来代指酒。如曹操《短歌行》中的“何以解忧？唯有杜康”。

【方家】“大方之家”的简称，出自《庄子·秋水》：“今我睹子之难穷也，吾非至于子之门则殆矣，吾长见笑于大方之家。”其本义是深明大道的人，后多指精通某种学问、艺术的人。如赵翼《陔馀丛考·六言》中的“盖此体本非天地自然之音节，故虽工而终不入大方之家耳”。

【风骚】原指《诗经》中的《国风》和《楚辞》中的《离骚》，后泛指文学。如毛泽东《沁园春·雪》中的“惜秦皇汉武，略输文采；唐宗宋祖，稍逊风骚”。

【高山流水】据《吕氏春秋·本味》记载，伯牙善鼓琴，钟子期善听。伯牙鼓琴，方鼓琴而志在太山，钟子期曰：“善哉乎鼓琴，巍巍乎若太山！”少选之间，而志在流水，钟子期又曰：“善哉乎鼓琴，汤汤乎若流水！”钟子期死，伯牙破琴绝弦，终身不复鼓琴，以为世无足复为鼓琴者。后来人们用“高山流水”形容知音难遇或乐曲高妙。如牟融《写意二首》中的“高山流水琴三弄，明月清风酒一樽”。

【汗青】古时在竹简上记事，采来的青色竹子要用火烧得竹板冒出水后才容易书写，因此后把著作完成叫作“汗青”。后人用其代指史册。如文天祥《过零丁洋》中的“人生自古谁无死？留取丹心照汗青”。

【红豆】一种植物的种子，常用来象征相思，又叫“相思子”。如王维《相思》中的“红豆生南国，春来发几枝？愿君多采撷，此物最相思”。

【鸿鹄】鸿鹄即天鹅，因飞得很高，所以常用来比喻志向远大的人。如吴潜《八声甘州·和魏鹤山韵》中的“矫首看鸿鹄，远举高飞”。

【画眉】出自《汉书·张敞传》，西汉张敞夫妻二人十分恩爱，张敞曾为其妻画眉。后人以此形容夫妻相爱。如朱庆馀《近试上张籍水部》中的“妆罢低声问夫婿，画眉深浅入时无”。

乍暖还寒时候，最难将息。（李清照《声声慢》）

【赏析】秋日清晨，朝阳初出，故言“乍暖”；但晓寒犹重，秋风砭骨，故言“还寒”。“最难将息”突出词人心中的愁苦之情。

【怀橘】出自《三国志·陆绩传》："绩年六岁，于九江见袁术。术出橘，绩怀三枚，去，拜辞堕地，术谓曰：'陆郎作宾客而怀橘乎？'绩跪答曰：'欲归遗母。'术大奇之。"人们以此形容孝顺双亲。如孟浩然《送张参明经举兼向泾州觐省》中的"孝廉因岁贡，怀橘向秦川"。

【鸡黍】据《论语》记载，子路随孔子出游时落在了后面，遇见一位正在劳动的老人，就询问他是否见过孔子，由于子路的态度非常恭敬，老人就留子路住宿，还杀鸡做黍米饭厚待他。后来人们就用"鸡黍"专指招待客人的饭菜。如孟浩然《过故人庄》中的"故人具鸡黍，邀我至田家"。

【结草衔环】"结草"出自《左传·宣公十五年》："晋大夫魏颗之父死，颗将父之爱妾改嫁，并未让其殉葬。后晋与秦战，颗见有老人结草遮秦将，秦将被俘。夜梦之，曰：'余，而所嫁妇人之父也……余是以报。'""衔环"出自《后汉书·杨震传》李贤等的注引《续齐谐记》："杨宝救一黄雀，夜有黄衣童子以白玉环四枚与宝，曰：'令君子孙洁白，位登三事，当如此环矣。'"后用"结草衔环"表示感恩图报。如李密《陈情表》中的"臣生当陨首，死当结草"。

【金乌】传说太阳中有三足乌。后人以"金乌"指太阳。如韩愈《李花赠张十一署》中的"金乌海底初飞来，朱辉散射青霞开"。

【精卫填海】出自古代神话，炎帝的女儿在东海淹死，化为精卫鸟，每天衔西山的木石来填东海。后来人们用"精卫填海"形容有深仇大恨，立志必报；也比喻不畏艰难，努力奋斗。如陶渊明《读山海经（其十）》中的"精卫衔微木，将以填沧海"。

【昆山玉】比喻杰出的人才。如刘禹锡《送李中丞赴楚州》中的"忆君初得昆山玉，同向扬州携手行"。

【烂柯】南朝梁任昉《述异记》载，晋人王质上山砍柴，看见两童子下棋，就停下观看，待棋局结束，斧柄已经烂了，他回到村里，才发现已经过了上百年。后人以"烂柯"比喻离家时间长。如刘禹锡《酬乐天扬州初逢席上见赠》中的"怀旧空吟闻笛赋，到乡翻似烂柯人"。

【梨园】据说唐玄宗曾教乐工、宫女在梨园演习音乐舞蹈，后来沿用"梨园"为戏院或戏曲界的别称，戏曲演员称"梨园子弟"。如白居易《长恨歌》中的"梨园弟子白发新，椒房阿监青娥老"。

【柳岸】古人送别有折柳的习俗，后来就用"柳岸"指送别的地方。如柳永《雨霖铃》中的"杨柳岸，晓风残月"。

【柳营】军营。据《史记·绛侯周勃世家》记载，汉文帝时，汉军分扎霸上、棘门、细柳，以备匈奴。细柳营的主将为周亚夫，其所管的军营纪律严明，军容整肃，连文帝及随从也得经周亚夫许可才可入营。文帝赞赏周亚夫治军有方。后人以

诗词赏析

想当年，金戈铁马，气吞万里如虎。（辛弃疾《永遇乐·京口北固亭怀古》）

【赏析】追想当年，刘裕率军北伐，兵强马壮，英勇无敌，所向披靡，真有席卷万里、威如猛虎的气势呢！诗句凸显了刘裕的英勇气概及词人对英雄的仰慕之情。

“柳营”代称纪律严明的军营。如温庭筠《过五丈原》中的“铁马云雕久绝尘，柳营高压汉营春”。

【南冠】出自《左传·成公九年》：“晋侯观于军府，见钟仪，问之曰：‘南冠而縶者，谁也？’有司对曰：‘郑人所献楚囚也。’”南冠指古代南方楚国人所戴的帽子，后泛指囚犯或战俘。如骆宾王《在狱咏蝉》中的“西陆蝉声唱，南冠客思深”。

【南浦】出自《楚辞·河伯》：“与子交手兮东行，送美人兮南浦。”后人以“南浦”喻指送别的地点。如白居易《南浦别》中的“南浦凄凄别，西风袅袅秋”。

【彭祖】传说故事中的人物，传其曾活到八百岁。旧时人们把彭祖作为长寿的象征，以“寿如彭祖”来祝人长寿。如李贺《浩歌》中的“王母桃花千遍红，彭祖巫咸几回死”。

【青衿】出自《诗经·子衿》：“青青子衿，悠悠我心。”青衿为旧时读书人穿的一种衣服，后借指读书人。如陈子昂《登泽州城北楼宴》中的“勿使青衿子，嗟尔白头翁”。

【青鸟】传说西王母有三只青鸟，一只被遣为信使，给汉武帝报信，另外两只随西王母而来，并服侍在西王母身旁。后以“青鸟”代指传信的使者。如李商隐《无题》中的“蓬山此去无多路，青鸟殷勤为探看”。

【青眼】出自《晋书·阮籍传》：“籍又能为青白眼。见礼俗之士，以白眼对之。及嵇喜来吊，籍作白眼，喜不怿而退。喜弟康闻之，乃赍酒挟琴造焉，籍大悦，乃见青眼。”后人用“青眼”形容对人喜爱或重视。如晁补之《过涧歇》中的“奈故人、尚作青眼相期，未许明时归去”。

【请缨】出自《汉书·终军传》：“南越与汉和亲，乃遣军使南越说其王，欲令入朝，比内诸侯。军自请，愿受长缨，必羁南越而致之于阙下。”后请缨指请求杀敌或请求给予任务。如岳飞《满江红·登黄鹤楼有感》中的“叹江山如故，千村寥落。何日请缨提锐旅，一鞭直渡清河洛”。

【桑榆】出自《淮南子》：“日西垂，景在树端，谓之桑榆。”日落时日光照在桑榆树梢，故“桑榆”代指日落处。后人用以喻指日暮之时，也用以比拟人的暮年。如曹植《赠白马王彪（并序）》中的“年在桑榆间，影响不能追”。

【泰斗】“泰山北斗”的简称。出自《新唐书·韩愈传赞》：“自愈没，其言大行，学者仰之如泰山北斗云。”后人用“泰斗”比喻德高望重或有卓越成就而为众人所敬仰的人。如李洪《次韵陆子望欲假家集》中的“北斗仰之千古事，泰山所集一毫芒”。

【问鼎】出自《左传·宣公三年》：“楚子伐陆浑之戎，遂至于雒，观兵于周疆。定王使王孙满劳楚子，楚子问鼎之大小轻重焉。”楚王问鼎有取而代周之意。后人用“问鼎”形容人图谋夺取政权。如李群玉《登章华楼》中的“沈吟问鼎语，但见

渐黄昏，清角吹寒，都在空城。（姜夔《扬州慢》）

【赏析】“寒”字用得妙。寒意本是天气给人的触觉感受，但词人不言天寒，而说“吹寒”，把角声的凄清与天气的寒冷联系在一起，突出凄凉之感。

东波流”。

【献芹】出自《列子·杨朱》：“昔人有美戎菽、甘枲茎、芹萍子者，对乡豪称之，乡豪取而尝之，蜇于口，惨于腹。众哂而怨之，其人大惭。”后来人们就用“献芹”谦称赠人的礼品菲薄或所提的建议浅陋。如高适《自淇涉黄河途中作（其九）》中的“尚有献芹心，无因见明主”。

【折腰】出自《晋书·陶潜传》：“素简贵，不私事上官。郡遣督邮至县，吏白应束带见之，潜叹曰：‘吾不能为五斗米折腰，拳拳事乡里小人邪！’”后人用“折腰”形容逢迎上司，忍辱受气。如李白《梦游天姥吟留别》中的“安能摧眉折腰事权贵，使我不得开心颜？”

【中流击楫】据《晋书·祖逖传》记载，祖逖中流击楫而誓曰：“祖逖不能清中原而复济者，有如大江。”后人用“中流击楫”表示收复失地、复兴大业的决心。如刘基《题陈太初画扇》中的“新亭满眼神州泪，未识中流击楫人”。

【周公吐哺】据《史记·鲁周公世家》记载，周公戒伯禽曰：“我文王之子，武王之弟，成王之叔父，我于天下亦不贱矣。然我一沐三捉发，一饭三吐哺，起以待士，犹恐失天下之贤人。子之鲁，慎无以国骄人。”后人用“周公吐哺”形容求贤心切。如曹操《短歌行》中的“周公吐哺，天下归心”。

【庄周梦蝶】出自《庄子·齐物论》，庄子运用浪漫的想象力和美妙的文笔，通过对梦中变化为蝴蝶和梦醒后蝴蝶复化为己事件的描述与探讨，提出了人不可能确切地区分真实与虚幻和生死物化的观点。后来人们便用“庄周梦蝶”借指梦幻和变化无常的事物。如李商隐《锦瑟》中的“庄生晓梦迷蝴蝶，望帝春心托杜鹃”。

诗词赏析

池上碧苔三四点，叶底黄鹂一两声。（晏殊《破阵子》）

【赏析】“三四点”“一两声”并非实写，而是夸张，分别突出了碧苔的稀疏和黄鹂叫声的时断时续，这很符合清明时节万物萌发的微妙状态。

专题三　现代文阅读

现代文阅读包括论述类文本阅读、实用类文本阅读和文学类文本阅读。文本类型不同，其阅读重点也不同。

阅读论述类文本时，应注重文本的说理性和逻辑性，分析论点、论据和论证方法，准确解读文本内容，筛选并整合信息，分析文本的思想内容、构成要素、语言特色和主要表现手法。

阅读实用类文本时，应注重文本的真实性和实用性，准确解读文本内容，筛选并整合信息，分析文本的思想内容、构成要素和语言特色，评价文本的社会功用，探讨文本反映的人生价值和时代精神。

阅读文学类文本时，应注重文本的价值判断和审美体验，感受人物形象，品味语言，领悟内涵，分析文本的艺术表现力，理解文本反映的社会生活和情感世界。

知识清单

一、论述类文本阅读

论述类文本是一种以理性思维为主要思维方式，以议论为主要表达方式，具有理论性强、逻辑性强、针对性强等特点的文体。

（一）论述类文本的常见类型

1. 政论文

政论文是政治性论文的简称，是指从政治角度阐述和评论当前重大事件和社会问题的议论性文章，主要包括社论、政治评论、思想评论、国际时事评论等。它善用具有说服力的事例、事理及逻辑推理的方法来证明观点或看法。

2. 学术论文

学术论文是对科学领域中有学术价值和现实意义的问题进行探讨的书面成果，一般有自己的中心议题、论证角度、论证体系和研究成果，具有专业性、学术性、原创性、实践性和科学性等特点。

3. 时评

时评是对当前发生的新闻及新闻中的事实或问题发表见解的文章，可以针对某一件事情或某一个问题，也可以针对几件事情或几个问题进行评说，具有时效性、针对性、准确性、说理性、思想性等特点。

《平凡的世界》　路遥创作的一部全景式地表现中国当代城乡社会生活变迁的长篇小说。小说以孙少安和孙少平兄弟为中心，刻画了社会各阶层众多普通人的形象；通过复杂的矛盾纠葛，深刻地展示了普通人在大时代历史进程中走过的艰难曲折的道路。

4．书评

书评是评论或介绍书籍，探求其创作的思想性、学术性、知识性和艺术性的文章。书评不同于读后感，它是应用写作的一种重要文体，一般包含介绍、评价、推荐这几部分。

（二）论述类文本的三要素

论述类文本主要针对某个问题或现象，通过摆事实、讲道理等方法以剖析事物、论述事理、发表意见、提出主张，由论点、论据和论证三要素组成。

1．论点

论点，又叫“论断”，是作者对所论述的问题或现象提出的主张、看法和表示的态度，即文章中阐述和证明的基本观点。

论点是论述类文本的中心和灵魂，居于核心和统帅的地位。因此，阅读一篇论述类文本，首要的任务就是寻找、提取和理解文章的论点。论点的位置一般有以下四种情况。

（1）有些文章的标题就是论点，如《读书人是幸福人》。

（2）论点在文章的开头，开门见山。例如《谈骨气》中，第一自然段就提出论点“我们中国人是有骨气的”。

（3）论点在文章的结尾，卒章显志。例如，《过秦论》中，直到篇末最后一句才归纳出全文的论点“仁义不施而攻守之势异也”。

（4）论点在文章的中间，中间开花。例如，《事事关心》《想和做》等文章的论点位于文章的中间。

2．论据

论据是用来证明论点、支撑论点的材料，因此它必须与论点的主张保持统一。论据可以分为事实论据与理论论据，具体如表 2-3-1 所示。

表 2-3-1　事实论据与理论论据

论据种类	含　义
事实论据	现实生活中实际发生的事实，包括古今中外的知名事件、作者的亲身经历、统计的数据等
理论论据	经过实践检验的真理，包括名人名言、警句格言、俗语谚语、公式定律等

3．论证

论证是运用论据证明和支持论点的过程和方法，是论点与论据之间的纽带。它主要包括论证思路、论证结构和论证方法三个方面。

（1）论证思路。

论证思路是作者论证某个论点时的思维过程。论述类文本常按照“提出问题（引论）—分析问题（本论）—解决问题（结论）”的思路组织文章，具体如表 2-3-2 所示。

名著导读

《乡土中国》　费孝通著述的一部研究中国农村的作品。该作品涉及乡土社会的人文环境、传统社会结构、权力分配、道德体系、法礼、血缘、地缘等各方面，是学术界公认的中国乡土社会传统文化和社会结构理论研究的重要代表作之一。

表 2-3-2　常见的论证思路

阶　段	作　用
提出问题（引论）	点明论点
分析问题（本论）	分析论点，提出证明论点的论据，形成论证过程
解决问题（结论）	证明论点是正确的，向读者进行交代

（2）论证结构。

论述类文本中常见的论证结构如表 2-3-3 所示。

表 2-3-3　常见的论证结构

论证结构	含　义
并列式	在论证过程中，文章的层次、段落之间的关系是平行的。从形式上看，段落前面常标有“第一”“第二”“首先”“其次”等序次语
对照式	在论证过程中，把两种事物或意思加以对比，或者用某一种事物或意思来烘托另一种事物或意思。目的是通过两方面的对照，突出说明其中一个方面的正确性
层进式	文章的层次之间是层层深入、步步推进的关系，各层次的先后顺序有严格要求，要由浅入深、由简单到复杂、由具体到抽象、由抽象到具体地展开论证
总分式	文章的层次之间是总说和分说的关系，常见的形式有“总—分”“分—总”“总—分—总”

（3）论证方法。

论述类文本中常见的论证方法有以下几种。

【举例论证】举例论证是指列举确凿、充分、有代表性的事例证明论点的论证方法。运用举例论证能具体有力地论证观点，增强文章的说服力。

【比喻论证】比喻论证是指用具体形象的比喻阐明抽象的道理，证明论点的论证方法。运用比喻论证能使抽象的道理变得生动形象、浅显易懂、富有说服力，增强文章的吸引力与趣味性。

【对比论证】对比论证是指用正、反两方面的事实或道理证明论点的论证方法。对比的可以是不同的事物，也可以是一个事物的不同方面。运用对比论证能突出论点，有极强的鲜明性和深刻性。

【道理论证】道理论证是指引用经典著作中的精辟见解和古今中外的名言警句及定理公式等证明论点的论证方法。运用道理论证可以有力地论证观点，增强文章的权威性和说服力。

【反证法】反证法又叫归谬法，是指先假设对方的论断是正确的，然后从对方的论断中推导出一个荒谬的结论，从而证明对方的论断不能成立的论证方法，特点是“以错攻错”，后发制人，有幽默感。运用反证法能增强文本的逻辑性。

（三）论述类文本的阅读要点

1. 理解文中的重要词语或概念

文中的重要词语或概念是指具有丰富、深刻的含义，能体现文章思想、表达作者观点的词语或概念。

理解文中重要词语或概念有以下几个要点。

《骆驼祥子》　老舍的长篇小说代表作。小说讲述了老实、健壮的祥子从农村来到北平，期待凭力气实现拥有一辆车的梦想，但他经历三起三落后，变成了麻木、潦倒、自暴自弃的行尸走肉的故事，反映了当时生活在城市最底层的广大劳动人民的痛苦，暴露了旧社会的罪恶。

（1）找准位置，确定含义。确定词语或概念在文中的位置，联系上下文，根据词语或概念的基本含义，结合作者的论述逻辑、感情脉络等具体的语言环境，推断其在具体语境中的含义。

（2）辨别不同义项，理解其临时意义。每个词语都有基本意义，但有时会被冠以临时意义。要准确理解其临时意义，需根据上下文来推断，再用代入法验证。

（3）理解概念间的关系。客观事物之间存在着各种各样的关系，如同一、种属、交叉、矛盾、反对关系等。理解概念间的关系，要注意把握文章中心、理清段落层次和论述逻辑。

（4）准确把握指示代词的含义。论述类文本往往会通过转换表述角度、改变陈述对象等方式转换概念，阅读时，要抓住概念的本质特点，准确把握指示代词的含义。

2. 理解文中的重要句子

文中的重要句子，是指对表达文章思想、内容、观点，展现文章结构等起着决定性作用的句子。这些句子或位置比较关键，或意蕴比较丰富，或表达技巧比较独特，或结构比较复杂，具体包括以下几类。

从位置上说，重要句子是指段首的观点性、提示性、引导性句子，段末的总结性、论断性句子。

从内容上说，重要句子是指内涵较为丰富且具有提示性、引导性的句子，或者能揭示文章题旨或主旨、概括段意的句子。

从表达技巧上说，重要句子是指运用了比喻、对比、象征等手法的句子及表达比较含蓄且有深层含意的句子。

从结构上说，重要句子是指能领起下文或收束上文的句子，或者起承上启下作用的过渡句。

理解文中重要句子有以下几个要点。

（1）从句子的修饰、限制成分入手。分析句子结构，在抓住主干的同时，要特别留心那些修饰、限制成分。句子的修饰、限制成分在一定程度上起着揭示句子内涵的作用。

（2）从句子在语段中的作用入手。如果句子在语段中起总起作用，那么可以根据它所领起的那些内容去理解该句子；如果起小结作用，就可以从它的上文中找相关信息。

（3）从相邻句入手。相邻的上下句往往隐含着关键信息。

3. 筛选并整合文中的信息

筛选就是根据一定的要求区分信息的有无、主次、轻重，去粗取精，去次留主，把相关的信息提取出来。整合是指把筛选出来的有用的语言材料按要求进行分类，用准确的语言对这些信息进行描述或总结。

4. 分析文章结构，把握文章思路

分析文章结构，把握文章思路是阅读论述类文本最基本，也是最根本的方法。因为文章的思路是阅读的“纲”，“纲举”则“目张”，把握住了思路，许多问题就会迎刃而解。

《围城》 钱锺书创作的长篇小说，是中国现代文学史上一部风格独特的讽刺小说，被誉为“新《儒林外史》”。作者用幽默、诙谐的语言，表现了以主人公方鸿渐为代表的知识分子在婚恋、生活等“围城”中的困境，展现了抗战初期知识分子的群像。

分析文章结构时，需要注意以下几个方面。

（1）注意文章中的过渡段、过渡句，以及过渡性的词语，从中分析作者的思路。

（2）循着作者的思路逐段研究归纳，理清各层次间的内在关系。

（3）注意理解具有概括性的词语的含义及作用。

5. 归纳内容要点，概括中心意思

归纳内容要点是指根据文章部分或全部文本内容来归纳相应的要点（如原因、结果等），需要把内容简明扼要地表达出来，是提炼和综合的过程。如果内容比较复杂，还需要把若干要点合并或归纳共同点后再概括。

概括中心意思是指把握作者在文中的主要观点和主要感情方向，需要根据内容和有关背景对作者的用意进行分析，并用自己的话对其加以阐发或概括，是一种化零为整的归纳整理过程。

归纳中心要点，概括中心意思时，需要注意以下几个方面。

（1）注意寻找中心句，采用摘句法归纳、概括中心。

（2）注意合并文段主要内容，采用联合法归纳、概括中心。

（3）通观文章内容，采用整体把握法归纳、概括中心。

6. 分析概括作者的观点态度

作者的观点态度是指作者赞成什么，反对什么，即作者的见解和主张。

分析概括是两种能力，分析是对具体的文字内容与结构层次的拆分与理解能力；概括是对有关内容加以分类、提炼，使之类别化、简约化的综合能力。

分析概括作者的观点态度时，可以从以下几个方面入手。

（1）整体解读，筛选出直接表明作者观点态度的句子。论述类文本的标题，起始段落的中心句，重点主体段落的起始句、收束句，全文总结性段落的总括句，作者评论或议论的文字，往往直接表明了作者的观点态度。

（2）分析文章的中心内容，把握作者的基本观点态度。分析文章的中心内容是理解作者观点态度的关键。有时还需要对文中各段内容进行综合分析，进而更好地把握作者的观点态度。

（3）分析论证材料，把握作者的观点态度。论述类文本运用的论证材料有事实材料和理论材料。这些材料，有的用来论证观点，有的用来发表见解，有的用来反驳主张。分析这些材料，正确理解其本身的含义和在文中的作用，便成了把握作者观点态度的关键。

（4）从结构入手，把握作者的观点态度。观点与结构是互相依存的关系，论述类文本观点的呈现，一般有两种情形：一是作者用明确的语言在文本适当的位置直接点出；二是作者将观点隐含在文本之中，即表露在字里行间。

《红岩》 罗广斌、杨益言创作的长篇小说，描写了在人民解放军进军大西南的形势下，重庆的国民党当局对共产党领导的地下革命斗争的疯狂镇压，被称为“黎明时刻的一首悲壮史诗”，也是当代文学中一部优秀的革命英雄传奇。

（5）比较文中不同观点态度，辨析作者的观点态度：① 正反对比，通过上下文来对比对立的二者或多者的观点，分析作者的观点；② 相似辨析，有些观点不是明显对立的，而是存在相容、相交、发展、递进等关系的，需要仔细辨析。

二、实用类文本阅读

（一）传记

传记是遵循真实性原则，记叙传主生平事迹的文章。

1. 传记的类型

传记的类型很多，根据叙述角度，传记可分为自传和他传；根据叙述方式，传记可分为叙传与评传。

自传是指作者叙述自己生平事迹的文章，多是作者对生活往事、人生阅历、思想转变轨迹等的回顾。他传是指他人为传主撰写的传记文章，通过对传主的典型事迹的叙写，突出传主的形象、性情、品格等，表达出对传主的崇敬或批判。

叙传重在“叙”，即叙写人物事迹。评传重在“评”，即在叙述传主事迹的基础上，对传主的思想加以分析，对传主的所作所为加以评述。

2. 传记的特点

（1）传主的时代性和代表性。

传记的主人公是某时代某领域较突出的人物。

（2）选材的真实性和典型性。

真实是传记的生命，传记不允许虚构。另外，传记的选材典型，即作者会从传主的经历中选取重大的有代表性的事件，来表现传主的人格特点。

（3）选文的史学性和文学性。

传记叙写的是真实存在或存在过的人，有真实姓名、籍贯、活动范围等，故传记有一定的史学性。同时，传记是写人的，体现着传主的生命、情感；另外，通过作者的选材、编辑、加工，传记内容也熔铸了作者的爱憎情感；并且，传记需要用文学的手法加以表现，故传记又具有文学性。

3. 传记的阅读要点

（1）理解典型事件和细节。

典型事件往往是传主一生的关键所在，能反映他的主要功过，而且可以体现有关的历史进程及特点，有利于读者把握文章的重点，厘清传主人生发展的脉络。富有特征的细节描写犹如人体之血肉，能使传主的形象更加丰满，帮助读者更准确地了解传主。

（2）分析传记的语言特色，把握文章结构。

分析语言特色主要是指分析传记所使用的语言的特点与风格，一般包括对语言特点（如准确、简练、生动、形象等）和语言风格（如幽默、平实、简洁明快、含蓄深沉等）的分析。把握文章结构是指了解作者的写作思路，这对把握文章的中心思想有着重要的作用。

名著导读

《城南旧事》 林海音创作的自传体小说，全书以孩童澄澈的视角，追述了20世纪二三十年代北京城南的往事。小说以不断的“离去”来组织情节，推动故事的发展，体现了作者绵延不绝的乡思乡愁，是公认的乡愁文学力作。

就语言特色而论，通俗是传记的基本特色。但不同类型的传记，其具体语言特色也各不相同，具体如表 2-3-4 所示。在分析传记的语言特色时，要辨明传记类型，做到有引有析，述评结合。

表 2-3-4　不同类型的传记的语言特色

类　型	语言特色
自传（第一人称）	以当事人的口吻进行叙述，兼有描写、抒情，语言或自然亲切，或幽默调侃，能自由地表达思想感情，给读者以真实生动之感
他传（第三人称）	以局外人的身份进行叙述，能比较直接地展现丰富多彩的生活，不受时间和空间限制，较为灵活

此外，分析传记语言特色要从文本中选出典型例句，对这些例句进行理性的分析和评价。这样可以做到有理有据，避免空洞浮泛。

（3）了解传记常用的表现手法，结合文本加以判断分析。

传记运用的表现手法与一般记叙文的相似，有首尾照应、详略得当、叙议结合、烘托、衬托、对比、象征、欲扬先抑等。

此外，引用也是传记常用的表现手法，如引用诗词，故事，传主的书信、日记，相关人士的回忆及档案资料等，其作用如表 2-3-5 所示。

表 2-3-5　引用的作用

引用的内容	作　用
诗词	从侧面烘托和丰富撰著的思想精神，使传记显现出一种古朴文雅的风格，更具有文学性
故事	增加传记的活泼度，使传记更具有可读性
传主的书信、日记，相关人士的回忆及档案资料等	印证作者的观点，使传记具有更为真实感人的力量

在分析传记的表现手法时要结合具体内容点明效果。具体而言，可依照下面的步骤进行。

第一步，明确所用的表现手法。

第二步，分析文中体现这种（或这些）表现手法的内容。

第三步，指明这种（或这些）表现手法所达到的表达效果，并结合具体内容加以说明。

（4）筛选并整合传主的信息。

筛选并整合传主的信息主要包括概括传主的人生经历和分析传主的性格或形象。

概括传主人生经历的方法如表 2-3-6 所示。

表 2-3-6　概括传主人生经历的方法

方　法	解　释
找出时间变化的句子	传主的人生经历是随时变化的，不同时间的事迹要分别找出
画出地点变化的句子	地点的变化也有可能标志着传主人生的变化，概括传主的人生经历需要注意地点的变化
标出称谓（职位）变化的句子	对传主称谓的变化，标志着传主身份、职位、工作情况的变化，也体现出传主人生的变化

《朝花夕拾》　鲁迅创作的回忆性散文集。鲁迅以其青少年时期的生活经历为线索，真实生动地叙写了自己从农村到城镇、从家庭到社会、从国内到国外的生活经历，抒发了对往昔亲友和师长的怀念之情，同时也对旧势力、旧文化进行了嘲讽和抨击。

续表

方　法	解　释
析出工作内容与性质的变化	传主的工作是其人生的主要内容之一，概括传主人生经历的一个重要依据就是传主工作内容和工作性质的变化
借助关键词句概括	借助总领、过渡等关键词句，可以快速、准确地对传主人生经历做出概括

分析传主性格或形象的方法如表 2-3-7 所示。

表 2-3-7　分析传主性格或形象的方法

方　法	解　释
看事件	明确事件的作用，进而分析传主的精神特质
看议论	作者在写作时往往会对传主的形象、功过等进行评价，人物评传中的议论部分尤其需要注意
看引用	传记中引用的他人对传主的分析评价，是概括传主形象的直接材料
看细节	细节，特别是典型细节往往最传神，最能打动人，给人以深刻印象。对这些细节进行仔细分析，可以了解传主的性格或形象
看关系	首先，要关注传主所处的时代、社会和家庭背景；其次，要理解传主与他人的关系，通过传主与他人的关系去把握传主的性格或形象

（5）鉴赏评价。

可以从传记的文体特征和表现手法及传记的真实性和主题（创作意图）等角度对传记进行鉴赏评价，如表 2-3-8 所示。

表 2-3-8　鉴赏评价传记的角度

角　度	解　释
体会描写某一细节的用意	应从文章选材的真实性、典型性（反映时代特点）、体现传主的个性等角度鉴赏
分析某一段文字的作用	从增加文章的真实性和有利于突出作者的写作意图等角度入手
体会选择传主的某个人生阶段来详细记叙的原因	可能这一阶段是传主成长过程中的一个关键时期，或写这一阶段最能突出作者的创作意图
理解文中某些抒情性、议论性的句子或其他重要句子	应多从作者在传主身上得到的关于人生或社会的独特感悟入手去理解（这和对传记的主题理解密切相关）

评价文本观点和倾向的四步骤：梳理成长历程，捕捉主要材料，由浅入深解读，选择角度审视。

（二）新闻

新闻是对新近发生的、正在发生的或者早已发生却是新近发现的有价值的事实的及时报道。新闻的概念有广义与狭义之分：广义的新闻是消息、通讯、新闻特写、新闻评论、调查报告和访谈等体裁的统称；狭义的新闻指消息。

1. 新闻的类型

（1）消息。

消息是对新近发生的重要事实的简要报道。因为消息在新闻诸文体中使用频率最高，是新闻报道中最常用的文体，故人

名著导读

《艾青诗选》艾青创作的诗集，是现代中国文学史上的经典之作，被誉为“中国现代诗歌的里程碑”。其诗歌以现实主义为主，同时融入了象征、隐喻等手法，形成了具有鲜明个性的艺术风格。

们常把消息称为新闻。

消息的写法一般采用“倒金字塔”式结构，即先说结果，再说重要事实，最后说次要内容。

（2）通讯。

通讯是一种运用叙述、描写、抒情、议论等多种表达方式，具体、生动、形象地反映新闻事件或典型人物的新闻报道形式。它是记叙文的一种，是报纸、广播电台、通讯社常用的文体。最常见的通讯是人物通讯和事件通讯。

（3）新闻特写。

新闻特写是以形象化的描写为主要手段，截取新闻事件中最具有价值、最生动感人、最富有特征的片段和部分予以放大，从而鲜明地再现典型人物、事件、场景的新闻体裁。

新闻特写按题材可以分为人物特写、事件特写、景物特写、专题特写等。新闻特写兼有新闻和文学的特点。

（4）新闻评论。

新闻评论是针对现实生活中新近发生的新闻事实、社会现象和问题直接发表意见、阐述观点、表明态度的新闻体裁。

（5）调查报告。

调查报告是对于特定工作、事件和问题的调查加以研究后做出的报告。它是报道事实、反映真相和揭示规律的有材料、有分析、有观点的应用文书之一。

（6）访谈。

访谈是基于某个人、某件事、某个特写问题去访问专家或知情者，请他们对提出的问题进行解答，运用谈话纪实的方式进行报道的文章。

2．新闻的结构和写作特点

新闻的结构和写作特点如表 2-3-9 所示。

表 2-3-9　新闻的结构和写作特点

结构形式		标题、导语、主体、背景、结语
写作特点	基本要素	时间、地点、人物、起因、经过、结果
	基本写法	倒金字塔式、金字塔式、悬念式、并列式
	表现手法	① 顺叙、倒叙、插叙
		② 描写、抒情、议论
		③ 对比、衬托、细节描写、以小见大、点面结合、借景抒情
		④ 比喻、拟人、词句锤炼
		⑤ 标题的艺术性
		⑥ 构思的独特性

3．新闻的阅读要点

（1）把握新闻结构。

① 概括文本思路。对于新闻的文本思路，可按照“首先—其次—再次—最后”的思路概括。

② 分析段落的作用。分析段落的作用时，可先判断某段属于新闻的哪一部分，然后再分析其具体作用。不同的新闻内容及其作用如下。

【新闻导语】 概述新闻的主要内容和事实，鲜明地揭示新闻的中心；抓典型镜头，给读者以现场感和生动感；吸引读者的阅

《繁星·春水》　冰心创作的诗集，诗歌主题涉及歌颂母爱与童真、热爱和赞美大自然、思考和感悟人生，表现了诗人对童真、童趣、童心及一切新生事物的珍爱。

读兴趣；为全篇奠定恰当的感情基调（紧张、温馨、欢快、沉郁、悲痛等），贯串全文；在结构上引出下文对某事件的具体描写；在手法上用列数字、举例子、做比较等手法表现新闻事件的特点。

【新闻背景】对新闻事实进行解释、补充，加深读者对新闻的认识和理解；突出人物特征；揭示新闻事件的意义，体现新闻的主题，增强新闻的厚度和深度；增强表达效果；叙述背景事件，充实文本内容，使新闻更加真实、客观，现场感强，增强文章的可读性和感染力。

【新闻结语】总结全文，呼应开头；阐明新闻主题或深化主题，使读者更深刻地认清新闻事实的价值和意义，启人心智，引人思考，耐人寻味；补充信息，确保新闻结构的完整性。

③ 分析文本结构的独特性及合理性。

分析文本结构的独特性及合理性，一般从三个角度思考：能否深化主题、结构是否完整、艺术效果如何。

（2）分析新闻的语言特色和表现手法。

分析新闻的语言特色包括分析某处语言的运用特色和整体的语言风格。

分析某处语言的运用特色可以从以下两个角度入手。

① 从语义和句式的特点入手。句子中包含情感、态度的关键词，整句与散句、推测与肯定、议论与抒情、祈使与反问等特殊句式，常常有非凡的表现力。

② 从修辞手法入手。修辞手法可以增强语言表现力，抓住修辞手法的特点，从语言的表达效果上加以分析、体会。

一般来说，新闻整体的语言风格有含蓄与简洁、文雅与通俗、生动与平实、华丽与朴素等，要结合具体的内容进行分析，体会其效果和特色。

分析新闻的表现手法可以从以下几个角度思考。

① 分析表现手法对表现人物特点的作用。

② 分析表现手法对表现新闻主题的作用。

③ 分析表现手法对读者的影响，如能否让读者感觉如临新闻现场，能否让读者体会到作者的态度，能否让读者把握新闻主题，能否凸显新闻的社会效应等。

（3）评价新闻的主要观点和基本倾向及产生的社会功用。

① 评价新闻的主要观点和基本倾向。

评价新闻的主要观点时，先要能够筛选和整合出文本中的关于观点的信息，然后根据对文本的理解加以评价。

评价新闻的基本倾向时，要在对文本的结构、大意有一定了解的基础上展开。

新闻应追求客观公正，但作者往往在亲历重大历史或自然事件时受到感染，带着自己的切身体会，所以评价新闻是在不影响客观公正性的基础上，带有作者感情倾向性的作品。

评价新闻的主要观点和基本倾向，既包括评价作者的观点及基本倾向，也包括

《傅雷家书》 由著名翻译家傅雷写给儿子傅聪的家信汇编而成。傅雷在儿子长大成人，留学海外之后，仍通过书信的方式对儿子的生活和艺术创作进行悉心指导，表现了傅雷夫妇对长子傅聪及儿媳弥拉的浓浓爱意。

评价新闻中人物的观点及基本倾向，这些评价都要在全面把握新闻的要素和倾向的基础上，找出支持观点的相关材料，结合社会背景、时代主流思想做出自己的价值判断。

② 评价新闻产生的社会功用。

评价新闻产生的社会功用时，重点要通过阅读，概括出文本中心，然后联系社会现实，正确加以评价。

（三）科普文

科普文是介绍和普及科学知识的说明性文章，一般分为科学说明文和科学小品文两类。科普文旨在介绍和普及科学知识、解释或示范科学方法、体现或传播科学精神。

1. 科普文的特点

（1）科学性。

科普文必须准确无误地讲述科学知识、传播科技信息、普及科学教育，故科学性是它的主要特点。

（2）文学性。

科普文把科学知识具体化、形象化，用文学的手段加以表现，是文学与科学的完美结合。

（3）通俗性。

科普文为了达到普及科学知识的目的，常用通俗易懂的语言来深入浅出地讲述科学道理。

（4）趣味性。

为了激发读者的阅读兴趣，达到普及科学知识的目的，科普文应该具有趣味性，即用生动、口语化的语言，以及比喻、拟人等修辞手法，生动活泼、情趣盎然地介绍科学知识。

2. 科普文的说明方法

科普文的主要表达方式是说明，常见的说明方法如表 2-3-10 所示。

表 2-3-10 科普文常见的说明方法

说明方法	含 义
下定义	用简洁、准确、周密的语言揭示某一事物区别于其他事物的本质属性
做诠释	对事物进行解释
举例子	举出有代表性的具体实例来说明事物或现象
引用	引用有关的科学道理、文献资料、故事传说、诗文名句、俗语谚语等作为依据进行说明
分类别	把被说明事物按一定标准分成若干类，依类进行说明
列图表	用图画、表格对被说明事物进行较直观明晰的说明
做比较	把两种或两种以上同类或异类事物相比较，突出被说明事物的特征
列数字	列举数字使所要说明的事物准确化
打比方	运用比喻的修辞手法，借助事物之间的相似点，形象地说明事物的性质、特征
摹状貌	用生动形象的语言具体描绘事物的形状或面貌

3. 科普文的阅读要点

（1）赏析科普文的语言特点。

① 严谨性。科普文展现的内容需要具

《经典常谈》 朱自清写给中学生看的书。该书用简练明晓的文字深入浅出地介绍了《说文解字》《周易》《史记》等经典著作，并概述了诸子百家、辞赋和历代诗文的情况，以此展示我国古代思想文化的基本面貌。

备客观性和科学性，因而其语言就必须严谨准确，这不仅在用词、造句方面要力求精确，合乎语法习惯，而且所运用的专业术语、科学解释也必须准确无误，毫无歧义。

② 生动性。科普文重在普及科学，介绍某一科学原理，目的是让不了解这一知识的人更方便地获取相关知识。而语言生动可以帮助读者克服阅读障碍，使其轻松理解相关知识。

科普文语言的严谨性、生动性的主要体现如表 2-3-11 所示。

表 2-3-11　科普文语言的严谨性、生动性的主要体现

体　现	解　释
词语的运用	一般情况下，动词、形容词用得好，语言生动形象；副词用得好，语言准确严密
句式的选择	长句表意严密，短句简洁明快；整句句式整齐、富有气势，散句参差错落、富于变化
修辞手法的运用	比喻、拟人、借代、排比、夸张等常见修辞手法的运用，会使语言生动形象，化深奥为浅显
说明方法的运用	做比较、举例子、列数字等说明方法是科普文常用的说明方法，运用这些说明方法能体现科普文语言准确、严谨的特点
语言的整体风格	概括与具体，简洁与丰腴，精练与详尽，雅致与通俗等

名师点睛

赏析科普文语言特点的要点

（1）品析语言的生动性与形象性。

① 从运用的修辞手法方面考虑，抓住文中的比喻句、拟人句等进行品味。

② 从语言的语体方面和句式方面考虑，如口语的活泼、短句的简洁明快等。

（2）赏析语言的严谨性与简明性。

① 从遣词造句力求精确、合乎语法习惯方面考虑。文章在介绍科技成果时，或展望推广应用后的情景，或预示向纵深发展的前景，因而较多地运用“如果”“假如”“可能”“将会”等预测性词语，有时也会运用“基本”“根本”“重要”“十分”“大概”等程度的词语，这些都是分析语言的准确性需要关注的。

② 从所运用的专业术语、科学解释准确无误、毫无歧义方面考虑。

③ 从所引用的事实确凿、数字具体方面考虑。

（2）赏析科普文的标题艺术。

标题的吸引力和感染力在很大程度上影响着科普文的传播力。赏析科普文标题时要关注的内容如表 2-3-12 所示。

表 2-3-12　科普文标题的“四关注”

关　注	解　释
标题的关键词	标题的关键词往往揭示了文章的核心内容或思想。分析时一定要将其与文章内容联系起来
标题的表达技巧	关注标题的表达技巧，特别是修辞手法，如比喻、拟人等，还要关注标题是否引用了小故事，化用了歌词、古诗等

《边城》　沈从文创作的中篇小说。小说以兼具抒情诗和小品文的优美笔触，描绘了湘西地区特有的风土人情，作者借船家少女翠翠的纯爱故事，展现出了人性的善良美好。

续表

关 注	解 释
读者的接受性	好的标题能引人注目，激发读者的兴趣，获得良好的阅读效果
作者的创作意图	科普文带有一定的情感色彩，通过标题，把握文章中心内容，体会作者的情感及创作意图

（3）科普文的阅读方法。

① 把握说明对象及特征。首先，要准确地把握说明对象，理解说明内容。其次，要重点把握说明对象的特征。只有准确地把握说明对象的特征，学会从说明对象的形态、性质、结构、功用、制作方法、发展变化等方面去领会，才能深入理解说明对象，并以此为突破口，进而理清文章的结构层次、中心内容。要准确把握说明对象的特征，可从句子、段落中找到并勾画出事物的特征，尤其要注意仔细揣摩关键词句（中心句、过渡句等）；也可逐层概括归纳，然后提炼出事物的特征。

② 理清结构，分析说明顺序。科普文常见的结构形式有：总分式、总分总式、分总式、并列式、递进式等。科普文常见的说明顺序有：时间顺序、空间顺序、逻辑顺序等。阅读时要注意从文中读出有关说明顺序的语言标志：时间顺序往往有时间名词作标志；空间顺序往往有空间方位名词作标志；逻辑顺序则可以从主次、因果、现象本质等逻辑关系并结合各段落段意来厘清文章脉络。

③ 分析说明方法。分析说明方法时，一要看用了什么说明方法，说明了什么对象，起了什么作用；二要看所用说明方法是通过怎样的语言形式表达出来的。

④ 体会说明文的语言特点。说明文的语言必须准确无误，不能有漏洞、有歧义；概念表述要清楚；不能以偏概全，更不能似是而非；恰当地使用修饰和限制的词语等。

三、文学类文本阅读

（一）小说

小说是以塑造人物形象为核心，通过完整的故事情节和具体的环境描写，反映社会现实生活的一种文学体裁。在塑造人物、叙述情节、描写环境，以及表达主题的过程中，作者需要运用语言和各种写作手法，其关系如图 2-3-1 所示。

小说阅读方法指导

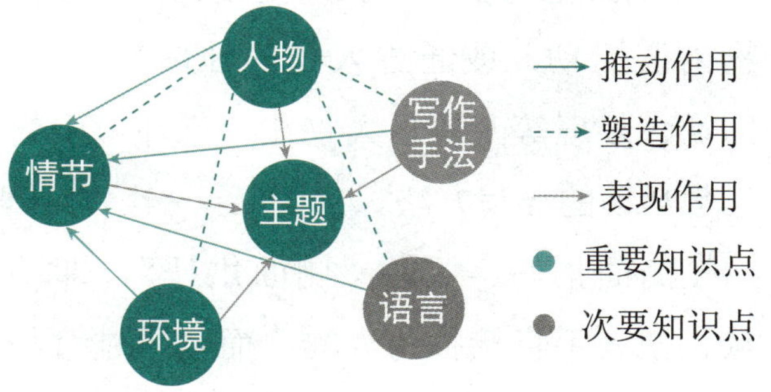

图 2-3-1 小说各要素的关系及作用

1. 人物分析

（1）人物的描写方法。

人物的描写方法分为正面描写和侧面描写。

正面描写能突出表现人物的性格特点，

第二部分

《给青年的十二封信》 由著名的美学家、教育家朱光潜在旅欧期间写给国内青年朋友们的信汇编而成。这些信里面包含了很多青年人关心的话题，如读书、修身、作文、社会运动、爱恋、哲理等，在亦师亦友的言语之中，表达了朱光潜对中国青年的殷切关怀。

揭示人物的内心世界，反映人物的思想感情，塑造鲜明、立体的人物形象。正面描写包括以下几种。

【外貌描写】外貌描写又称“肖像描写”，即通过对人物的身材、容貌、服饰、打扮、仪态及风度等外部特征的描摹，来展现人物性格、气质与精神状态的描写方法。

【语言描写】语言描写是指通过个性化的语言来刻画人物性格的描写方法。它具体有两种方式：一种是独白，即作品中人物的自言自语；一种是对话，即两个或两个以上的人的互相交流。

【动作描写】动作描写又称“行动描写”，即通过对人物行为举止的描写来揭示人物性格的描写方法。

【神态描写】神态描写是指对人物脸部表情和神态进行描写的描写方法。

【心理描写】心理描写是指直接概述人物内心活动，或通过人物的独白、追忆、幻觉、梦境等，展示人物在特定环境中的思想活动的描写方法。

侧面描写，又称“侧面烘托”，即不从正面入手直接描写人物，而是通过对与其相关的人、事、景、物的描写，来烘托或折射被描写的对象，具体包括借助次要人物烘托、借助环境烘托、借助物象烘托等。

除了正面描写和侧面描写之外，还有一种描写方法是细节描写，它是指对人物的外貌、语言、动作、神态、心理等细枝末节，加以生动细致的刻画与描绘。

（2）人物分析的角度和方法。

人物分析的典型角度及具体方法如下。

① 揣摩人物心理：找出直接心理描写，如“庆幸”“难过”“不安”等；抓住语言、动作、细节等描写，结合故事情节来分析人物心理；抓住人物活动的外部环境，不仅能让读者产生身临其境之感，而且还能衬托出人物在此情此境中的心理状态。

② 分析人物形象：具体分析人物描写方法，即通过对人物的外貌、语言、动作、神态、心理等描写来概括出人物的特征；抓住文章中关于人物的典型事件，作者的介绍和议论，以及作品中其他人物对他的评价来分析人物特点；结合人物的身份、地位、经历、思想观念等进行考虑；联系人物活动的社会历史背景和文中的自然环境来分析人物特点。

③ 鉴赏塑造人物形象的艺术手法：正面描写，具体包括语言、动作、心理描写等；侧面描写，具体包括借助次要人物烘托、借助环境烘托等；修辞手法，如比喻、夸张等；表现手法，如对比、衬托等。

特别提示

人物形象的作用

人物形象主要分为两类，即主要人物形象和次要人物形象。这两类人物形象的作用也不尽相同。

主要人物形象的作用主要有：

《聊斋志异》 清代蒲松龄创作的小说集。该书或揭露封建统治的黑暗，或抨击科举制度的腐朽，或反抗封建礼教的束缚，成功地塑造了众多的艺术典型，人物形象鲜明生动，故事情节曲折离奇，结构布局严谨巧妙，文笔简练，描写细腻，堪称文言短篇小说的巅峰之作。

一，贯串作品，推动情节发展；二，点明、突出、深化主题。而次要人物的形象作用主要有：一，衬托、烘托主要人物，突出主要人物的特点，使主要人物的形象更加鲜明；二，推动情节的发展或者造成情节的突变；三，点明、突出、深化主题。

2. 情节分析

情节是在小说提供的特定环境中，由于人物之间的相互关系和人与环境间的矛盾冲突而产生的一系列事件发生、发展直至解决的整个过程。

（1）情节的结构模式。

① 基本模式，即开端—发展—高潮—结局，如《我的叔叔于勒》一文的情节结构模式是：盼望于勒（开端）—夸赞于勒（发展）—巧遇于勒（高潮）—躲避于勒（结局）。

② 摇摆式，即所谓的“一波三折”。大多数小说的情节开展并不呈现为一条直线，而是总会在某处放慢速度甚至停下来做点其他的事，然后再回到原轨道，这就出现了情节的摇摆。情节的摇摆往往赋予小说更为摄人心魄的魅力。

③ 出乎意料又在情理之中式，俗称“欧·亨利式”。这类小说在结尾处出其不意地揭示真相，但回看前面的情节，一切又都在情理之中，从而增加小说情节的生动性。

（2）情节的结构技巧。

情节的结构技巧如表 2-3-13 所示。

表 2-3-13　情节的结构技巧

技巧	含　义	作　用
埋伏笔	在文章前面对将要出现的人物或发生的事件，预先做出某种提示或暗示，在文章后面再做出回应和说明	能使全文前后照应，结构更严谨，情节发展更合理，前因后果更分明
照应	即呼应，是篇章间的伏笔照应	能使情节连贯，脉络清晰，结构紧凑
做铺垫	为了衬托主要人物或事物而铺叙另外的人物和事物以做衬垫	能够蓄积气势，突出文章主题
设悬念	在叙述过程中，先设置一个谜面并藏起谜底，在后面适当的时候予以点破，使读者的期待心理得到满足	能够吸引读者注意，激发读者的阅读兴趣，引起读者思考
设线索	线索是贯串整个作品情节发展的脉络。它可以是小说中的某个人物、某个事物，也可以是作者的情感、小说中的事件，还可以是空间、时间	可使小说结构清晰，情节集中；可巧妙安排结构，揭示主题

特别提示

埋伏笔的特点

埋伏笔的特点有三：一是有伏必应，即前文有伏笔，后文必定有照应；二是要埋得巧妙，让读者无法轻易察觉，切忌刻意、显露，这也是伏笔与悬念的区别（悬念更明显，读者更容易察觉）；三是伏笔与下文的照应，前后不宜过紧，这也是伏笔与铺垫的区别（铺垫之后紧接着就是主要内容）。

《镜花缘》　清代文人李汝珍创作的长篇小说。小说讲述了唐敖等人乘船在海外游历的故事。书中人物个性鲜明，对话、情节机智幽默，同时展现了种种古典游艺方面的知识。

（3）情节的叙述手法。

小说情节的叙述手法一般从叙述人称和叙述顺序两个方面进行分析，如表2-3-14所示。

表2-3-14　情节的叙述手法

叙述手法	含　义	作　用
第一人称	以“我”的口吻或角度来叙述	便于直抒胸臆，增强文章的亲切感、真实感和可信度
第二人称	以“你”的口吻或角度来叙述	拉近叙述者与读者间的距离，增强文章的抒情性和亲切感
第三人称	以“他/她/它”的口吻或角度来叙述	比较客观冷静，不受时空限制，便于多角度自由叙述，使文章张弛有度
顺叙	按照事件的发生、发展过程或人物经历的自然顺序进行叙述	使情节发展脉络分明，层次清晰
倒叙	把事件（人物）的结局或发展过程中最精彩、最感人、最重要的片段提到前面叙述，然后再按照自然顺序进行叙述	不仅能够制造悬念，吸引读者，也可以增强文章的生动性，避免内容的刻板和结构的单调
插叙	在叙述中心事件的过程中，为了更好地展开情节或刻画人物，暂时中断叙述，插入一段与主要情节相关的回忆或故事	使内容丰富充实，结构曲折有致
平叙	叙述同一时间、不同地点发生的两件或两件以上的事情。可以先叙述一件事情，再叙述另一件事情；也可以同时交叉地叙述几件事情	能够把头绪纷繁、错综复杂的事情，写得眉目清楚、有条不紊
补叙	行文中用两三句话或一小段话对前面说的人或事做一些简单的补充交代	对上文加以补充，对下文有所交代，照应上下文，使文章结构完整，行文跌宕起伏，进而收到出人意料的效果

特别提示

补叙与插叙的区别

补叙补入的是基本事件发展过程中的有机环节，去掉它会影响事件本身的完整性；插叙插入的是基本事件发展之外的有关情况，去掉它并不影响事件本身的完整性。此外，补叙可以在篇中，也可以在篇末，而插叙只能在篇中，不能在篇末。

（4）情节分析的角度和方法。

情节分析的典型角度和具体方法如表2-3-15所示。

名著导读

《儒林外史》　清代文人吴敬梓创作的长篇小说。小说以写实主义描绘了各类人士面对“功名富贵”的不同表现，既批判、嘲讽了吏治腐败、科举弊端、礼教虚伪等，又守护了人性，寄寓了理想。它代表着中国古代讽刺小说的高峰，开创了以小说直接评价现实生活的范例。

表 2-3-15 情节分析的典型角度和具体方法

典型角度	具体方法
分析指定情节	① 结构上：从埋伏笔、做铺垫、照应、设悬念、推动故事情节发展、贯串全文、总领下文、承上启下、总结上文等方面进行思考
	② 内容上：从人物（如突出人物……性格，塑造人物……形象）或主题（如点明/突出/深化文章……主题）等方面进行思考
梳理全文情节	① 划分结构层次，即概括每段段意，把意思相同或相近的段落合并为一个层次以厘清故事情节，通常可以按照开端、发展、高潮和结局的层次进行梳理
	② 寻找贯串全文的线索
	③ 抓住重要场面、重要事件

3. 环境分析

环境描写，即对人物活动或事件展开的特定背景的描写，具体包括自然环境描写和社会环境描写。

【自然环境描写】自然环境描写即景物描写，是指对故事发生的时间、地点、季节、气候和空间等自然条件的描写。其作用有：① 点明故事发生的时间、地点和节令；② 交代人物活动的背景和场景等；③ 渲染某种气氛；④ 奠定情感基调；⑤ 为后文埋伏笔、做铺垫；⑥ 推动故事情节的发展；⑦ 烘托人物形象或心情；⑧ 揭示或深化主题。

【社会环境描写】社会环境描写是指对特定的时代背景及人物生活环境、社会关系的描写，如室内陈设、当地的风土人情和时代氛围描写等。它描写的范围可大可小，大至整个社会、整个时代，小至一个家庭、一处住所。其作用有：① 交代人物活动及成长的时代背景；② 揭示各种复杂的社会关系；③ 交代人物身份，表现人物性格；④ 暗示人物的前途或命运；⑤ 揭示社会本质，揭示小说的主题；⑥ 引发读者对社会问题的深思。

针对自然环境描写的分析往往是环境分析的主要内容。

4. 主题分析

（1）主题概述。

主题是指小说通过对现实生活的描绘和艺术形象的塑造所表现出来的中心思想。它是小说的核心，是作者的写作目的之所在，也是作品的价值意义之所在。小说一般通过人物形象或故事情节揭示人生哲理、社会问题、价值观念等主题。

主题的表现形式大致包括以下几种。

① 以小说主要人物的性格特点、道德风貌、思想品格等揭示人性的真善美和假恶丑。

② 用故事的形式针砭时弊（常采用以小见大的手法）。

③ 通过寓言，寄寓人生哲理。

④ 虚构生活经历，反映人物生存状态和心理状态等。

（2）主题分析的角度。

分析文章主题可以从以下几个角度入手。

① 从小说的标题入手来思考主题意

《苏菲的世界》 挪威作家乔斯坦·贾德创作的一本哲学启蒙书，被誉为“20世纪百部经典著作之一”。该书以小说的形式，通过讲述一名哲学导师向一个叫苏菲的女孩传授哲学知识的经过，揭示了西方哲学史的发展历程。

蕴，尤其是标题中含有的比喻义、象征义或双关义等，这些往往会隐含着主题思想。

② 从故事情节的开展和人物性格、命运的变化中去挖掘主题内涵。

③ 联系作品的时代背景及文中典型的环境描写，认识人物形象的思想性格所打上的时代烙印，把握住人物形象所折射出的时代特征，以达到揭示小说主题的目的。

④ 从作者描写人物的语言的感情色彩，以及作者自己的评论来把握作品主题。

小贴士

主题分析常用术语：① 歌颂、赞扬；② 讽刺、批判、揭露、谴责；③ 揭示了……道理；④ 表达了……情感。

5. 标题分析

（1）标题概述。

标题是一篇文章中最醒目、最传神之处，它以精练的语言高度概括了文章的内容、思想等，常常被称作“文眼”“题眼”。

文章的标题与文章的内容、主题、结构有着千丝万缕的关系。

第一，在内容上，或交代写作对象，或概括主要内容，或奠定情感基调。

第二，在主题上，或点明文章主题，或揭示文章主旨。

第三，在结构上，可以点明写作顺序，标明行文线索或感情线索。

此外，就标题本身来说，在手法上，标题常运用修辞手法（如比喻、引用）或某些特定的写作手法（如象征）。在语言上，有的标题形象生动，有时还设置悬念，吸引读者；有的标题新颖独特，意味深长，引人深思，给人启迪；有的标题一语双关，内涵深刻，或幽默诙谐，或辛辣嘲讽。

（2）标题分析的角度和方法。

标题分析的典型角度和具体方法如下。

① 理解标题含义。标题含义有两种：表层含义，即标题的本义、字面义，可以以词或词组为单位，把握标题的字面意思；深层含义，即标题的引申义、比喻义、象征义、双关义等，要联系文章内容、主题，以及作者情感来把握。建议优先采用定位法，即找到标题所讲内容在文中的位置，联系上下文，选摘原文句子或对原文进行适当润色。

② 品味标题作用。标题的作用包括：标明行文线索（标题多为物象）；概括文章内容；突出人物形象；设置悬念，吸引读者（标题多为问题）；点明文章主题，或一语双关，对表达主题起画龙点睛的作用；交代时间、地点和环境。

6. 语言特色分析

可以从以下角度对语言特色进行分析。

（1）遣词造句，如叠词、动词、形容词、量词（用词），整句、散句、长句、短句（句式）等的使用。

（2）语言风格，如豪放或婉约、含蓄或直接、淡雅或华丽、庄重或幽默、典雅或通俗、柔美或朴实等。

（3）修辞手法，如比喻、拟人、夸张、排比等的运用。

名著导读

《简·爱》 英国女作家夏洛蒂·勃朗特创作的具有自传色彩的作品。该作品叙写了简·爱成年后到桑菲尔德贵族庄园当家教，以真挚的情感和高尚的品德赢得了东家罗切斯特的尊敬与爱恋的故事。作品成功地塑造了一个不安于现状、不甘受辱、敢于抗争的女性形象。

（4）语体，如书面语或口语、普通用语或专业术语等的使用。

7. 写作手法分析

写作手法即表达技巧、艺术手法。例如，小说因属于叙事文学而更擅长运用做铺垫、埋伏笔等手法，但诗歌囿于篇幅短小，且重在抒情所以较少使用上述手法。写作手法具体可以从以下角度进行分析。

（1）修辞手法，如比喻、拟人、排比、夸张、反复、反问、设问等。

（2）表现手法，如对比、衬托、烘托、渲染、象征、类比、白描、以小见大、欲扬先抑、借景抒情、托物言志、虚实结合、动静结合等。

（3）表达方式，如叙述、描写、抒情、议论、说明等。

（4）结构技巧，如埋伏笔、照应、做铺垫、设悬念、过渡、开门见山、总领全文、层层深入、先总后分、承上启下、卒章显志、总结全文等。

（二）散文

散文是作者运用生动形象的语言描摹社会生活中的人、事、景、物，深入挖掘其中的内涵、哲理，表达对自然、社会、人生的感悟的文体。虽然散文和小说分属不同的文学体裁，但从表达方式上，又有同属于记叙文的部分。因此，散文和小说有很多共通之处，在学习中不要割裂开来对待，如对人物、标题、语言特色、写作手法的分析，散文阅读完全可以采用与小说阅读相同的分析方法，此处不再赘述。

1. 重要词句理解

（1）理解文中重要词语的含义。

文中重要词语主要包括：① 体现文章主旨或作者情感的词语；② 运用写作手法（如双关、象征等）的词语；③ 有特殊指代意义的词语；④ 在表情达意上非常出色的动词、形容词、叠词等；⑤ 有特殊用法的词语，包括贬词褒用、褒词贬用、大词小用、小词大用、词性活用等。

理解文中重要词语的方法主要包括：① 联系词语所在句子及前后句分析词语的含义；② 联系文章主旨或作者情感揣摩词语的含义；③ 依托手法（如修辞手法、描写手法）去挖掘词语的含义；④ 联系作者的写作意图和社会背景理解词语的含义。

（2）理解文中重要句子的含义。

文中重要句子主要包括：① 作用上，能点明主旨的句子，或能显示脉络层次的关键性句子；② 地位上，在文中起重要作用的中心句、总结句、过渡句，以及对文脉的推进与转接起关键作用的句子；③ 内容上，内涵较为丰富且具有提示性或引导性的句子；④ 表达上，比较含蓄的、有深层含义的句子；⑤ 结构上，比较复杂，对理解文意有直接影响的句子；⑥ 出现频率上，反复出现的句子。

理解文中重要句子的含义可以从具体含义、深层含义两方面入手：① 理解具体含义，即联系句子上下文，分析其在段落甚至篇章中的具体含义；② 理解深层含

《钢铁是怎样炼成的》　苏联作家奥斯特洛夫斯基创作的长篇小说。小说通过记叙保尔·柯察金的成长道路告诉人们，一个人只有在革命的艰难困苦中战胜敌人，战胜自己，把自己的追求和祖国、人民的利益联系在一起，才会创造出奇迹，才会成长为钢铁战士。

义，主要关涉文章主旨和作者情感。

2. 句段作用分析

句段作用分析就是选择有“牵一发而动全身”地位的句子或段落，分析其在全篇行文构思中的作用。具体可以从以下四个维度分析。

内容上，可以从奠定感情基调，刻画人物形象，表达思想情感，突出、揭示或深化主旨等方面考虑。

结构上，可以从总领全文、设悬念、做铺垫、引出下文、照应、过渡、总结上文、卒章显志，以及点明标题等方面考虑。

手法上，可以从修辞手法（如比喻、拟人、排比等）、表现手法（如对比、衬托、烘托、象征等）等方面考虑。

读者感受上，可以从加深印象、激发情感、产生共鸣、深受启发、发人深思、催人想象等方面考虑。

特别提示

特殊位置句段的作用

不同位置的句段在文中的作用有所不同，尤其要注意开头、中间、结尾处，以及反复出现的句段的作用。

（1）位于开头句段的作用：①开门见山，点明主旨；②总领全文，提挈全篇；③设置悬念，引起读者的阅读兴趣，同时自然地引起下文；④为后文做铺垫或埋伏笔；⑤提供背景，渲染气氛。

（2）位于中间句段的作用：承上启下、总结上文或引起下文（要注意上文和下文的具体内容）。

（3）位于结尾句段的作用：①篇末点题，卒章显志；②升华情感，深化主旨；③照应前文，结构严谨；④发人深思，意蕴深远。

（4）反复出现的句段的作用：①内容上，有突出内容或主旨，强化感情等作用；②结构上，有交代线索、前后呼应等作用；③表达上，运用反复的修辞手法，有强化或一唱三叹之效。

3. 主旨情感分析

主旨情感可以从以下角度进行分析。

（1）从标题上把握主旨情感。有的文章标题隐含着主旨，因此在分析时要抓住标题中的关键字眼。

（2）从文章的首尾句段中理解主旨情感。

（3）从重点句段上寻找突破。所谓的重点句段，即对全篇有概括性作用的句段，以及文中表现作者情感的议论、具有抒情性的句段。

（4）从抒情方法上把握文章的主旨，体会作者感情。如果是借景抒情，则通过对所写之景的分析去体味作者的感情；如果是借物抒情（托物言志），则通过对所写之物的分析去体味作者的感情；如果是借事抒情，则通过对所写之事的分析去体味作者的感情。

《名人传》 法国作家罗曼·罗兰创作的人物传记。作者着力刻画了贝多芬、米开朗琪罗和列夫·托尔斯泰为追求真、善、美而长期忍受孤独、误解和苦难的心路历程，写出了他们与命运顽强抗争的崇高勇气和承受苦难的伟大情怀。